陕西国际商贸学院学术著作出版基金资助出版

数学模型在经济学的应用及研究(3)

The Application and Research of Mathematical Model in Economics(3)

杨东方　黄新民　编著

海洋出版社

2015年·北京

内容提要

通过阐述数学模型在经济学的应用和研究，定量化地展示经济系统中各种影响经济的指标因子和经济因子的变化过程，揭示经济系统的规律和机制以及其稳定性、连续性的变化，使经济数学模型在经济系统中发挥巨大作用。在科学技术迅猛发展的今天，通过该书的学习，可以帮助读者了解经济数学模型的应用、发展和研究的过程；分析不同领域、不同学科的各种各样经济数学模型；探索采取何种数学模型应用于何种经济领域的研究；掌握建立数学模型的方法和技巧。此外，该书还有助于加深对经济系统的量化理解，培养定量化研究经济系统的思维。

本书主要内容为：介绍各种各样的数学模型在经济学不同领域的应用，如在均衡理论、效用论、生产理论、市场理论、分配理论、微观经济政策、国民收入核算、国民收入决定、失业与通货膨胀、开放经济理论、经济周期、经济增长理论和宏观经济政策等领域以及金融变化、商务变化和经济变化等领域的应用。详细阐述了数学模型建立的背景、数学模型的组成和结构以及其数学模型应用的意义。

本书适合经济学、气象经济学、地质经济学、海洋经济学、环境经济学、生物经济学、生态经济学、陆地生态经济学、海洋生态经济学和海湾生态经济学等有关领域的科学工作者和相关学科的专家参阅，也适合高等院校师生作为教学的教材和科研的参考。

图书在版编目(CIP)数据

数学模型在经济学的应用及研究．3/杨东方，黄新民编著．—北京：海洋出版社，2015.10

ISBN 978-7-5027-9265-7

Ⅰ．①数…　Ⅱ．①杨…②黄…　Ⅲ．①经济数学-数学模型-研究　Ⅳ．①F224.0

中国版本图书馆 CIP 数据核字(2015)第 239587 号

责任编辑：鹿　源
责任印制：赵麟苏

海洋出版社　出版发行

http://www.oceanpress.com.cn
北京市海淀区大慧寺路 8 号　邮编:100081
北京华正印刷有限公司印刷　新华书店北京发行所经销
2015 年 10 月第 1 版　2015 年 10 月第 1 次印刷
开本:787 mm×1092 mm　1/16　印张:20
字数:460 千字　定价:60.00 元
发行部:62132549　邮购部:68038093　总编室:62114335

《数学模型在经济学的应用及研究(3)》编委会

数学是结果量化的工具

数学是思维方法的应用

数学是研究创新的钥匙

数学是科学发展的基础

杨东方

经济是人类生存的保障

经济是社会演替的特征

经济是地球发展的动力

杨东方

要想了解动态的经济系统的基本过程和动力学机制，尽可从建立数学模型为出发点，以数学为工具，以经济为基础，以政策、信息、事件为辅助，对经济现象、经济市场、经济过程进行探讨。

经济数学模型体现了在定性描述与定量处理之间的关系，使研究展现了许多妙不可言的启示，使研究进入更深的层次，开创了新的领域。

杨东方

2015 年 4 月 19 日

前　言

细大尽力,莫敢怠荒,远迩辟隐,专务肃庄,端直敦忠,事业有常。

——《史记·秦始皇本纪》

数学模型研究可以分为两大方面:定性的和定量的。要定性地研究,提出的问题是:“发生了什么或者发生了没有”,要定量地研究,提出的问题是“发生了多少或者它如何发生的”。前者是对问题的动态周期、特征和趋势进行了定性的描述,而后者是对问题的机制、原理、起因进行了定量化的解释。然而,经济学中有许多实际调查问题与建立模型并不是直接有关的。于是,通过分析、比较、计算和应用各种数学方法,建立反映实际的且具有意义的仿真模型。

经济数学模型的特点为:(1)综合考虑各种经济因子的影响。(2)定量化描述经济过程,阐明经济机制和规律。(3)能够动态地模拟和预测经济发展状况。

经济数学模型的功能为:(1)建造模型的尝试常有助于精确判定所缺乏的知识和数据,对于经济和经济相关因子有进一步定量了解。(2)模型的建立过程能产生新的想法和实验方法,并缩减实验的数量,对选择假设有所取舍,完善实验设计。(3)与传统的方法相比,模型常能更好地使用越来越精确的数据,将从经济的不同方面所取得材料集中在一起,得出统一的概念。

模型研究要特别注意:(1)模型的适用范围:时间尺度、空间距离、区域大小、参数范围。例如,不能用每月的个别发生的经济现象来检测1年跨度的调查数据所做的模型。又如,用突发事件的经济模型来解释经常发生的一般经济现象。因此,模型的适用范围一定要清楚。(2)模型的形式是非常重要的,它揭示内在的性质、本质的规律,来解释经济现象的机制、经济环境的内在联系。因此,重要的是要研究模型的形式,而不是参数,参数只是说明尺度、大小、范围而已。(3)模型的可靠性,由于模型的参数一般是从实测数据得到的,它的可靠性非常重要,这是通过统计学来检测。只有可靠性得到保证,才能用模型说明实际的经济问题。(4)解决经济问题时,所提出的观点,不仅从数学模型支持这一观点,还要从经济现象、经济市场等各方面的事实来支持这一观点。

本书以经济数学模型的应用和发展为研究主题,介绍数学模型在经济学不同领域的应用,如在均衡理论、效用论、生产理论、市场理论、分配理论、微观经济政策、国民收入核算、国民收入决定、失业与通货膨胀、开放经济理论、经济周期、经济增长理论和宏观经济政策等领域以及金融变化、商务变化和经济变化等领域的应用。详细阐述了数学模型建立的背景、数学模型的组成和结构以及其数学模型应用的意义。认真掌握经济数学模型的特点和功能以及注意事项。经济数学模型展示了经济系统的演化过程和预测了发展方向。

本书获得陕西国际商贸学院学术著作出版基金、陕西理工学院学术著作出版基金、贵州民族大学博点建设文库、“贵州喀斯特湿地资源及特征研究”(TZJF－2011 年－44 号)项目、“喀斯特湿地生态监测研究重点实验室”(黔教全 KY 字[2012]003 号)项目、教育部新世纪优秀人才支持计划项目(NCET－12－0659)项目、“西南喀斯特地区人工湿地植物形态与生理的响应机制研究”(黔省专合字[2012]71 号)项目、基于信息融合的贵州水资源质量智能监控平台研究项目、贵州民族大学引进人才科研项目([2014]02)、土地利用和气候变化对乌江径流的影响研究(黔教合 KY 字[2014]266 号)、威宁草海浮游植物功能群与环境因子关系(黔科合 LH 字[2014]7376 号)以及国家海洋局北海环境监测中心主任科研基金——长江口、胶州湾、莱州湾及其附近海域的生态变化过程(05EMC16)的共同资助。

此书得以完成应该感谢陕西国际商贸学院的王立新校长、北海环境监测中心崔文林主任、上海海洋大学的李家乐院长和贵州民族大学的张学立校长;还要感谢刘瑞玉院士、冯士筰院士、胡敦欣院士、唐启升院士、汪品先院士、丁德文院士和张经院士。诸位专家和领导给予的大力支持,提供的良好的研究环境,成为我们科研事业发展的动力引擎。在此书付梓之际,我们诚挚感谢给予许多热心指点和有益传授的其他老师和同仁。

本书内容新颖丰富,层次分明,由浅入深,结构清晰,布局合理,语言简练,实用性和指导性强。由于作者水平有限,书中难免有疏漏之处,望广大读者批评指正。

沧海桑田,日月穿梭。抬眼望,千里尽收,祖国在心间。

杨东方　黄新民

2015 年 8 月 16 日

目　次

文化公司的绩效评价模型

1 背景

从现代经济发展来看,文化产业是市场经济条件下繁荣发展社会主义文化的重要载体,也是体验知识经济时代的一个重要主导产业门类,代表着未来社会经济发展的趋势。文化产业上市公司作为整个文化产业的典型代表,其经营绩效对于文化产业发展状况和发展前景有着重要的导向作用。针对文化产业上市公司绩效的研究,了解如何进行公司绩效评价十分重要。郭淑芬等[1]运用超效率 DEA 模型和 Malmquist 指数法对 30 家文化产业上市公司进行了绩效评价。

2 公式

采用 DEA 模型时会出现多个决策单元同时相对有效的局面,不能区别它们之间有效的差异程度;DEA 模型通常是静态分析,不能研究效率的动态变化,因此引入超效率 DEA 对文化产业上市公司的经营效率进行了测度和排名,并运用 Malmquist 指数方法对文化产业上市公司全要素生产率的动态变化情况做了进一步分析。

假设有 n 个上市公司,每个公司 $j(j=1,2,\cdots,n)$ 分别使用 m 种投入 $X_{ij}(i=1,2,\cdots,m)$ 以生产 s 种产出 $Y_{rj}(r=1,2,\cdots,s)$ 。其线性规划公式可表述[2]为式(1):

$$\begin{aligned}
&\min\theta_0^{\sup er}\\
&s.t.\ \sum_{\substack{j=1\\ j\neq 0}}^{n}\lambda_j X_{ij}+S_i^- = \theta_0^{\sup er}X_{i0}\\
&\sum_{\substack{j=1\\ j\neq 0}}^{n}\lambda_j Y_{rj}-S_r^+ = Y_{r0}\\
&\sum_{j\neq 0}\lambda_j = 1\\
&\lambda_j、S_i^-、S_r^+ \geqslant 0,\ j\neq 0
\end{aligned} \tag{1}$$

式中,$\theta_0^{\sup er}$ 为决策单元 DMU_0 的超效率值;λ_j 为相对于 DMU_0 重新构造一个有效 DMU 的组合比例;S_i^- 和 S_r^+ 为松弛变量。

生产率(TFP) 是指经济系统产出的价值和全部投入的价值之比,反映的是投入生产或制作过程的全部生产要素的综合生产率水平。根据定义,可将基于规模报酬可变的、面向产出的、研究窗口期为 S 到 T 的 Malmquist 指数定义为:

$$m(ys,xs.yt,xt) = \left[\frac{d_s^C(y_t,x_t)d_s^C(y_s,x_s)}{d_t^C(y_t,x_t)d_t^C(y_s,x_s)}\right]^{1/2}\left[\frac{d_s^C(y_t,x_t)d_s^V(y_s,x_s)}{d_t^V(y_t,x_t)d_t^C(y_s,x_s)}\right]\left[\frac{d_s^V(y_t,x_t)}{d_t^V(y_s,x_s)}\right] \quad (2)$$ [3~5]

式中,$d^C(y,x)$ 为规模报酬不变情景下的距离函数;$d^V(y,x)$ 为规模报酬可变情景下的距离函数。公式中第一项表示的是“技术进步变化”,意指从基期 S 到 T 时期,各决策单元的技术改变及创新程度;第二项指的是“规模效率变化”;第三项表示的是“纯技术效率变化”,该项表达式衡量的是变动规模报酬下两期效率之比;第二项与第三项的乘积为技术效率变化,表示从 S 到 T 时期相对效率的改变[6]。

投入指标有两项,分别为主营业务成本和总资产。产出指标有主营业务收入和净利润两种。

在此主要选取了“和讯网”中的文化产业类的 30 家上市公司作为研究对象,这 30 家公司都是在沪深两市 A 股市场上市的公司。

首先基于投入导向的 DEA－BCC 模型,运用 DEAP2. 1 软件对 30 家文化产业上市公司 2012 年的投资效率进行测算,结果是效率值为 1 的决策单元有多个,也即存在多个 DEA 有效单元;其次结合 EMS 软件进一步进行了超效率 DEA 测算。两次的测算结果如表 1 所示。

表 1　文化产业上市公司绩效评价结果

序号	*DMU*	综合效率	纯技术效率	规模效率	规模效率状况	超效率值(%)	效率排名
1	方直科技	1	1	1	—	191. 01	1
2	百视通	1	1	1	—	147. 58	2
3	华谊嘉信	1	1	1	—	113. 89	3
4	光线传媒	1	1	1	—	106. 54	4
5	蓝色光标	1	1	1	—	105. 27	5
6	华策影视	1	1	1	—	104. 28	6
7	华闻传媒	0. 97	1	0. 97	drs	101. 77	7
8	上海钢联	1	1	1	—	98. 25	8
9	ST 传媒	0. 77	1	0. 77	irs	96. 90	9
10	浙报传媒	1	1	1	—	96. 48	10
11	皖新传媒	0. 92	0. 97	0. 95	drs	96. 40	11

续表

序号	*DMU*	综合效率	纯技术效率	规模效率	规模效率状况	超效率值（%）	效率排名
12	长江传媒	0.95	0.99	0.96	drs	96.24	12
13	凤凰传媒	0.89	1	0.89	drs	93.83	13
14	傅瑞传播	0.93	0.98	0.96	drs	91.56	14
15	大地传媒	0.9	0.91	0.99	drs	90.88	15
16	华录百纳	0.86	0.89	0.96	irs	88.04	16
17	华谊兄弟	0.9	1	0.9	drs	85.77	17
18	新文化	0.84	0.86	0.98	irs	85.59	18
19	吉视传媒	0.88	1	0.88	drs	84.97	19
20	天舟文化	0.81	0.85	0.94	irs	84.25	20
21	天威视讯	0.88	0.88	1	irs	84.18	21
22	华数传媒	0.9	0.93	0.97	drs	83.59	22
23	广电网络	0.89	0.94	0.95	drs	82.41	23
24	时代出版	0.8	0.83	0.96	drs	81.80	24
25	电广传媒	0.77	0.99	0.78	drs	76.03	25
26	出版传媒	0.78	0.78	1	irs	72.11	26
27	中视传媒	0.75	0.76	0.99	irs	68.50	27
28	歌华有线	0.5	0.57	0.88	drs	47.65	28
29	中文传媒	0.93	1	0.93	drs	Big	—
30	中南传媒	0.94	1	0.94	drs	Big	—
	mean	0.89	0.94	0.95			

从表1中可看出，2012年的30个决策单元中有方直科技、百事通、华谊嘉信、光线传媒、蓝色光标、华策影视、上海钢联和浙报传媒8家上市公司的效率值为1，即属于DEA有效，表明这8个决策单元都处在有效生产前沿面上，即这8家公司均处于“在满足同样产出标准条件下，投入最小”的理想状态，其余22家为非DEA有效，说明这22家企业的资源没有达到最优配置，尚有改进和优化配置的空间。

采用基于投入的规模收益可变假设的DEA模型，应用DEAP2.1软件计算得到2011—2012年30家文化产业上市公司的Malmquist生产率指数分解平均值，结果见表2。

表 2　2011—2012 年 30 家上市公司 Malmquist 生产率指数分解平均值

序号	*DMU*	技术效率	技术进步	纯技术效率	规模效率	全要素生产率
1	ST 传媒	1. 305	0. 915	1	1. 305	1. 198
2	光线传媒	1. 304	0. 879	1. 253	1. 041	1. 146
3	中文传媒	1. 145	0. 917	1	1. 145	1. 049
4	歌华有线	1. 096	0. 957	0. 989	1. 109	1. 049
5	天威视讯	1. 169	0. 892	1. 115	1. 049	1. 042
6	中视传媒	1. 148	0. 907	1. 162	0. 988	1. 041
7	广电网络	1. 131	0. 907	1. 073	1. 054	1. 026
8	中南传媒	1. 18	0. 866	1	1. 18	1. 022
9	大地传媒	1. 109	0. 917	1. 054	1. 049	1. 017
10	天舟文化	1. 173	0. 866	1. 211	0. 969	1. 016
11	电广传媒	1. 051	0. 966	0. 992	1. 06	1. 015
12	时代出版	1. 122	0. 903	1. 043	1. 075	1. 013
13	皖新传媒	1. 143	0. 884	1. 011	1. 13	1. 011
14	蓝色光标	1. 092	0. 917	1. 092	1	1. 001
15	上海钢联	1. 124	0. 889	1. 108	1. 014	0. 999
16	凤凰传媒	1. 14	0. 875	1	1. 14	0. 997
17	长江传媒	1. 107	0. 895	1. 027	1. 078	0. 99
18	面视通	1. 112	0. 889	1	1. 112	0. 988
19	吉视传媒	0. 029	0. 956	1. 008	1. 021	0. 984
20	华谊嘉信	1. 117	0. 872	1. 116	1. 001	0. 974
21	出版传媒	1. 097	0. 883	1. 087	1. 009	0. 968
22	华闻传媒	1. 093	0. 885	1	1. 093	0. 968
23	方直科技	1	0. 927	1	1	0. 927
24	博瑞传媒	1. 035	0. 891	0. 979	1. 058	0. 923
25	华谊兄弟	0. 903	0. 966	1	0. 903	0. 872
26	浙报传媒	1	0. 868	1	1	0. 868
27	华黄影视	1	0. 834	1	1	0. 834
28	新文化	0. 947	0. 869	0. 939	1. 009	0. 822
29	华录百纳	0. 86	0. 821	0. 894	0. 962	0. 706
30	华数传媒	0. 899	0. 495	0. 929	0. 968	0. 445
	mean	1. 083	0. 879	1. 033	1. 048	0. 952

由表2 可以看出,2011—2012 年文化产业上市公司的全要素生产率平均水平为 0. 952,说明同2011 年相比,2012 年的全要素生产率降低了 4. 8%。同理,技术效率和技术进步率分别为 8. 3% 和 -12. 1%。说明全要素生产率的降低主要是因为技术进步率的下降,技术进步因素已成为制约目前我国文化产业进一步快速发展的关键因素。

3 意义

通过超效率 DEA 模型和运用 Malmquist 指数法,建立了文化公司的绩效评价模型,表明了 30 家文化产业上市公司只有 8 家上市公司达到 DEA 有效,上市公司整体绩效一般。从 Malmquist 全要素生产率(*TFP*) 指数看,文化产业上市公司的全要素生产率指数 2011—2012 年窗口期间的增长率为 -4. 8%,技术进步率下降是造成 *TFP* 负增长的重要原因。模型可对各有效决策单元之间的效率高低进行比较,为促进文化产业上市公司的发展提供参考。

参考文献

[1] 郭淑芬, 郝言慧, 王艳芬. 文化产业上市公司绩效评价——基于超效率 DEA 和 Malmquist 指数[J]. 经济问题,2014,(2):75 -78.

[2] Andersen P,Petersen NC. A Procedure for Ranking Efficient Units in Data Envelopment Analysis[J]. Management Science, 1993, (39) : 1261 -1264.

[3] Malmquist S. Index Numbers and Indifference Curves[J]. Trabajos de Estatistica, 1953, (4) : 209 -242.

[4] Caves D W,Christensen L R, Diewert W J. The Economic Theory of Index Numbers and the Measurement of Input, Output and Productivity[J]. Econometrics, 1982, (50) :1393 -1414.

[5] Fare R,Grosskopf S,Lovell C A K. Productivity Change in Swedish Pharmacies 1980—1989: A Nonparametric Malm -quist Approach[J]. Journal of Productivity Analysis, 1992, (3) : 85 -101.

[6] 夏维力, 钟培. 基于 DEA -Malmquist 指数的我国制造业 R&D 动态效率研究[J]. 研究与发展管理, 2011, (2):58 -66.

碳排放的贡献模型

1 背景

CO_2 等温室气体的浓度不断上升，威胁着人类的生存发展环境，减少碳排放是全球意志和中国的现实选择，云南省作为中国低碳试点省份之一，分析碳排放影响因素，探索碳减排路径是云南省低碳转型的重要内容。针对云南省生产部门碳排放影响因素的分析，了解 LMDI 模型十分重要。杨红娟等[1]基于 LMDI 模型，分别研究碳排放系数、经济发展、能源强度、能源消费结构、产业结构、人口六大因素对云南省生产活动的碳排放的贡献量和贡献率。

2 公式

LMDI 模型是一种能分解残差以及数据 0 值和负值的方法，还满足分解的因素可逆性与时间可逆性。本文着重对云南省生产活动的能源消费碳排放影响因素进行分解分析，通过计算 2003—2011 年三大产业的碳排放量，然后利用 LMDI 模型方法计算不同因素的排放贡献，找出其中影响云南省碳排量的关键因素。

从图 1 可以看出，2003—2011 年云南省的能源碳排量不断增加，从 2003 年的 $7\,752.39\times10^4$ t 到 2011 年的 $19\,050.84\times10^4$ t，8 年间全省能源碳排总量增加了 $11\,298.45\times10^4$ t，比 2003 年增加了 1.46 倍。

LMDI 模型主要用来分析能源消费量、碳排量的影响因素。LMDI 方法的基本思想是将一个目标变量分解为不同影响因素的组合，然后根据其计算公式，计算出各影响因素的贡献量和贡献率，从而找出其中比较大的影响目标变量的因素，区分出各因素对目标变量的不同影响。

将影响云南省生产部门的碳排放分解为碳排放系数、能源消费结构、能源强度、产业结构、经济发展、人口六大因素。具体的计算公式如下：

$$C = \sum_{ij} C_{ij} = \sum_{ij} \frac{C_{ij}}{E_{ij}} \times \frac{E_{ij}}{E_i} \times \frac{E_i}{Q_i} \times \frac{Q_i}{Q} \times \frac{Q}{P} \times P = \sum_{ij} F_{ij} e_{ij} I_i S_i YP \tag{1}$$

式中，C 表示终端能源 CO_2 排放总量；i 表示不同的产业类型；j 表示不同的能源类型；C_{ij} 则表示 i 产业的 j 能源消耗产生的 CO_2；E_i 表示 i 产业的能源消费；E_{ij} 表示 i 产业的 j 燃料的

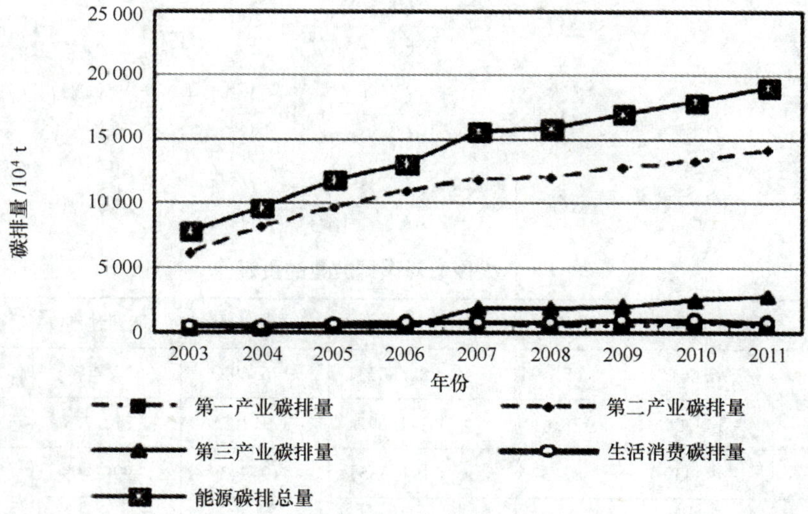

图 1　云南省 2003—2011 年的碳排量趋势

能源消费量；Q 表示生产总值；Q_i 表示 i 产业的生产总值。六大因素表示为：$F_{ij}=\frac{C_{ij}}{E_{ij}}$，为碳排放系数；$e_{ij}=\frac{E_{ij}}{E_t}$，为能源消费结构；$I_i=\frac{E_i}{Q_i}$，为能源强度；$S_i=\frac{Q_i}{Q}$，为产业结构；$Y=\frac{Q}{P}$，为经济发展；$P$ 为人口规模。

根据 LMDI 方法，我们可以将能源碳排放量从基准年 0 到目标年 t 的变化分解为六个因素对总的碳排放的影响：

$$\Delta C_{tot}=C^T-C^0=\Delta C_{emf}+\Delta C_{mix}+\Delta C_{int}+\Delta C_{str}+\Delta C_{act}+\Delta C_{pop} \tag{2}$$

式(2)中，ΔC_{tot} 为 CO_2 排放 0 ~ t 年的变化；C^T 为 t 年 CO_2 排放量；C^0 为 0 年 CO_2 排放量；ΔC_{emf} 为 0 ~ t 年 CO_2 排放率（碳排放强度）对碳排放的影响；ΔC_{mix} 为 0 ~ t 年能源消费结构对 CO_2 排放量的影响；ΔC_{int} 为 0 ~ t 年能源强度变化对 CO_2 排放的影响；ΔC_{str} 为 0 ~ t 年产业结构或地区间工业分布变化对 CO_2 排放的影响；ΔC_{act} 为 0 ~ t 年经济活动规模变化对 CO_2 排放的影响；ΔC_{pop} 为 0 ~ t 年人口变化对 CO_2 排放的影响。

依据 Ang 的 LMDI 分解方法，我们可以将式(2)各项表示为：

$$\Delta C_{emf}=\sum_{ij}\frac{C_{ij}^T-C_{ij}^0}{\ln C_{ij}^T-\ln C_{ij}^0}\ln\left(\frac{F_{ij}^T}{F_{ij}^0}\right) \tag{3}$$

$$\Delta C_{mix}=\sum_{ij}\frac{C_{ij}^T-C_{ij}^0}{\ln C_{ij}^T-\ln C_{ij}^0}\ln\left(\frac{e_{ij}^T}{e_{ij}^0}\right) \tag{4}$$

$$\Delta C_{int}=\sum_{ij}\frac{C_i^T-C_i^0}{\ln C_i^T-\ln C_i^0}\ln\left(\frac{I_i^T}{I_i^0}\right) \tag{5}$$

$$\Delta C_{str} = \sum_i \frac{C_i^T - C_i^0}{\ln C_i^T - \ln C_i^0} \ln(\frac{S_i^T}{S_i^0}) \tag{6}$$

$$\Delta C_{act} = \sum_i \frac{C_i^T - C_i^0}{\ln C_i^T - \ln C_i^0} \ln(\frac{Y_i^T}{Y_i^0}) \tag{7}$$

$$\Delta C_{pop} = \sum_i \frac{C_i^T - C_i^0}{\ln C_i^T - \ln C_i^0} \ln(\frac{P^T}{P^0}) \tag{8}$$ [2]

表1　六大因素对碳排放量的贡献量　　单位:10^4 t

年份	碳排放系数	人口	经济发展	产业结构	能源强度	能源消费结构
2003—2004	96.661	68.694	788.802	176.692	777.403	56.795
2004—2005	-144.965	76.411	-271.697	-1 917.510	4 240.763	35.730
2005—2006	449.330	82.322	1 191.335	419.943	-929.499	-20.614
2006—2007	-295.968	89.850	1 764.078	576.750	286.546	-923.433
2007—2008	-971.497	92.067	1 411.301	40.852	-287.438	-18.162
2008—2009	-252.174	91.780	1 416.962	281.125	-730.899	15.236
2009—2010	-244.132	105.547	1 749.926	322.337	-830.108	-144.046
2010—2011	-457.034	107.330	2 106.074	370.948	-699.866	-276.264

从六大因素对碳排放量的贡献量表可以看到,2003—2004 年间,各因素都对促进碳排放量增加有一定的贡献,其中经济发展和能源强度的贡献量最大。对各年份而言,人口因素始终是正效应因素;除了 2004—2005 年外,经济发展因素和产业结构因素始终是正效应;碳排放系数除了 2005—2006 年外,其余年份均为负效应因素;能源强度因素和能源消费结构因素除个别年份外,也整体上呈负效应。

从图 2 中可以看出,2003—2011 年云南省碳排放总变化量始终为正值,也就是说,在整个研究阶段云南省碳排放量始终呈逐渐递增趋势。

从六大因素对云南省碳排放量的贡献率可以看出,对云南省 2003—2011 年生产部门碳排放量起驱动作用的因素包括人口因素、经济发展因素和产业结构因素。

3　意义

建立了碳排放的贡献模型,通过模型表明了经济发展是驱动云南省碳排放增加的最主要因素,人口规模和产业结构也是碳排放量增加的驱动因素;能源强度则是抑制碳排量增加的最主要影响因素,碳排放系数和能源消费结构因素也对减少碳排放起着一定的作用,但不是很明显。本模型可预测影响因素对碳排放的贡献量和贡献率,为提高能源利用效率

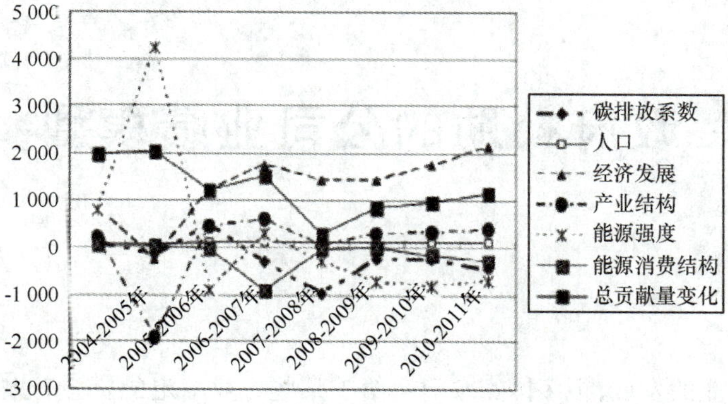

图2 六大因素对碳排放量的贡献量趋势

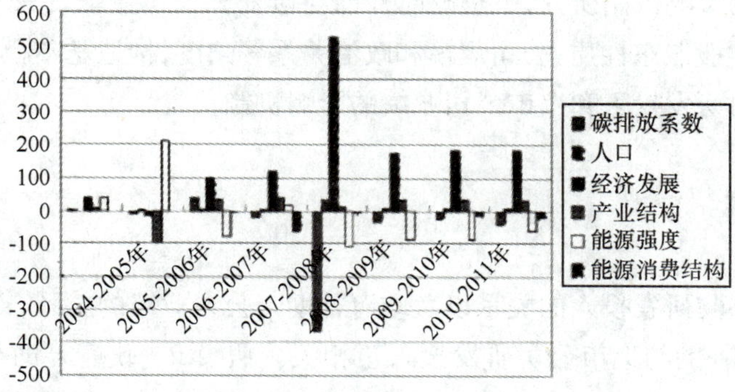

图3 六大因素对碳排放量的贡献率

和促进产业结构与能源消费结构的转变提供参考。

参考文献

[1] 杨红娟，李明云，刘红琴．云南省生产部门碳排放影响因素分析——基于 LMDI 模型[J]．经济问题，2014，(2)：125－129.

[2] Ang B W. Decomposition Analysis for Policy Making in Energy：Which is the Preferred Method？[J]．Energy Policy，2004，32（9）：1131－1139.

政府补助的公司业绩模型

1 背景

为了促进行业的发展,很多国家政府会给予某些行业一定的资金补贴。研发投入具有很强的外部性的特征,跟随者的迅速模仿可能使得那些投入大量研发资金的公司不能获得应有的收益。政府补助可在一定程度上对研发的外部性进行修正。针对IT行业中政府补助对研发与业绩的影响机制研究,了解政府补助与研发和公司业绩的关系十分重要。孙维章和干胜道[1]从控股股东性质、公司规模和政治关系等角度,构造基本模型,实证检验了IT行业中政府补助对研发投入和上市公司业绩的影响机制。

2 公式

针对政府补助与研发投入的关系以及政府补助与公司业绩的关系,提出了如下假设。

假设1:政府补助与上市公司研发投入正相关。假设2:政府补助与上市公司滞后一期的研发投入正相关。假设3:政府补助会改善上市公司业绩。为了实证检验这些假设,引入并构建了基本模型。

在基本假设1和基本假设2的基础上,在此进一步提出如下两组子假设。

假设1.1:政府补助对非国有上市公司研发投入的促进效果更显著。

假设1.2:公司规模越小,政府补助对上市公司研发投入的促进效果越显著。

假设1.3:政府补助对不具有高管政治关系上市公司的研发投入的促进效果更显著。

假设2.1:政府补助对非国有上市公司滞后一期研发投入的促进效果更显著。

假设2.2:公司规模越小,政府补助对上市公司滞后一期研发投入的促进效果越显著。

假设2.3:政府补助对不具有高管政治关系上市公司的滞后一期研发投入的促进效果更显著。

在基本假设3的基础上,提出下面两个子假设。

假设3.1:政府补助对不具有政治关系的上市公司的业绩改善效果更显著。

假设3.2:政府补助对非国有上市公司的业绩改善效果更显著。

由于上市公司可能因亏损获得政府补助,这部分补贴与企业研发关系不大,因此选择2007—2012年间IT行业的48家非亏损上市公司作为研究样本。

为验证基本假设 1 和基本假设 2,构造基本模型如下:

$$RD_{i,t} = \beta_0 + \beta_1 Subsudy_{i,t} + X_{i,t}\lambda + \varepsilon_{i,t} \tag{1}$$

$$RD_{i,t} = \beta_0 + \beta_1 Subsudy_{i,t-1} + X_{i,t}\lambda + \varepsilon_{i,t} \tag{2}$$ [2~3]

模型 1 和模型 2 中, $Subsidy_{i,t-1}$ 表示第 i 家上市公司第 t 年获得的政府补助占总收入的比重,政府补助扣除了地方政府不能控制的增值税返还。$RD_{i,t}$ 表示第 i 家上市公司第 t 年的研发投入占营业收入的比重。$X_{i,t}$ 为控制变量组,包含资产负债率、年度变量。

通过分别向基本假设 1 和基本假设 2 中加入政府补助与公司规模、控股股东性质、高管政治关系的交互项,可以验证基本假设 1 和基本假设 2 的六项子假设,加入交互项后的模型如下:

$$RD_{i,t} = \beta_0 + \beta_1 Subsudy_{i,t} + \beta_1 Subsudy_{i,t} \times boss + boss + X_{i,t}\lambda + \varepsilon_{i,t} \tag{1.1}$$

$$RD_{i,t} = \beta_0 + \beta_1 Subsudy_{i,t} + \beta_1 Subsudy_{i,t} \times assets + assets + X_{i,t}\lambda + \varepsilon_{i,t} \tag{1.2}$$

$$RD_{i,t} = \beta_0 + \beta_1 Subsudy_{i,t} + \beta_1 Subsudy_{i,t} \times pc + pc + X_{i,t}\lambda + \varepsilon_{i,t} \tag{1.3}$$

$$RD_{i,t} = \beta_0 + \beta_1 Subsudy_{i,t-1} + \beta_1 Subsudy_{i,t-1} \times boss + boss + X_{i,t}\lambda + \varepsilon_{i,t} \tag{2.1}$$

$$RD_{i,t} = \beta_0 + \beta_1 Subsudy_{i,t-1} + \beta_1 Subsudy_{i,t-1} \times assets + assets + X_{i,t}\lambda + \varepsilon_{i,t} \tag{2.2}$$

$$RD_{i,t} = \beta_0 + \beta_1 Subsudy_{i,t-1} + \beta_1 Subsudy_{i,t-1} \times pc + pc + X_{i,t}\lambda + \varepsilon_{i,t} \tag{2.3}$$

为了验证基本假设 3,构造基本模型如下:

$$Perf_{i,t} = \beta_0 + \beta_1 Subsidy_{i,t} + Y_{i,t}\lambda + \varepsilon_{i,t} \tag{3}$$

式中, $Perf_{i,t}$ 为公司业绩变量,以 ROE 来表示; $Y_{i,t}$ 为控制变量组,包含公司规模、资产负债率、就业规模和年度变量。

通过分别向基本假设 3 加入政府补助与控股股东性质、高管政治关系的交互项,可以验证基本假设 3 的两项子假设,加入交互项后的模型如下:

$$Perf_{i,t} = \beta_0 + \beta_1 Subsidy_{i,t} + \beta_1 Subsidy_{i,t} \times boss + boss + Y_{i,t}\lambda + \varepsilon_{i,t} \tag{3.1}$$

$$Perf_{i,t} = \beta_0 + \beta_1 Subsidy_{i,t} + \beta_1 Subsidy_{i,t} \times pc + pc + Y_{i,t}\lambda + \varepsilon_{i,t} \tag{3.2}$$

其他相关变量定义如表 1 所示。

表 1　变量定义

名称	符号	定义
控股股东性质	*boss*	国有企业时取 1,非国有企业时取 0
高管政治关系	*pc*	公司高管为现任或曾任政府官员、人大代表、政协委员时取 1,否则取 0
公司规模	*assets*	总资产的对数
资产负债率	*lev*	负债/总资产
就业规模	*staff*	员工总数的对数

表 2　基本模型 1 及其子模型回归结果

	模型 1		模型 1.1		模型 1.2		模型 1.3	
RD	系数	显著性	系数	显著性	系数	显著性	系数	显著性
$Subsidy_{i,t}$	0.017	0.748	0.011	0.864	-2.685	0.045	0.052	0.388
$Subsidy_{i,t} \times boss$			0.027	0.829				
boss			-0.009	0.133				
$Subsidy_{i,t} \times assets$					0.126	0.044		
assets					0.005	0.108		
$Subsidy \times pc$							-0.133	0.260
pc							-0.001	0.631
lev	0.015	0.161	0.014	0.142	0.011	0.358	0.014	0.214
staff	0.002	0.168	0.000	0.877	0.002	0.378	0.002	0.199
year	控制							
_cons	-0.014	0.333	0.009	0.447	-0.122	0.066	-0.012	0.395
R-sq	0.084		0.077		0.018		0.007	

如表 2 所示,在不考虑控股股东性质、公司规模和高管政治关系的影响时(模型 1),政府补助对当期研发投入并没有显著影响;考虑控股股东性质对政府补助作用效果的影响时(模型 1.1),政府补助对当期研发投入也没有显著影响,同时交互项系数显著性较低,这说明 IT 行业国有企业和非国有企业中政府补助的研发促进效果并无显著差异;考虑高管政治关系对政府补助作用效果的影响时(模型 1.3),政府补助对当期研发投入也没有显著影响,交互项系数不显著,说明高管政治关系对政府补助的作用效果没有显著影响。考虑公司规模对政府补助作用效果的影响时(模型 1.2),可以发现研发投入与政府补助显著负相关,说明对 IT 行业而言,政府补助并未促进研发投入,反而产生了不利的影响。同时,交互项系数为正数,且在 5% 水平上显著,说明规模越大的上市公司,政府补助对其研发投入的负面影响越大。

表 3　基本模型 2 及其子模型回归结果

	模型 2		模型 2.1		模型 2.2		模型 2.3	
RD	系数	显著性	系数	显著性	系数	显著性	系数	显著性
$Subsidy_{i,t}$	0.001	0.984	-0.020	0.754	-1.278	0.302	0.038	0.527
$Subsidy_{i,t} \times boss$			0.075	0.547				
boss			-0.009	0.182				

续表

RD	模型 2 系数	模型 2 显著性	模型 2.1 系数	模型 2.1 显著性	模型 2.2 系数	模型 2.2 显著性	模型 2.3 系数	模型 2.3 显著性
$Subsidy_{i,t} \times assets$					0.059	0.304		
assets					0.006	0.099		
$Subsidy_{i,t} \times pc$							-0.100	0.398
pc							-0.005	0.164
lev	0.007	0.585	0.009	0.404	0.002	0.868	0.002	0.863
staff	0.003	0.146	0.000	0.954	0.002	0.4936	0.003	0.191
year	控制							
_cons	-0.018	0.251	0.013	0.372	-0.138	0.066	-0.012	0.438
R-sq	0.031		0.025		0.030		0.029	

从表3可以看出，模型2及模型2.1、模型2.2、模型2.3中政府补助的系数都不显著，交互项的系数也不显著。这说明对于IT行业而言，政府补助对研发投入的影响并不存在滞后效果，政府补助与滞后一期研发投入的关系也不受控股股东性质、公司规模、高管政治关系等因素的影响。

表4　基本模型3及其子模型回归结果

Perf	模型 3 系数	模型 3 显著性	模型 3.1 系数	模型 3.1 显著性	模型 3.2 系数	模型 3.2 显著性
$Subsidy_{i,t}$	0.049	0.766	0.088	0.638	0.061	0.738
$Subsidy_{i,t} \times boss$			-0.140	0.708		
boss			-0.032	0.051		
$Subsidy_{i,t} \times pc$					0.003	0.994
pc					-0.001	0.916
assets	0.008	0.452	-0.005	0.507	-0.008	0.253
lev	-0.006	0.874	0.004	0.898	-0.005	0.858
staff	0.022	0.062	0.012	0.017	0.013	0.017
year	控制					
_cons	-0.159	0.435	0.113	0.401	0.171	0.197
R-sq	0.063		0.104		0.062	

从表4可以看出,基本模型3中,政府补助变量 *Subsidy* 的系数显著性较低,说明不考虑其他因素时,政府补助对公司业绩的促进效果不明显;考虑了股东因素和高管政治关系因素之后,政府补助与公司业绩不具有显著相关性,交互项系数也不具有显著性,说明政府补助对公司业绩没有显著影响,控股股东性质与高管政治关系对政府补助的业绩促进效果也无显著影响。控制变量中,就业规模变量与公司业绩正相关而且显著性较高,说明对于IT行业上市公司而言,吸收就业规模越大,其业绩表现越好。

实证检验结果显示政府补助对当期业绩并没有显著影响,为检验政府补助对公司业绩的影响是否具有滞后性特征,构建了基本模型:

$$Perf_{i,t} = \beta_0 + \beta_1 Subsidy_{i,t-1} + Y_{i,t}\lambda + \varepsilon_{i,t} \tag{4}$$

基本模型4中,解释变量换成了 $Subsidy_{i,t-1}$,其他变量定义与基本假设3相同。考虑控股股东性质和高管政治关系的影响,在此进一步构建了含交互项的两个子模型:

$$Perf_{i,t} = \beta_0 + \beta_1 Subsidy_{i,t-1} + \beta_1 Subsidy_{i,t-1} \times boss + boss + Y_{i,t}\lambda + \varepsilon_{i,t} \tag{4.1}$$

$$Perf_{i,t} = \beta_0 + \beta_1 Subsidy_{i,t-1} + \beta_1 Subsidy_{i,t-1} \times pc + pc + Y_{i,t}\lambda + \varepsilon_{i,t} \tag{4.2}$$

模型4.1和模型4.2中,解释变量换成了 $Subsidy_{i,t-1}$,其他变量定义与模型3.1和模型3.2相同。

表5 基本模型4及其子模型回归结果

	模型4		模型4.1		模型4.2	
Perf	系数	显著性	系数	显著性	系数	显著性
$Subsidy_{i,t}$	0.393	0.018	0.266	0.167	0.214	0.242
$Subsidy_{i,t} \times boss$			0.446	0.243		
boss			−0.035	0.045		
$Subsidy_{i,t} \times pc$					0.880	0.016
pc					−0.014	0.183
assets	−0.012	0.133	−0.008	0.302	−0.011	0.156
lev	−0.005	0.872	0.010	0.773	−0.007	0.826
staff	0.015	0.014	0.015	0.019	0.014	0.024
year	控制					
_cons	0.226	0.115	0.168	0.254	0.225	0.118
R−sq	0.092		0.124		0.092	

从表5可以发现,在不考虑控股股东性质、公司规模和高管政治关系的影响时(模型4),政府补助与滞后一期公司业绩显著正相关;考虑控股股东性质的影响时,政府补助与滞

后一期公司业绩不再显著相关,说明控股股东性质对政府补助的业绩促进效果没有显著影响;考虑高管政治关系的影响时,可以发现政府补助与滞后一期公司业绩也不显著相关,但交互项系数为正且在5%水平上显著,说明高管政治关系显著提高了政府补助的作用效果,在具有高管政治关系的信息技术上市公司中,政府补助对滞后一期公司业绩的影响更大。控制变量中,就业规模变量与公司业绩正相关而且显著性较高,说明对于IT行业上市公司而言,吸收就业规模越大,其业绩表现越好。

3 意义

在此建立了政府补助与研究投入和公司业绩的基本模型,通过模型表明了政府补助与当期研发投入显著负相关,规模越大,这一特征越明显;政府补助改善了公司业绩,但对当期业绩促进效果不显著,其业绩改善效果具有滞后性特征,具有政治关系的上市公司中政府补助的作用效果更明显。本模型可预测研发投入与政府补助的关系,公司业绩与政府补助的关系,为决策部门制订补助政策提供参考。

参考文献

[1] 孙维章,干胜道.IT行业中政府补助对研发与业绩的影响机制研究[J].经济问题,2014,(3):83-88.

[2] 唐清泉,罗党论.政府补贴动机及其效果的实证研究——来自中国上市公司的经验证据[J].金融研究,2007,(6):149-163.

[3] 余明桂,回雅甫,潘红波.政治联系、寻租与地方政府财政补贴有效性[J].经济研究,2010,(3):65-77.

环境治理的效率模型

1 背景

环境治理是加强生态文明建设的重要内容,减少污染物排放总量,城镇环境基础设施建设和运行水平得到提升,生态环境恶化趋势得到扭转,地方政府应充分发挥职能优势,结合公众的积极参与,共同改善生存环境状况。针对地方政府环境治理效率的研究,了解环境治理效率的影响因素十分重要。张玉和李齐云[1]利用 2003—2010 年我国 30 个地区的面板数据,先用 BCC 模型分析地方政府环境治理的综合效率、技术效率和规模效率;然后,用 Tobit 模型对环境治理效率的影响因素进行实证分析。

2 公式

研究地方政府环境治理效率,首先要了解全国范围内各地区的综合环境治理效率,引入 DEA 自我评价的 BCC 模型,再进一步了解分析引起各地区之间产生治理效率差异的影响因素,引入 Tobit 模型。

DEA 是测量全要素效率的非参数估计方法,借助线性规划构建有效率的生产前沿面,然后将其他决策单元与其对比,找出导致效率低下的投入冗余或产出不足,从而为决策单元改善效率提供依据和方向。BCC 模型假设规模报酬可变。

BCC 模型:

$$s.t.\begin{cases}\sum_{j=1}^{n} X_j\lambda_j + S^- = \theta X_0 \\ \sum_{j=1}^{n} Y_j\lambda_j - S^+ = Y_0 \\ \sum_{j=1}^{n} \lambda_j = 1 \\ \lambda_j \geqslant 0, S^-, S^+ \geqslant 0\end{cases}$$

式中,S^- 表示投入松弛变量;S^+ 表示产出松弛变量;θ 表示效率,θ 取值范围为[0,1],越接近 1,效率越高;当 θ 等于 1 且 S^- 和 S^+ 均等于0 时,称决策单元 DEA 有效;当 θ 等于 1 且 S^- 和 S^+ 至少有一个不等于 0 时,称决策单元 DEA 弱有效。

面板数据 Tobit 模型是对 DEA 模型决策单元效率值的影响因素进行实证分析的工具。在此选用最大似然函数法估计变量参数,采用 Tobit 模型处理截断数据的计量模型问题。

$$Y_i^* = x_i^* \beta + \sigma\varepsilon_i \qquad i = 1,2,\cdots,N$$

式中,ε 服从标准正太分布。

$$y_i = \begin{cases} 0 & \text{当 } y_i^* \leqslant 0 \\ y_i^* & \text{当 } y_i^* > 0 \end{cases}$$

从年度数据可知,我国大多数地区的环境治理效率呈现"先升—后降—再上升"的"N"形变化态势,说明地方政府一度单纯追求 GDP,导致我国环境质量逐年下降,由于环境质量下降对健康和经济的负面影响开始显现,政府对环境治理的重视程度重新加强,环境治理效率再度回升。

表 1 2003—2010 年地方政府环境治理效率的平均值

地区	综合效率平均值	纯技术效率	规模效率
北京	0.253	0.284	0.888
天津	0.243	0.310	0.796
河北	0.941	1.000	0.941
山西	0.850	1.000	0.893
内蒙古	0.809	0.928	0.873
辽宁	0.631	0.845	0.739
吉林	0.816	0.839	0.967
黑龙江	0.805	0.853	0.937
上海	0.509	0.532	0.990
江苏	0.362	0.829	0.441
浙江	0.370	0.598	0.628
安徽	0.932	0.942	0.990
福建	0.584	0.669	0.867
江西	0.902	0.930	0.966
山东	0.479	1.000	0.479
河南	0.853	1.000	0.853
湖北	0.639	0.717	0.872
湖南	0.664	0.718	0.920
广东	0.349	0.571	0.586

续表1

地区	综合效率平均值	纯技术效率	规模效率
广西	0.718	0.737	0.963
海南	0.602	1.000	0.602
重庆	0.409	0.439	0.942
四川	0.662	0.736	0.896
贵州	1.000	1.000	1.000
云南	0.856	0.876	0.971
陕西	0.475	0.558	0.865
甘肃	0.664	0.772	0.862
青海	0.780	1.000	0.700
宁夏	0.628	0.725	0.889
新疆	0.310	0.331	0.931
均值	0.637	0.758	0.841

由表1可以看出,各地区之间平均综合效率差异较大,综合效率最好的是贵州,连续8年环境效率有效,综合效率最低的是天津(0.243)和北京(0.253),与贵州的差距高达5倍。因此,环境治理效率的高低与经济发达程度无关。从各地区的平均纯技术效率看,山东、海南、青海、山西、河南、河北和贵州的纯技术效率均等于1,天津和北京的纯技术效率最低,分别为0.284和0.310,这也是导致天津和北京综合效率低的主要原因。从各地区的技术效率看,贵州、安徽和云南的平均规模效率在0.97以上,江苏和山东的平均规模效率在0.5以下,这也是江苏和山东综合平均效率较低的主要原因。

在财政分权体制下,地方政府可支配的财政支出越多,往往越追求地方GDP,忽视环境治理;公众的知识水平和人均储蓄水平越高,对环境状况的关注程度越高。基于此一般规律,在此把财政分权和公众认知设定为核心解释变量,主要考察二者对环境治理效率的影响。

针对效率影响因素的实证分析,建立模型:

$$EFF = \alpha + \beta DC + \gamma Pop + \eta Control + \varepsilon$$ [2~3]

式中,EFF 表示综合效率;DC 表示财政分权,财政分权指标用省级人均预算内财政支出与中央人均预算内财政支出的比例衡量;Pop 表示公众认知,公众认知指标选取15岁及以上的人口文盲率和城乡人均储蓄水平作为代表性变量来衡量;$Control$ 表示控制变量。

表2　变量的描述性统计

变量	变量说明	平均值	标准差	最小值	最大值
Eff	综合效率	0.64	0.27	0.16	1.00
DC	财政分权	0.56	0.67	0.01	4.41
Illi	文盲率	0.09	0.05	0.02	0.24
Persav	城乡人均储蓄	1.54	1.28	0.24	8.67
Pergdp	人均 GDP	21 664.25	14 794.47	3 701.00	76 074.00
Pd	人口密度	415.54	577.14	7.44	3 631.38

由表2 可知,从被解释变量环境治理效率看,各地区环境治理效率大。从解释变量财政分权看,各地区平均财政支出分权为0.56,最大值为4.41,最小值为0.01;从解释变量公众认知看,各地区 15 岁以上人口的文盲率为 9%,城乡人均年储蓄为 1.54 万元,最大值为8.67,最小值为0.24。从控制变量看,各地区人口分布极不均衡。

首先对核心解释变量和控制变量的模型 1 进行 Tobit 分析,发现核心解释变量系数均显著。然后,建立模型 3 单独考察核心解释变量财政分权和公众认知对环境治理效率的影响,发现核心解释变量的系数均通过 0.01 的显著性检验。鉴于 Tobit 模型估计可能存在异方差,因此,在模型 2 和模型 4 中使用了稳健标准差。

表3　模型估计结果

变量名称	模型1	模型2	模型3	模型4
财政分权(*DC*)	−0.147 885 4*** (−5.12)	−0.147 885 4*** (−5.87)	−0.127 46*** (−4.87)	−0.127 46*** (−6.06)
文盲率(*Illi*)	−1.583 154*** (−3.33)	−1.583 154*** (−3.18)	−0.158 043 5*** (−3.79)	−0.158 013 5*** (−3.87)
城乡人均年储蓄(ln_*Persav*)	−0.196 068 6** (−2.12)	−0.196 068 6** (−2.48)	−0.357 483 6*** (−9.4)	−0.357 483 6*** (−10.6)
人均 gdp(ln_*Pergpd*)	−0.121 633 4 (−1.3)	−0.121 633 4 (−1.46)	— —	— —
人口密度(ln_*pd*)	−0.033 865 9* (−1.95)	−0.033 865 9** (−2.00)	— —	— —
常数项(*C*)	2.305 151** (2.51)	2.305 151*** (2.79)	0.403 817 5*** (3.94)	0.403 817 5*** (4.07)
log likelihood	−64.110 37	−64.110 37	−63.904 129	−63.904 129
Pseudo R^2	0.435 9	0.435 9	0.437 8	0.437 8

注:***、**、*分别表示在1%、5%、10%显著性水平上显著。

在模型 1、模型 2、模型 3 和模型 4 中,财政分权的系数显著为负数,文盲率的系数显著为负数,人均 GDP 的系数为负数,人口密度系数符号为负。

3 意义

通过 BCC 模型和 Tobit 模型,建立了环境治理的效率模型,该模型表明了地方政府环境治理效率较低,综合效率平均值仅为 0.637,而且地区之间差异较大;财政分权和公众认知作为核心解释变量,均对地方环境治理效率有显著的负影响。模型可预测财政分权、公众认知等对环境治理效率的关系,为加强地方政府环境责任制和提高公众的受教育水平等提供参考。

参考文献

[1] 张玉,李齐云.财政分权、公众认知与地方环境治理效率[J].经济问题,2014,(3):65-68.

[2] 乔宝云,范剑勇,冯兴元.中国的财政分权与小学义务教育[J].中国社会科学,2005,(6):37-47.

[3] 傅勇.财政分权政府治理与非经济性公共物品供给[J].经济研究.2010,(8):4-16.

服务贸易的发展模型

1 背景

中国加入世界贸易组织以来，北京服务贸易持续高速增长。从规模上看，北京服务贸易位居全国前列，且服务贸易增长快于服务业GDP的增长，同时贸易结构偏重于新型产业，因此，北京服务贸易内部结构不断优化，总体具有一定优势。针对北京服务贸易发展的研究，了解北京服务贸易发展规模和结构十分重要。孙强等[1]对北京服务贸易规模与结构现状进行了归纳，通过建立偏离—份额分析法（SSM）模型描述分析了北京服务贸易规模、结构等对服务贸易发展的作用。

2 公式

通过对北京服务贸易与全国服务贸易的比较，这之间存在结构、增长速度差异，为分析北京服务贸易发展的竞争优势，引入偏离—份额分析法（SSM）模型对北京服务贸易发展进行研究。

偏离—份额分析法（SSM）被广泛用于区域发展差异变动的分析。该模型把区域经济的变化看做为一个动态的过程，以其所在大区域经济发展为参照系，将区域自身经济总量在某一时期的变动分解为3个分量：份额分量、结构偏离分量和竞争力偏离分量，以此说明区域经济发展和衰退的原因，评价区域经济结构优劣和自身竞争力的强弱，找出区域具有相对竞争优势的产业部门，进而确定区域未来经济发展的合理方向和产业结构调整的原则。

根据偏离份额法，在$[0,t]$时间段内，将区域i的j部门的增长量G_{ij}分解为N_{ij}、P_{ij}、D_{ij}，即$G_{ij}=N_{ij}+P_{ij}+D_{ij}$。假设区域$i(i=1,2,\cdots,m)$的服务贸易总额和结构在经过$[0,t]$的时间后都发生了变化。假设区域$i$初始服务贸易总规模是$b_{i0}$，期末的服务贸易总额为$b_{it}$。同时根据相关标准将服务贸易分为$n$个子行业，分别用$b_{ij,o}$、$b_{ij,t}$ $(j=1,2,\cdots,n)$表示区域i第j个产业部门在期初与期末的规模，用B_0、B_t表示全国在$[0,t]$时间内的期初和期末服务贸易总规模，用$B_{j,0}$、$B_{j\ t}$分别表示全国的期初和期末j产业部门的规模。

全国服务贸易规模在$[0,t]$内的变化率为：

$$R=\frac{B_t-B_0}{B_0}$$

全国服务贸易中第 j 个子行业在 $[0,t]$ 时间段内的变化率为：

$$R_j = \frac{B_{j,t} - B_{j,0}}{B_{j,0}} \qquad (j = 1,2,\cdots,n)$$

区域 i 的第 j 个子行业在 $[0,t]$ 时间段内的变化率为：

$$r_{ij} = \frac{b_{ij,t} - b_{ij,0}}{b_{ij,0}} \qquad (i = 1,2,\cdots,m;\ j = 1,2,\cdots,n)$$

$N_i = \sum_{j=1}^{n} N_{ij} = \sum_{j=1}^{n} b_{ij,0}R$ 为份额分量，表示考察区 i 第 j 产业在以参照区增长率增长时可以增加的量。

$P_i = \sum_{j=1}^{n} P_{ij} = \sum_{j=1}^{n} b_{ij,0}(R_j - R)$ 为结构分量，指考察区按照参照区 j 产业实际增长与参照区总体增长差值发展所增加的量，如果参照区 j 产业的增长超过参考区总体增长，该分量为正。

$D_i = \sum_{j=1}^{n} D_{ij} = \sum_{j=1}^{n} b_{ij,0}(r_{ij} - R_j)$ 为竞争力分量，指考察区 i 第 j 产业实际增长量与参考区相应产业增长量的差值，其值若大于 0，则表明考察区内竞争力较强的行业所占比重大，区域处于有力区位，产业竞争力较高。

$$G_{ij} = b_{ij,0} - b_{ij,t} = \Delta b_{ij}$$

$$G_{ij} = \sum_{j=1}^{n} b_{ij,0}R + \sum_{j=1}^{n} b_{ij,0}(R_j - R) + \sum_{j=1}^{n} b_{ij,0}(r_{ij} - R_i)$$

因此，$\Delta b_{ij} - \sum_{j=1}^{n} b_{ij,0}R = \sum_{j=1}^{n} b_{ij,0}(R_j - R) + \sum_{j=1}^{n} b_{ij,0}(r_{ij} - R_j)$，等式左边为总偏离分量，即考察区某产业实际变化与以参考区变化率为基础的变化之间的差异，表明了区域 i 第 j 产业的增长速度相对参考区平均水平的高低。总偏离可以看成是考察区经济发展相对效果的指标，该效果可以通过等式右边的两个分量加以解释。

目标区域在考察期内的相对变化情况可以由相对变化率 L 给出。该指标以目标区域各行业占参考区域各阶段比例为基础，以 $K_{i0} = \frac{e_{i0}}{E_{j0}}$ 代表期初目标区域各行业占期末各行业的比例；$K_{it} = \frac{e_{it}}{E_{it}}$ 为期末的比例。目标区域相对于参考区域的增长率为：

$$L = \left[\frac{\sum_{j=1}^{n} K_{i0}E_{it}}{\sum_{j=1}^{n} K_{i0}E_{i0}} \Big/ \frac{\sum_{j=1}^{n} E_{jt}}{\sum_{j=1}^{n} E_{j0}}\right] \times \left[\frac{\sum_{j=1}^{n} K_{jt}E_{jt}}{\sum_{j=1}^{n} K_{j0}E_{jt}}\right] = W \times U$$

式中，W、U 分别代表结构效果指数和区域竞争效果指数。若 G 值越大，$L > 1$，说明区域增长快于全国。若 P 值越大，$W > I$，说明区域中经济增长快的产业部门比重大，区域总体经济结构比较好,结构对于经济增长的贡献大;反之,说明区域经济衰退,夕阳产业的比重过大,经济结构需要调整。若 D 值较大,$U>1$,说明区域各产业部门总的增长势头好,具有很强的竞争能力;反之,则说明竞争力较弱,地位有下降趋势。

表 1　2003—2011 年北京服务贸易份额—偏离模型　　单位:亿美元

	北京		全国							
	基期	末期	基期	末期	G	N	P	D	$P+D$	N/G
总计	162.24	895.40	1 012.27	4 190.90	733.26	509.45	72.89	150.92	223.81	0.69
运输	42.73	195.30	261.39	1 160.10	153.57	134.18	12.74	6.66	19.39	0.87
保险	8.91	133.10	48.77	227.60	124.19	27.98	4.69	91.52	96.21	0.23
旅游	30.87	136.10	325.93	1 210.50	105.23	96.93	−13.16	21.45	8.30	0.92
金融	0.53	11.70	3.84	16.00	11.17	1.66	0.01	9.49	9.51	0.15
通讯	8.71	21.50	10.66	29.20	12.79	27.35	−12.20	−2.36	−14.56	2.14
建筑	10.66	92.40	24.73	184.50	81.74	33.47	35.40	12.87	48.27	0.41
计算机和信息	9.00	52.00	21.38	160.30	43.00	28.26	30.22	−15.48	14.74	0.66
专利、特许	5.27	22.60	36.55	154.50	17.33	16.55	0.46	0.32	0.78	0.95
咨询	12.22	99.10	53.34	469.70	86.88	38.37	57.00	−8.50	48.51	0.44
广告、宣传	3.19	17.80	9.44	67.90	14.61	10.02	9.73	−5.14	4.59	0.69
电影、音像	0.74	3.40	1.03	5.20	2.66	2.32	0.67	−0.34	0.34	0.87
其他商业	29.41	109.50	215.20	505.40	80.09	92.35	−52.69	40.43	−12.26	1.15

根据表 1 可知,2003—2011 年间,北京服务贸易总变动额为 733.2 亿美元,高于全国份额分量,且总偏离为正值 223.8 亿美元。这说明,在考察期内北京市服务贸易发展速度高于全国平均水平,但全国份额分量比率(N/G) 较高,达到了 69.5%,结构和竞争力分量仅贡献了 30.5%。

表 2　2004—2011 年北京服务贸易总额偏离—份额各分量变化情况

年份	2004	2005	2006	2007	2008	2009	2010	2011
总增量	73.46	65.04	92.49	109.83	188.86	−47.92	154.29	97.21
份额分量	51.98	41.31	66.36	190.36	107.35	−40.33	170.10	124.82
份额分量比	0.71	0.64	0.72	1.73	0.57	0.84	1.10	1.28
结构偏离分量	−2.87	4.95	4.33	−48.65	27.67	−3.79	3.97	−9.80
竞争力偏离分量	24.35	18.78	21.80	−31.88	53.84	−3.79	−19.77	−17.81
总偏离分量	21.48	23.73	26.13	−80.53	81.51	−7.59	−15.80	−27.61

2004—2011 年,北京服务贸易总增量在波动中略有上升,其中多数年份增量为正,但总偏离分量逐渐由正转负,且绝对值逐年增大。与之对应的表现就是份额分量率逐年提高,从 2004 年的 0.71 提高到了 2011 年的 1.28。根据公式可知,总偏离分量的变化可以从结构偏离分量与竞争力偏离分量中得到解释。

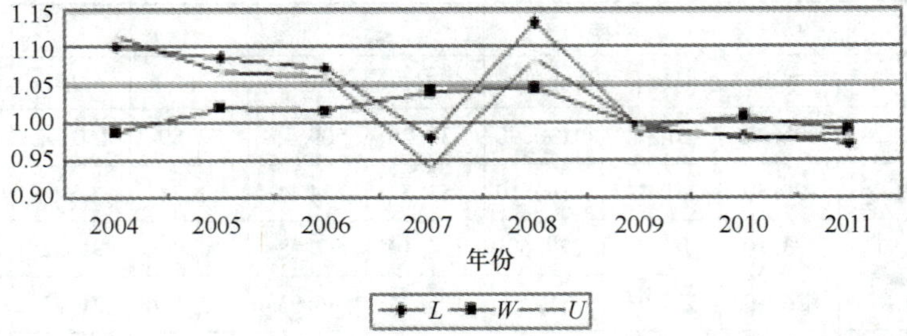

图 1　北京服务贸易相对增长率、结构效果指数及区域竞争效果指数变化情况

对总偏离分量与两个指标相关系数分析表明,北京总偏离分量与竞争力偏离分量的相关系数(0.96) 大于其与结构偏离分量的相关系数(0.92)。即竞争力分量的下降是导致北京服务贸易相对增长率在波动中下降(图 1) 的主要原因。

表 3　2004—2011 年北京服务贸易内部各行业总偏离变化情况

年份	2004	2005	2006	2007	2008	2009	2010	2011
运输	7.30	0.50	5.20	-35.70	5.00	38.40	-24.80	-21.60
保险	0.40	0.80	1.80	-0.80	44.20	-11.50	23.30	29.30
旅游	-2.00	-4.60	-0.50	8.00	-25.50	-10.30	-23.10	-17.40
金融	0.10	0.00	-1.40	1.80	-0.10	2.20	-0.10	6.10
通讯	-1.10	0.80	2.10	5.40	4.20	-5.60	0.50	2.70
建筑	0.70	5.20	3.00	15.50	20.50	-6.80	3.40	7.70
计算机和信息	-0.40	0.80	4.30	2.60	-1.20	-1.10	5.40	3.80
专利、特许	0.40	0.70	2.40	-1.10	-1.10	-5.40	-0.60	-2.00
咨询	2.60	3.00	6.00	1.90	8.00	-4.10	-4.70	-10.50
广告、宣传	1.00	0.70	-0.10	0.90	1.10	-2.40	0.90	0.50
电影、音像	0.40	0.50	-0.07	-67.50	1.30	-2.10	0.60	-0.30
其他商业	12.00	15.30	3.30	-11.40	25.20	1.10	3.40	-25.90

从内部各行业变化看[2],2004—2011 年,北京只有 5 个行业总偏离额有所提高,其余 7

个行业均有不同幅度下降。其中 6 个行业总偏离额为负,即该6 个行业的实际增量小于以全国相应行业增速为目标的增量。此外,北京各年度出现负偏离额的行业数量也持续增长,从 2004 年的 3 个增长到 2011 年的 6 个。

3 意义

建立了服务贸易的发展模型,通过模型,表明了竞争力分量下降是考察期内年度总增量在波动中下降及总偏离分量由正变负的主要原因。此外,北京传统服务贸易项目增长更依赖于份额分量,新兴服务贸易项目中竞争力分量作用较为明显。本模型可预测总偏离分量的变化与结构偏离分量和竞争力偏离分量的关系,为确保北京服务贸易发展稳定增长和构建促进服务贸易发展的有力环境提供参考。

参考文献

[1] 孙强, 李旭超, 王翔. 服务贸易发展偏离—份额分析——以北京为例[J]. 经济问题,2014,(3):116-120.

[2] 杨汶浠. 中国服务贸易竞争力及其影响因素分析[J]. 国际商贸, 2012, (5): 208-209.

内生技术的经济增长模型

1　背景

能源与资本、劳动力等一样,作为投入要素的一种,在经济发展中发挥了非常重要的作用。能源消费与经济增长之间具有非常密切的关系。能源作为一种自然资源,持续为经济发展提供原动力,是经济发展的重要物质基础,在较大程度上决定了经济发展的速度与规模。能源需求的满足程度决定了经济增长的实现程度。针对基于能源约束的内生经济增长理论的研究,了解经济增长对能源消费的需求十分重要。左文鼎[1]为了充分反映中国能源消费与经济增长之间的关系,借鉴罗默的内生技术进步经济增长模型,将能源作为独立要素纳入生产函数,探讨能源约束下,经济如何实现可持续增长。

2　公式

经济增长理论的研究过程中,生产函数理论被大量应用,其反映出了要素投入与产出之间的关系。能源消费是经济增长的动力源泉,经济增长对能源消费具有内在需求,能源消费与经济增长之间呈现相互依存、相互制约的关系,因此引入能源消费约束的内生经济增长模型理论研究。

为了充分反映中国能源消费与经济增长之间的关系,这里探讨在能源约束条件下,如何实现经济的可持续发展。首先,我们假定技术进步表现为生产性产品数目上的扩大,当产品数目固定时,构建产品数目固定时的生产函数,具体函数形式为:

$$Y = F(L_{\gamma}, E, N, X) = AL_{Y}^{\gamma}E^{\beta}NX^{\alpha} \tag{1}$$

这里,$0 < \alpha, \beta, \gamma < 1$,并且 $\alpha + \beta + \gamma = 1$。

其中,Y 代表产出;A 代表产出系数,并且,$A>0$;L_{γ} 代表产出部门的劳动投入;E 代表能源消费量;X 代表中间产品的使用量;N 代表中间产品种类的数量,技术的状态等同于 N 的数量,也就是说 N 的数值大小刻画了技术状态。

当产品种类 N 固定时(技术状态保持不变),函数 $F(\cdot)$ 满足新古典生产函数的三个条件:① $F(\cdot)$ 呈现对每种投入的正且递减的边际产品;② $F(\cdot)$ 呈现出不变的规模报酬;③ 随着某一生产要素(劳动力、能源消费或中间品投入)趋于零,该要素的边际产品趋于无穷大;随着某一生产要素(劳动力、能源消费或中间品投入)趋于无穷大,该要素的边际产品趋于零。

其次,中间产品种类的扩大。技术进步表现为中间产品种类数目的增加,由于技术是一种非竞争性的产品,这也就意味着不仅具有外溢效应,而且可以无限积累,所以全社会总资本存量可以理解为所有中间产品发明成本的累加。

假设发明一种新产品所需要的劳动力为 η/N(η 为相对研发成本, η 越大也就意味着研发成本越大),研究部门所雇佣的劳动力为 L_R ,我们可以得到中间产品种类 N 的变化方程为:

$$\dot{N} = \frac{L_R N}{\eta} \qquad \eta > 0 \tag{2}$$

由生产函数可知,能源是生产所必需的投入品,所以从经济的持续和稳定增长角度来说,能源存量必须源源不断地满足人类对能源消费量的长期稳定的需求。

假设能源存量为 S,能源再生速度为 σ ,能源消费量为 E,则能源存量(S) 的变化方程可以表示为:

$$\dot{S} = \sigma S - E \tag{3}$$

假定家庭的规模不变(人口增长率为 0),家庭的人口数目标准化为 1 单位,由于 t 时刻家庭的效用仅仅取决于人均物质消费数量 $c(t)$,并且家庭的效用函数对于人均物质消费量呈现出正且递减的边际效用,边际效用的弹性值为常数,可得到 t 时刻家庭的效用函数,具体形式为:

$$u(t) = \frac{c_t^{1-\theta} - 1}{1 - \theta} \tag{4}$$

那么,每个家庭的总效用函数为:

$$U = \int_0^{\infty} \left(\frac{c_t^{1-\theta} - 1}{1 - \theta}\right) \cdot e^{-\rho t} \mathrm{d}t \qquad \theta > 0 \tag{5}$$

式中, $\rho > 0$ 表示时间偏好,意味着效用获得的越晚,其价值就越低; θ 表示人均物质消费数量 c 每增加 1% ,边际效用下降的百分比。

由于产出用于消费和投资,投资等于花费于中间产品的数额,因此,我们也就得到消费的预算约束,具体形式为:

$$Y = Lc + NX \tag{6}$$

其中, $L = L_Y + L_R$,为全社会的总人口。

通过求解家庭总效用函数最优问题,可以得到能源和碳排放约束条件下的均衡经济增长路径。

所有的变量都是时间 t 的函数,时间 t 不直接进入方程,而是通过变量 X_t 的变化进行分析,为了书写方便,一律省去了下标 t。

目标函数:

$$\max U(c) = \int_0^{\infty} \left(\frac{c^{1-\theta} - 1}{1 - \theta}\right) \cdot e^{-pt} \mathrm{d}t \tag{7}$$

约束条件：

$$Y = A(L - L_R)^{\gamma} E^{\beta} N X^{\alpha} = Lc + NX \tag{8}$$

$$\dot{N} = \frac{L_R N}{\eta} \tag{9}$$

$$\dot{S} = \sigma S - E \tag{10}$$

根据式(7)～式(10)，可以构建出现值的汉密尔顿方程，具体形式为：

$$H = \frac{c^{1-\theta} - 1}{1 - \theta} + \lambda_1\left(\frac{L_R N}{\eta}\right) + \lambda_2(\sigma S - E) + \lambda_3(Y - Lc - NX) \tag{11}$$

对于控制变量(c, L_R, X, E)和状态变量(N, S)，汉密尔顿函数最优解的一阶条件如下。

由$\frac{\partial H}{\partial c} = c^{-\theta} - \lambda_3 L = 0$可以得到：

$$\lambda_3 = c^{-\theta}/L \tag{12}$$

由$\frac{\partial H}{\partial L_R} = \frac{\lambda_1 N}{\eta} + \lambda_3 \frac{\partial Y}{\partial L_R} = \frac{\lambda_1 \cdot N}{\eta} - \frac{\lambda_3 \cdot \gamma \cdot Y}{L - L_R} = 0$可以得到：

$$\frac{\lambda_3}{\lambda_1} = \frac{(L - L_R)N}{\gamma \cdot \eta \cdot Y} \tag{13}$$

由$\frac{\partial H}{\partial X} = \lambda_3\left(\frac{\partial Y}{\partial X} - N\right) = 0$可以得到：

$$X = (\alpha A)^{1/(1-\alpha)}(L - L_R)^{\gamma/(1-\alpha)} E^{\beta/(1-\alpha)} \tag{14}$$

由式(14)可以得到：

$$Y = A^{1/(1-\alpha)} \alpha^{\alpha/(1-\alpha)} (L - L_R)^{\gamma/(1-\alpha)} E^{\beta/(1-\alpha)} N = \alpha^{-1} NX \tag{15}$$

由$\frac{\partial H}{\partial E} = -\lambda_2 + \lambda_3 \frac{\partial Y}{\partial E} = 0$可以得到：

$$\lambda_2 = \lambda_3 \cdot \beta \cdot \frac{Y}{E} \tag{16}$$

由$\dot{\lambda}_1 = \rho\lambda_1 - \frac{\partial H}{\partial N}$可以得到：

$$\dot{\lambda}_1 = \rho\lambda_1 - \lambda_1 \frac{L_R}{\eta} - \lambda_3\left(\frac{Y}{N} - X\right) \tag{17}$$

由$\dot{\lambda}_2 = \rho\lambda_2 - \frac{\partial H}{\partial S}$可以得到：

$$\dot{\lambda}_2 = \lambda_2(\rho - \sigma) \tag{18}$$

根据动态最优化理论，经济社会最优增长路径下，各经济变量的增长率为常数，令g_t^*为稳定状态经济变量I的增长率，则有$g_t^* = \frac{\dot{I}}{I}$。

由式(9)可以得到：

$$g_N = \frac{\dot{N}}{N} = \frac{L_R}{\eta} \tag{19}$$

由于在稳定状态各变量的增长率为常数，因此 $g_N = \dfrac{L_R}{\eta} =$ 常数。

对式(19) 两端取对数，对时间求导可以得到：

$$g_t^* = 0 \tag{20}$$

由式(20) 可知稳定状态 L_R 为常数 L_R^*，保持不变，则稳定状态 N 的增长率为：

$$g_t^* = \frac{L_R^*}{\eta} \tag{21}$$

由式(10) 可以得到如下等式：

$$g_s = \frac{\dot{S}}{S} = \sigma - \frac{E}{S} \tag{22}$$

同理，可以得到：

$$g_E^* = g_S^* \tag{23}$$

由式(12) 可以得到：

$$g_{\lambda_3}^* = -\theta \cdot g_c^* \tag{24}$$

由式(13) 可以得到：

$$g_X^* = \frac{\beta}{1-\alpha} g_E^* \tag{25}$$

由式(15) 可以得到：

$$g_Y^* = \frac{\beta}{1-\alpha} g_E^* + g_N^* = g_X^* + g_N^* \tag{26}$$

由式(8) 和式(25) 可以得到：

$$g_c^* = g_Y^* = g_X^* + g_N^* \tag{27}$$

由式(16) 可以得到：

$$g_{\lambda_2}^* + g_E^* = g_{\lambda_3}^* + g_Y^* \tag{28}$$

由式(17) 可以得到：

$$g_{\lambda_1} = \frac{\dot{\lambda}_1}{\lambda_1} = \rho - \frac{L}{\eta} - \frac{\lambda_3}{\lambda_1}\left(\frac{Y}{N} - X\right) \tag{29}$$

将式(13) 代入式(28) 可以得到：

$$g_{\lambda_1}^* = \rho - \frac{L}{\eta} - \frac{\beta(L - L_R^*)}{\gamma \cdot \eta} \tag{30}$$

由式(18) 可以得到：

$$g_{\lambda_2}^* = g_{\lambda_2} = \rho - \sigma \tag{31}$$

由式(20)、式(21)、式(23)、式(24)、式(26)、式(27)、式(28)、式(29) 和式(31) 可以

得到:

$$g_Y^* = g_c^* = \frac{\beta(\sigma-\rho)}{\beta\theta+\gamma} + \frac{\beta+\gamma}{\beta\theta+\gamma}\cdot\frac{L_R^*}{\eta} \tag{32}$$

$$g_E^* = g_S^* = \frac{(\beta+\gamma)(\sigma-\rho)}{\beta\theta+\gamma} + \frac{(1-\theta)(\beta+\gamma)}{\beta\theta+\gamma}\cdot\frac{L_R^*}{\eta} \tag{33}$$

$$g_{\lambda_1}^* = \rho-\sigma+\frac{(\beta+\gamma)(\sigma-\rho)}{\beta\theta+\gamma} - \frac{2\theta\beta+\gamma\theta-\beta}{\beta\theta+\gamma}\cdot\frac{L_R^*}{\eta} \tag{34}$$

由式(34) 和式(30) 可以解得 L_R^* :

$$L_R^* = \frac{1}{\theta(1-\alpha)}\cdot\{(\beta\theta+\gamma)\cdot L-[\rho-\frac{\beta(1-\theta)}{\beta+\gamma}\sigma]\cdot\gamma\cdot\eta\} \tag{35}$$

将式(35) 代入式(21)、式(32)、式(33)可以得到:

$$g_N^* = \frac{1}{\theta(1-\alpha)}\cdot\{(\beta\theta+\gamma)\cdot\frac{L}{\eta}-[\rho-\frac{\beta(1-\theta)}{\beta+\gamma}\sigma]\cdot\gamma\} \tag{36}$$

$$g_E^* = g_S^* = \frac{(\beta+\gamma)(\sigma-\rho)}{\beta\theta+\gamma} + \frac{(1-\theta)(\beta+\gamma)}{\beta\theta+\gamma}\cdot\frac{1}{\theta(1-\alpha)}\cdot\{(\beta\theta+\gamma)\cdot\frac{L}{\eta} - [\rho-\frac{\beta(1-\theta)}{\beta+\gamma}\sigma]\cdot\gamma\} \tag{37}$$

$$g_Y^* = g_c^* = \frac{\beta(\sigma-\rho)}{\beta\theta+\gamma} + \frac{\beta+\gamma}{\beta\theta+\gamma}\cdot\frac{1}{\theta(1-\alpha)}\cdot\{(\beta\theta+\gamma)\cdot\frac{L}{\eta}-[\rho-\frac{\beta(1-\theta)}{\beta+\gamma}\sigma]\cdot\gamma\}$$

(38) [2~7]

3 意义

将能源约束引入内生技术的经济增长模型,通过模型表明了技术进步取决于技术创新成本和社会劳动力禀赋,家庭的偏好参数 ρ 和 θ 对经济增长有反向的影响,能源消耗对经济增长影响。能源消耗的越多,也就意味着产出越多,经济增长越快,而能源供给又受到能源再生速度的影响,能源消耗速度过快会促使能源枯竭,所以能源消耗的增长速度不能超过能源的再生速度。本模型可预测能源消费与经济增长之间的关系,为在能源约束下实现经济可持续增长提供参考。

参考文献

[1] 左文鼎. 基于能源约束的内生经济增长理论研究[J]. 经济问题,2014(3):32-36.

[2] Dasgupta P S, G M Heal. The Optimal Depletion of Exhaustible Resources[J]. Review of Economic Studies (Symposium), 1974, 165(6):59-67.

[3] Bovenberg A L, S A Smulders. Transitional Impacts of Environmental Policy in an Endogenous Growth Model

[J]. International Eccnomic Review, 1996,(37) : 861 - 893.

[4] Stokey N. Are there Limits to Growth? [J]. International Economic Review,1998,39(1) : 1 - 31.

[5] Ayong A D,L Kama. Sustainable Growth,Renewable Resources and Pollution [J]. Journal of Economic Dynamicsand Control, 2001, 25(12) : 1911 - 1918.

[6] Grimaud A,L Rouge. Non - renewable Resources and Growth and Vertical Innovations: Optimum,Equilibrium and Economic Policies[J]. Journal of Environmental Economics and Management, 2003, (45) : 433 - 453.

[7] Grimaud A,L Rouge. Polluting Not - renewable Resources,Innovation and Growth: Welfare and Environment Policy[J]. Resources and Energy Economics, 2005, (27) : 109 - 129.

城市化地区的评价模型

1 背景

西部城市化地区是按全国主体功能区规划国家层面开发内容划分的西部城市功能区。西部城市化地区经济发展迅猛,发展潜力增强,人民生活水平提高。针对基于主体功能区的西部城市化地区评价及发展研究,了解西部各城市化地区经济发展的相对优势、薄弱环节及引致因素十分重要。刘欣英和安树伟[1]使用因子分析方法和因子得分综合评价模型,对西部各城市化地区的经济发展实力进行综合评分和排序,通过对按国家层面开发内容划分的西部城市化地区进行定量对比分析,并针对发展中存在的问题提出未来发展思路和若干建议。

2 公式

主体功能区指基于不同区域的资源环境承载能力、现有开发密度和发展潜力等,将特定区域确定为特定主体功能定位类型的一种空间单元,研究各城市化地区经济发展,引入因子分析方法和因子得分综合评价模型对其实力进行综合评价和排序。

$$X_i = \alpha_{i1}F_1 + \alpha_{i2}F_2 + \cdots + \alpha_{in}F_n + U_i \tag{1}$$

$$F = \sum_{i=1}^{k} \beta_i F_i \tag{2}$$

式(1)为因子分析一般模型,其中 X_i 为实测指标变量, F_i 为公共因子, α_i 为因子载荷,即 X_i 和 F_i 的相关系数, U_i 为特殊因子。式(2)为因子得分函数,计算因子综合得分,并进行排序。其中, β_i 为各个公共因子的方差贡献率。

提取 3 个公共因子 F_1、F_2、F_3。按照方差极大法对因子载荷矩阵旋转,得出各公共因子在特定变量上有较高的载荷,具体为 F_1 代表经济总体水平,反映为地区生产总值、投资额、财政收入等总量指标;F_2 代表经济效率和收入水平,反映为人均地区生产总值和平均工资等相对指标和平均指标;F_3 代表工业化程度和环境治理水平,反映为第二产业比重和“三废”综合利用产值等指标。根据样本因子得分综合评价模型得出西部城市化地区的综合得分和排名(表 1)。

表1　2005 年和 2010 年西部城市化地区的因子分析综合得分和排名

地区	2005 年因子得分和排名					2010 年因子得分和排名				
	F_1	F_2	F_3	F	排名	F_1	F_2	F_3	F	排名
呼包鄂榆	0.49	2.08	−0.70	0.61	2	0.37	2.40	0.64	0.88	2
广西北部湾	−0.45	−1.22	−1.40	−0.66	9	−0.36	−0.11	−1.08	−1.28	8
成渝地区	2.47	−0.65	0.26	1.27	1	2.49	−0.47	−0.15	1.16	1
黔中地区	−0.60	−0.65	0.10	−0.45	8	−0.68	0.04	−1.57	−1.90	9
滇中地区	−0.19	0.16	1.68	0.13	3	−0.14	−0.92	0.68	0.35	3
关天地区	−0.19	−0.74	0.49	0.19	6	0.06	−0.85	−0.11	−0.29	5
兰西地区	−0.61	0.80	0.67	−0.10	4	−0.70	−0.52	1.74	−0.36	6
宁夏沿黄	−0.80	−0.08	0.28	−0.43	7	−0.61	0.01	0.39	0.03	4
天山北坡	−0.13	0.31	−1.37	−0.17	5	−0.43	0.42	−0.55	−0.67	7

2005 年西部城市化地区中成渝地区、呼包鄂榆地区、滇中地区的因子综合得分为正，这三地的综合经济发展水平排名居前三位，在西部经济发展的过程中都起着领头带动作用。2010 年除成渝地区、呼包鄂榆地区、滇中地区的因子综合得分为正外，宁夏沿黄地区得分也为正，排名第四，关中—天水地区排名第五，但综合得分为负，说明整体经济实力还在平均水平之下[2]。

3　意义

通过因子得分综合评价，建立了城市化地区的评价模型，该模型表明了西部城市化地区总体发展不均衡，单极分化的程度较高，一两个地区的经济发展优势被其他地区分解在平均水平之下，说明各城市化地区在经济基础、发展潜力、居民收入等方面都需要进一步的改善。本模型可预测西部城市化地区的因子分析综合得分和排名，为建立和完善市场化的城市发展长效机制，建设文明富裕的城市化区域提供参考。

参考文献

[1]　刘欣英，安树伟．基于主体功能区的西部城市化地区评价及发展研究[J]．经济问题，2014，(3)：121－124.

[2]　牛文元．2012 年中国新型城市化报告[M]．北京：科学出版社，2012.

合作社社员的参与意愿模型

1 背景

农民专业合作社是分散经营的小农户按照平等自愿原则建立的互助组织和特殊企业,农户通过合作社进行自我服务和共同经营,以对抗市场垄断和维护自身的经济利益。作为由利用其服务的惠顾者社员联合所有并共同受益的企业,以一人一票为基础的社员民主管理与控制是各种合作社的典型特征和核心原则。针对农民专业合作社治理中的社员参与意愿影响因素的研究,了解影响农民专业合作社社员参与管理意愿的因素十分重要。孙亚范[1]利用对江苏农民专业合作社社员的调查数据,建立有序 Probit 模型进行检验,对我国农民专业合作社社员民主参与合作社管理的意愿进行了实证分析。

2 公式

社员合作认知因素、经济利益因素、信任因素、合作社制度因素和社员个人因素、家庭因素以及在组织中的角色因素都影响农民专业合作社社员参与管理意愿,为估计相关因素与社员参与管理意愿之间的关系,引入有序 Probit 模型。

模型的解释变量为影响社员参与管理意愿的各因素,即由 $x_1, x_2, \cdots, x_k$ 构成的向量 X,模型的被解释变量 Y 为社员参与合作社管理事务的意愿,下标 i 为样本序号。

设有一个潜在变量 Y_i^* ,Y_i^* 是不可观测的,而可观测的 Y_i 为在$\{1,2,\cdots,m\}$ 上取值的有序响应,设 Y_i 有 $0,1,2,\cdots,m$ 共 $m+1$ 个取值。Y_i^* 线性依赖于解释变量 X_i ,即:

$$Y_i^* = X_i\beta + \varepsilon_i$$

式中,β 为待估计参数;ε_i 是独立同分布的随机解释变量;$i=1,2,\cdots,N$ 是观察值数。Y_i 可以通过 Y_i^* 按下式得到:

$$Y_i = \begin{cases} 0, 如果\ Y_i^* \leqslant c_1 \\ 1, 如果\ c_1 < Y_i^* \leqslant c_2 \\ 2, 如果\ c_2 < Y_i^* \leqslant c_3 \\ \cdots \\ m, 如果\ c_m < Y_i^* \end{cases}$$

其中，$c_1 < c_2 < \cdots < c_m$。

设 ε_i 的分布函数为标准正态累计分布函数 $\Phi(x)$，由此得到关于 Y_i 的有序 Probit 模型：

$$p(Y_i = 0) = \Phi(c_1 - X_i\beta)$$

$$p(Y_i = 1) = \Phi(c_2 - X_i\beta) - \Phi(c_1 - X_i\beta)$$

$$p(Y_i = 2) = \Phi(c_3 - X_i\beta) - \Phi(c_2 - X_i\beta)$$

$$\cdots$$

$$p(Y_i = m) = 1 - \Phi(c_m - X_i\beta)$$

在给定的显著性水平条件下，如若统计量对应的对数似然比检验的显著性指标低于0.1，则自变量总体上对因变量 Y 影响显著。使用回归分析中的 Backward: LR 方法进行模型的优化检验：首先，让全部变量进入回归方程，根据极大似然估计的统计量概率值剔除影响最不显著的自变量.然后再重新进行方程估计和检验，再剔除影响最不显著的变量。经过多次检验，直到所有变量都符合选入标准。表1给出了因变量 Y 的最终优化估计结果。

表1　社员参与合作社管理意愿的模型估计结果

变量	系数	标准误	Z 值	$P>\|z\|$ 显著性水平
对盈余分配制度的了解(x_3)	0.299 6	0.086 4	3.47	0.001
对民主管理制度的了解(x_4)	0.339 4	0.104 6	3.25	0.001
对合作社提供服务的满意状况(x_5)	0.382 7	0.136 9	2.80	0.005
对合作收益的满意状况(x_6)	0.238 1	0.125 6	1.90	0.058
对提高产品价格作用的评价(x_9)	0.141 4	0.074 5	1.90	0.058
对经营管理人员的信任(x_{11})	0.319 0	0.123 8	2.58	0.010
是否获得盈余返还(x_{12})	0.524 5	0.258 9	2.03	0.043
合作社设立个人账户状况(x_{15})	0.898 6	0.266 2	3.38	0.001
理事会成员产生方式(x_{17})	0.210 5	0.082 53	2.56	0.011
对社员(代表)大会作用的评价(x_{18})	0.380 9	0.099 8	3.82	0.000
是否为理事会成员(x_{22})	1.803 5	0.444 5	4.06	0.000
产品价格波动状况(x_{26})	−0.276 2	0.087 3	−3.18	0.002
LR $chi^2(12) = 323.41$	Prob > chi^2 = 0.000 0			
Log likelihood = −154.438 97	Pseudo R^2 = 0.511 5			

由表2可知，社员合作认知、经济收益的满意状况、合作社制度因素、信任因素以及社员在组织中的角色因素和其家庭经营产品的价格波动状况对因变量 Y 都有显著影响。从回

归系数看,除了社员的理事会角色因素,社员参与合作社管理事务的意愿主要取决于合作社是否设立个人账户以及按惠顾额返还盈余制度、社员民主管理制度的健全程度、社员对获得的经济收益的评价及满意状况和对合作社制度的认知以及对经营管理人员的信任因素。[2]

3 意义

通过有序 Probit 模型,建立了合作社社员的参与意愿模型,模型表明了社员对合作社分配制度和民主管理制度的了解程度、社员对获得的服务与收益的满意状况及积极评价、社员对合作社经营管理人员的信任对其参与管理的意愿具有显著的正向影响,建立健全合作社盈余返还制度和民主选举与决策制度以及明晰社员个人产权能够显著提高社员对于合作社经营管理状况的关心程度和参与意愿。本模型可估计相关因素与社员参与管理意愿之间的关系,为合作社的民主治理机制有效运转提供参考。

参考文献

[1] 孙亚范. 农民专业合作社治理中的社员参与意愿影响因素研究——基于江苏省的调查数据[J]. 经济问题, 2014,(3): 93-98.

[2] Hakelius K. Cooperative Values: Farmers' Cooperatives in the Minds of the Farmers[D]. PhD Dissertation, Uppsala, Sweden, Swedish University of Agricultural Sciences, 1996.

产品创新的内生经济模型

1 背景

中国自1978年改革开放以来,经历了继英国工业革命之后最近且规模最大的一次经济增长,经济增长无论如何都离不开企业以及企业家精神的发挥,企业家的投入要素创新、技术创新等也极大地促进了经济增长。针对内生经济增长的研究,了解企业家精神、产品创新十分重要。唐国华[1]从企业家产品创新的视角来看待中国经济增长的内生性,建立理论模型,在理论框架下定性阐述产品创新与内生经济增长的关系,再通过建立计量经济模型进行实证研究。

2 公式

为了阐述产品创新推动经济增长的机理,引入企业家精神、产品创新与内生经济增长的模型,并运用中国的数据进行实证检验。为了定性阐述产品创新与内生经济增长的关系,在Rome[2]给定的增长理论框架下展开分析。

考虑一个包含三部门的封闭经济体,这三部门是最终产品生产部门、中间产品生产部门和研究与开发部门。研究与开发部门负责产品创新,中间产品部门的主要投入是资本和劳动,产出是中间产品,每一种中间产品由一个企业生产,服务或销售对象均是最终产品部门。最终产品部门主要运用企业家和中间产品,生产出最终产品。企业家人力资本分布在研发部门和最终产品生产部门,可以自由流动。

沿用 Dixit 和 Stiglitz 的假定,定义最终产品部门的生产函数为:

$$Y = A(\mu L_E)^{\alpha}\int_0^N m_i^{\beta}\mathrm{d}i \qquad (\alpha + \beta = 1)^{[3]} \tag{1}$$

式中,Y表示最终产品产出;A表示技术参数;m_i表示生产最终产品的中间投入品,共有N种,并且中间产品是连续分布的;L_E表示经济体系中拥有的企业家人数;$\mu(0 < \mu < 1)$表示生产最终产品的企业家人数比例,并且这里的企业家精神并不发挥产品创新的作用,而是主要发挥组织最终产品生产的作用;α、β分别是企业家和中间产品的产出弹性。

对于研发部门而言,研发产出取决于企业家的数量和现有的知识资本存量,定义生产函数为:

$$\dot{N} = \lambda(1-\mu)L_E N \tag{2}$$

式中，$\dot{N}$ 是由于研发而增加的知识资本量；λ 是研发生产力参数；$(1-\mu)L_E$ 是进行中间产品设计方案创新的企业家人数；N 是知识资本的存量，新增的知识资本和原有的知识资本的载体是中间产品，表示蕴含在中间产品中的生产方案。

为了分析竞争性均衡，假定最终产品的价格为 P_Y 并标准化为 1，中间产品的价格为 P_{m_i}，最终产品部门的最大利润表示为：

$$\max_{m_i}. \prod{}_Y = A(\mu L_E)^{\alpha}\int_0^N m_i^{\beta}\mathrm{d}i - W_E\mu L_E - \int_0^N P_{m_i}\mathrm{d}i \tag{3}$$

式中，$\prod_Y$ 为最终产品部门的利润；W_E 是最终产品部门企业家的工资率。根据利润最大化的一阶条件，对 m_i 求偏导并令其等于 0，则最优中间产品需求量为：

$$m_i = \mu L_E\left(\frac{A\beta}{P_{m_i}}\right)^{\frac{1}{\alpha}} \text{或 } P_{m_i} = A\beta(\mu L_E)^{\alpha}m_i^{-\alpha} \tag{4}$$

考虑一种简单的情形，中间产品部门以一个固定价格购买中间产品，将这一固定价格标准化为 1，如果中间部门支付标准化成本 1 来购买研发部门开发的中间产品生产方案，则中间产品厂商的最大利润表示为：

$$\max. \prod{}_{m_i} = P_{m_i}m_i - m_i \tag{5}$$

式(4)中的 m_i 代入式(5)，对 P_{m_i} 求偏导并令其等于 0，可解得利润最大化时的价格 $P_{m_i} = 1/\beta$，将其代入式(4)得到：

$$m_i = A^{\frac{1}{\alpha}}\beta^{\frac{2}{\alpha}}\mu L_E \tag{6}$$

则：

$$\prod{}_{m_i} = (1/\beta - 1)m_i = \frac{\alpha}{\beta}m_i \tag{7}$$

由于最终产品的生产函数是柯布—道格拉斯型的，并且规模收益不变，因而最终产品部门企业家的收入份额应该等于其产出弹性，则有：

$$\frac{W_E\mu L_E}{Y} = \alpha \tag{8}$$

$$W_E = \frac{\alpha Y}{\mu L_E} = \alpha A(\mu L_E)^{\alpha-1}\int_0^N m_i^{\beta}\mathrm{d}i \tag{9}$$

对于研发部门而言，Rome[2] 假定，研究与开发所用到的现有知识存量是可以免费获取的，用 P_N 表示研发部门设计的中间产品生产方案的价格，W_{L_E} 表示研发部门企业家的工资率，则研发部门的企业家的收入为：

$$W_{L_E}(1-\mu)L_E = P_N\dot{N} \tag{10}$$

研发部门的企业家的工资率(单位工资) 为：

$$W_{L_E} = \frac{P_N\dot{N}}{(1-\mu)L_E} \tag{11}$$

将式(2)代入式(11),可得:

$$W_{L_E} = P_N \lambda N \tag{12}$$

Rome[2] 认为,由于中间产品部门购入了专有的中间产品生产设计方案,因而中间产品市场具有垄断势力,而研发部门由于现有的知识存量是可以免费获取的,因而可以自由进入,在均衡状态下,中间产品生产方案的价格应该等于垄断的中间产品厂商预期获得的利润现值,表示为:

$$P_N(t) = \int_t^{\infty} \prod_{m_i}(\tau) e^{-\int_t^{\tau} r(s)\mathrm{d}\tau} \tag{13}$$

对式(13)求时间 t 的微分,得价格的动态方程为:

$$P_N = rP_N - \prod_{x_i} \tag{14}$$

或者

$$P_N = \frac{\prod_{m_i}}{r} \tag{15}$$

将式(15)和式(7)代入式(12),整理得到:

$$W_{LE} = \frac{1}{r} \alpha A^{\frac{1}{\alpha}} \beta^{\frac{1+\beta}{\alpha}} \mu L_E \lambda N \tag{16}$$

由于假定企业家是可以自由流动的,企业家的工资在研发部门和在最终产品生产部门应该是相等的,为:

$$W_{L_E} = W_E \tag{17}$$

将式(16)和式(9)代入式(17),整理可得:

$$r = L_E \lambda N^{\alpha} \beta \mu \tag{18}$$

考虑代表性消费者的总效用函数为常用的固定弹性效用函数:

$$U = \int_0^{\infty} \frac{c^{1-\theta} - 1}{1 - \theta} e^{-pt} \mathrm{d}t \tag{19}$$

式中,c 是人均消费量;ρ 是贴现率,大于 0,又称时间偏好率;$\theta \in [0, \infty)$,为跨时替代弹性的倒数,根据 Rome[2] 的假定,厂商与家庭之间会存在融资关系,家庭的收入包括资本收入、利息收入和人力资本收入,构成家庭的预算约束。在预算约束条件下,通过构造现值汉密尔顿函数,由一阶条件和横截性条件,可解得代表性家庭效用最大化的人均消费增长率满足拉姆塞规则,表示为:

$$g_c = \frac{\dot{c}}{c} = \frac{1}{\theta}(r - p) \tag{20}$$

当经济处于平衡增长路径时,人均产出增长率 g_y 和人均消费增长率 g_c 应该相同,由式(20)、式(18)可得:

$$g_y = g_c = \frac{L_E \lambda N^{\alpha} \beta \mu - \rho}{\theta} \tag{21}$$

式(21)表明,在平衡增长路径上,经济增长与企业家人数、企业家研发的生产力系数、中间产品的数量、中间产品的产出弹性等呈正向变动的关系,证明企业家的产品创新能促进经济增长的结论。

依据以上理论模型,实证研究部分需要考察企业家人数、企业家研发的生产力系数、产品创新的数量以及创新产品的产出弹性等对于经济增长的影响,但是囿于微观数据的不可得性,企业家研发的生产力系数和产品的产出弹性无法获得,因而实证研究部分仅从宏观角度考虑企业家人数和产品创新数量对于经济增长的影响,计量经济模型设定为:

$$\ln pergdp_{it} = \beta_1 + \beta_2 + \ln q_{it} + \beta_3 \ln e_{it} + \varepsilon_t \tag{22}$$

式中,ln*pergdp* 是人均地区生产总值的对数,表示地区经济增长;ln*q* 表示地区产品创新的对数值;ln*e* 表示企业家人数的对数;i 表示各个省份;t 表示时间。

在面板数据回归之前,对变量进行单位根检验,考虑如下的向量自回归 AR(1)过程:

$$y_{it} = \rho_i y_{it-1} + Z_{it}\delta_i + \mu_{it} \qquad (i = 1,2,\cdots,N;\ t = 1,2,\cdots,T_i) \tag{23}$$

式中,Z_{it} 表示模型中的外生变量,包括个体截面的固定影响和时间趋势;N 表示个体截面成员的个数;T_i 表示第 i 个截面成员的观测时期数;ρ_i 为自回归系数。如果 $|\rho_i| < 1$,则称 y_i 是平稳的;如果 $|\rho_i| = 1$,则序列 y_i 包含单位根,为非平稳序列。考虑到中国地区经济发展的差异性,在此采用不同根单位根检验,检验结果见表 1。

表 1 面板单位根检验结果

变量	Im, Pesaran and Shin W - stat(P 值)	ADF - Fisher Chi - square(P 值)	PP - Fisher Chi - square(P 值)
ln*pergdp*	0.707 85(0.760 5)	48.078 4(0.820 4)	38.233 4(0.979 1)
ln*q*	5.638 15(1.000 0)	24.412 2(1.000 0)	24.894 2(1.000 0)
ln*e*	-1.140 82(0.127 0)	1.475 32(1.000 0)	0.296 09(1.000 0)
*D*ln*pergdq*	-3.566 23(0.000 2)	98.084 1(0.000 8)	113.369(0.000 0)
*D*ln*q*	-9.511 93(0.000 0)	198.733(0.000 0)	328.446(0.000 0)
*D*ln*e*	-7.710 19(0.000 0)	160.112(0.000 0)	193.625(0.000 0)

检验结果表明,ln*pergdp*、ln*q* 和 ln*e* 是非平稳变量,但是一阶差分是平稳的。需要进一步进行面板协整检验,以确认企业家数量、产品创新和经济增长之间是否存在长期均衡联系。在此采用 Johansen 协整检验方法,检验结果见表 2。

表 2　面板协整检验结果

原假设	Fisher 联合迹统计量(*P* 值)	Fisher 联合 λ－max 统计量(*P* 值)
0 个协整向量	313. 5(0. 000 0)	267. 5(0. 000 0)
1 个协整向量	113. 8(0. 000 0)	92. 22(0. 002 8)
2 个协整向量	100. 7(0. 000 4)	100. 7(0. 000 4)

检验结果表明，ln*pergdp*、ln*q* 和 ln*e* 存在面板协整关系，即企业家数量、产品创新和经济增长之间存在长期均衡关系，为了进一步探索它们之间的定量关系，对面板数据可以进行混合回归、固定效应回归和随机效应回归，结果见表 3。

表 3　面板回归结果

解释变量	被解释变量 ln*pergdp*		
	混合回归	固定效应	随机效应
ln*g*	0. 459 955 ***	0. 070 151 2 ***	0. 067 516 5 ***
ln*e*	0. 375 490 9 ***	0. 099 133 ***	0. 106 744 6 ***
c	8. 260 969 ***	8. 906 038 ***	8. 902 627 ***
lnR^2	0. 528 8	0. 507 4	0. 538 9
F 或 *wald* 值	242. 37(*F* 值)	155. 57(*F* 值)	303. 69(*wald* 值)

注 * * *、* *、* 分别表示在 1%、5%、10% 显著性水平上显著(后同)。

回归结果表明，无论哪一种回归方法，模型整体都能通过显著性检验，企业家人数和产品创新数量对于经济增长的回归参数也能通过显著性检验，说明 1996—2010 年间企业家的产品创新活动有效推动了经济增长。

为了进一步揭示企业家精神、产品创新对于经济增长在不同分位点的强度，进一步运用面板数据分位数回归方法进行估计，结果见表 4。

表 4　ln*pergdp*、ln*q* 和 ln*e* 的 1/4、1/2 和 3/4 分位数回归结果

变量	分位数		
	QR_25	QR_50	QR_75
ln*q*	0. 044 706 5 *	0. 049 787 7 ***	0. 046 794 6 **
ln*e*	0. 368 759 4 ***	0. 352 652 8 ***	0. 381 438 ***
c	8. 031 801 ***	8. 312 923 ***	8. 488 802 ***

分位数回归的结果表明：产品创新的分位数回归系数先上升后下降，而企业家数量的分位数回归系数是先下降后上升。

3 意义

通过企业家精神、产品创新与内生经济增长的理论，建立了产品创新的内生经济模型，并且实证检验了模型，该模型表明了经济增长与企业家人数、企业家研发的生产力系数、中间产品的数量、中间产品的产出弹性等呈正向变动的关系；实证研究结果显示，1996—2010年间，企业家精神和产品创新的内生动力对于中国经济增长的推动作用是显著的。模型可定性阐述产品创新与内生经济增长的关系，实证企业家人数和产品创新数量对于经济增长的影响，为促进经济增长提供参考。

参考文献

[1] 唐国华. 企业家精神、产品创新与内生经济增长——理论模型和基于中国数据的经验研究[J]. 经济问题, 2014,(3): 11-16.

[2] Rome. Endogenous Technological Change[J]. Journal of Political Economy, 1990, (98): 71-102.

[3] Dixit A Stiglitz, Joseph E. Monopolistic Competition and Optimum Product Diversity[J]. American Economic Review, 1977, (67): 297-308.

企业诊断的评价模型

1 背景

企业诊断必须基于企业运行的基础数据、历史数据和实际情况，专门为企业“找病因、提处方”。通过科学的诊断，能够指出企业存在的弊病，提出合理的改进方案和改善经营管理的措施，甚至能规划企业的发展思路和方向，保障企业的持续健康发展。针对企业诊断的指标评价，了解企业诊断的作用、任务、内容和方法十分重要。董琰[1]从企业诊断的意义、任务和内容等入手，通过企业仿生学及中医诊断理论构建企业诊断的仿人体模型，利于研究建立企业诊断指标体系。结合胜利油田的具体案例，进一步分析企业诊断指标的筛选，并对指标确定属性和权重，通过综合评价模型，为企业进一步发展提出建议。

2 公式

中医诊断主要指通过号脉、察看、询问等手段，结合经验和案例，分析病情和病因，并给出治疗的办法。引申到企业的经营管理问题研究和分析上，就是企业诊断，选择胜利油田进行具体应用，为对企业诊断进行指标评价，引入综合评价模型。

表1 健康指标体系

一级指数	二级指数	体检指标	说明
可持续发展指数	寿命评价指数	新增探明石油地质储量，新增预测石油地质储量，自然递减率，综合含水率，剩余石油可采储量、新增可采储量，新增原油生产能力，储采平衡系数	脑
	再生能力指数	科技新增石油探明储量，科技新增石油可采储量，科技新增原油产量	肝胆
生产质量指数	勘探效益指数	勘探投资，区带探井成功率，探井进尺单位成本，每井探井进尺探明储量，三维地震单位成本	心
	开发效益指数	开发投资，开发井进尺单位成本，原油产量，天然气产量，原油商品量，天然气商品量，新井产量，措施井产量，注水量，油气单位完全成本，油气单位现金操作成本	心
	工程效益指数	外部市场收入，管理局投资额，二维地震、三维地震，钻井进尺，测井进尺，录井进尺，石化建设公司产值	四肢

续表1

一级指数	二级指数	体检指标	说明
资源结构指数	人力资源指数	职工年平均工资,直接生产人员,40岁以下员工,大学以上员工	肾
	物资设备指数	设备完好率,设备综合利用率,物资购入量,物资消耗量,库存量	
社会贡献指数	安全环保指数	千人事故死亡率,工业废水回用量、工业废水达标(GB)排放量、工艺废气达标排放量,固体废物综合利用量	脾胃
	能耗指数	能耗消费总量,供电量,销售电量,供水量,销售水量,人工成本	
	社会经济效益指数	社会费用补贴额,分公司营业收入、分公司利润总额,分公司实现税费,分公司净利润,分公司计提折旧,管理局营业收入,管理局利润总额,管理局实现税费,管理局净利润,管理局计提折旧	经络

根据指标的权重及标准值,对各个指标进行无量纲化,利用指数化评价分值转化法将指标赋予分值。采用的转换公式如下。

正指标:$P_i^{正} = 0.8 + C(\frac{Y_i}{B_i} - \frac{B_i}{Y_i})^2$

逆指标:$P_i^{逆} = 0.8 - C(\frac{Y_i}{B_i} - \frac{B_i}{Y_i})^2$

适度指标:$P_i^{适度} = 0.8 + C\begin{cases} P_i^{正}, Y_i < B_i \\ P_i^{逆}, Y_i \geqslant B_i \end{cases} \quad C = \begin{cases} 0.8, Y_i \geqslant B_i \\ -0.8, Y_i \leqslant B_i \end{cases}$

其中,$P_i^{正}$、$P_i^{逆}$、$P_i^{适度}$ 分别为正指标、负指标和适度指标的评价分值,其中 B_i 为该指标的标准值,Y_i 为第 i 个评价指标的实际值,系数能确保分数区间为[0,1],从而总分数为[0,100]。

表2 部分经济运行预警指标得分

指标代码	体检指标	权重	属性	2012年实际值	标准值	分值
Z1	新增探明石油地质储量	1.9	正	1.495	1	1.000 0
Z2	新增预测石油地质储量	1.9	正	1.290 894	1	1.000 0
Z3	自然递减率	1.8	逆	16.50	16	0.797 0
Z4	综合含水率	1.8	逆	91.06	90	0.799 6
Z5	剩余石油可采储量	2.1	正	2.33	2.3	0.800 5
Z6	新增可采储量	2.1	正	2 781	2 800	0.799 9
Z7	新增原油生产能力	1.9	正	308.1	328	0.787 4
Z8	储采平衡系数	2.1	正	1.017	1	0.800 9
Z41	库存量	1.6	适度	9.02	10	0.834 2

将指标分值和指标权重代入到综合评价模型：

$$I = \sum_{i=1}^{n} W_i P_i$$

式中，I 为评价指数；W_i 为指标权重；P_i 为指标分值。

确定指标体系中各指标分值之后，将各指标权重值和分值代入到上述公式，计算出胜利油田 2012 年的综合得分为 82.61，处于健康状态。[2]

3 意义

建立了企业诊断的综合评价模型，该模型表明了新增原油生产能力健康指数波动幅度较大，企业获得生命延续的能力逐渐增强，油气单位现金操作成本和新井产量低于理想分值，区带探井成功率、探井进尺单位成本、三维地震单位成本需要关注，油田生存发展空间的拓展能力不断提升，工艺废气达标排放量、固体废物综合利用量、销售水量指标具有发展潜力，工业废水达标（GB），但排放量需要关注。管理效率和效益水平较高，但需要关注利润。本模型可对企业指标进行综合评价，为企业的进一步发展提供参考。

参考文献

[1] 董琰．企业诊断的指标评价——基于中医理论的研究[J]．经济问题，2014，(3)：89－92.

[2] 程先东，文理．医学视角下的企业诊断研究评述[J]．价值工程，2010，4(8)：58－59.

银行贷款的利率模型

1 背景

银行特有的垄断信息给予银行获取信息租金的机会，由于机构投资者和金融中介能更有效率地生产信息，依此获得其他利益相关者没有的信息，具有信息方面比较优势或绝对优势地位，因此，拥有获取租金的机会。针对考虑银行对垄断信息的定价是否会随着债券首次公开发行(IPO)发生变化，了解公司的信用评级十分重要。陈迅和谭发清[1]用1990—2011年非金融类上市公司的贷款数据为经验数据样本，建立贷款利率模型，实证检验了公司债券IPO之后贷款价差下降的程度以及贷款价差随公司信用价值变化的情况。

2 公式

针对债券IPO与贷款价差、信用价值与贷款价差提出假设，研究公司在进行债券IPO后，能够贷款的利率，并进一步检验贷款利率随信用价值的变化情况，引入贷款利率模型。

建立如下贷款利率模型：

$$LOAN\_SPREAD_{ijt} = \alpha_i + \beta BIPO_{ijt} + F'_{it-1}\gamma + L'_{ijt}\theta + \xi_{ijt} \tag{1}$$

式中，$LOAN\_SPREAD_{ijt}$ 表示在 t 年发行给公司 i 的贷款 j 的利率，是贷款总成本的衡量，包含和银行贷款有关的全部费用以及同时期市场贷款利率水平，因而用贷款的实际利率减去同时期3月期的上海银行间同业拆放利率(SHIBOR)。$BIPO_{ijt}$ 代表公司 i 是否进行债券IPO，是一个虚拟变量，债券IPO则取值为1，否则取0；而在检验贷款利率随着信用价值变化时，在此模型中使用AAA_IOP和N_AAA_IPO替代 $BIPO_{ijt}$，二者也是虚拟变量。

F'_{it-1} 代表一系列的公司特征变量，这是考虑到公司的贷款利率可能随着公司规模、盈利能力和偿债能力等而变化，引入该系列变量以便消除公司特征对贷款利率的影响，其包括以下变量：*FASSETS*：公司的实际资产；*FROA*：总资产回报率(净收入除以总资产)；*FINCOME*：公司的营业收入；*FRETURN*：公司的净利润；*FCOV*：利息保障倍数(息税后收益除以利息费用)；*LEVERAGE*：杠杆率(负债除以资产)；*TANGIBLES*：公司有形资产(存货加上厂房、地产及设备除以资产)；*FADMIN*：公司的管理费用率；*FFINANCE*：财务费用率；*FSELLING*：销售费用率。

L'_{ijt} 表示一系列贷款特征的变量，这是考虑到贷款本身的特征能够影响贷款利率，对其进行控制以消除贷款特征对贷款利率的影响，其包括以下变量：*AMOUNT*，即贷款额度，计算时先取对数然后回归；*TERM*：以年衡量的贷款时间；*CAUTIONER*：担保贷款；*GAGATERM*：抵押贷款；*RELATING*：关联贷款；*GURANTOR*：保证贷款；*ETRUST*：委托贷款；*CREDIT*：信用贷款；*PLEDGE*：质押贷款；*WORK_CAP*：虚拟变量表示贷款是否作为运营资本；*RELATION*：贷款是否为关系贷款。

表1　债券 IPO 前后贷款的变化

变量	债券 IPO 前一笔	债券 IPO 后一笔	差异	T 检验值
AMOUNT	3.85	3.86	0.008**	5.18
TERM	0.16	0.16	-0.002	-0.21
CAUTIONER	0.4	0.4	0.009**	1.81
GAGATERM	0.4	0.4	0.009**	1.81
RELATING	0.28	0.28	0.001	0.72
GURANTY	0.4	0.4	0.009**	1.81
ETRUST	0.4	0.4	0.009**	1.81
CREDIT	0.4	0.4	0.009**	1.81
PLEDGE	0.4	0.4	0.009**	1.81
WORK_CAP	0.68	0.7	0.02**	2.34
RELATION	0.16	0.16	-0.002	-0.21

注：***、**、*分别表示在1%、5%、10显著性水平上显著（后同）。

可以看到，债券 IPO 之后公司能够获得更大额度的贷款；然而，公司居然采用了更短期限的贷款。进一步地，债券 IPO 之后，公司更喜欢采取有担保或者有良好的银行关系的贷款。另外，公司更加愿意采用有关联的贷款和保证贷款，或者为了运营资本进行贷款，这虽然在统计意义上不显著。与此同时，债券 IPO 之后公司减少了抵押贷款、质押贷款以及委托贷款的意愿，即使统计表明它们不显著。

表2　债券 IPO 对贷款价差的影响：单变量分析

变量	贷款平均价差（债券 IPO 后 1 年）			贷款平均价差（债券 IPO 后）	
	债券 IPO 前	债券 IPO 后 1 年	差异	债券 IPO 后	差异
BIPO	2.89	2.73	-0.16*** (-5.61)	2.68	-0.21*** (-9.43)

续表 2

变量	贷款平均价差(债券 IPO 后 1 年)			贷款平均价差(债券 IPO 后)	
	债券 IPO 前	债券 IPO 后 1 年	差异	债券 IPO 后	差异
AAA_IPO	2.89	2.72	-0.17*** (-6.30)	2.63	-0.26*** (-15.42)
N_AAA_IPO	2.89	2.75	-0.14*** (-4.82)	2.74	-0.15** (-1.96)

注：***、**、*分别表示在 1%、5%、10% 显著水平上显著(后同)。

首先,它表明,平均意义上公司债券 IPO 确实能够降低贷款价差;其次,可以看到这种影响的持续性;最后,评级为 AAA 级高信用价值公司能够获得更大程度上的贷款价差下降。

表 3　债券 IPO 对贷款价差的影响：多变量分析

变量	模型 1	模型 2	模型 3	模型 4	模型 5	模型 6
BIPO	-1.12*** (-2.70)			-0.58* (-1.73)		
AAA_JPO		-1.45*** (-1.94)	-1.08*** (-2.22)		-0.77*** (-1.91)	-0.69*** (-2.67)
N_AAA_JPO		-0.82*** (-2.77)	-0.69*** (-1.12)		-0.49*** (-1.83)	-0.41*** (-4.36)
FASSETS	-0.12 (0.66)	-0.09(0.5)	-0.08 (0.42)	-0.18 (1.11)	-0.15 (0.89)	-0.04 (0.23)
FROA	-5.16*** (-2.01)	-5.03* (-1.96)	-0.12 (-0.04)	-3.69* (-1.68)	-3.48 (-1.56)	-2.09 (-0.83)
FLNCOME	-0.27** (-1.88)	-0.29** (-2.06)	-0.48*** (-3.00)	-0.12 (-0.88)	-0.15 (-1.14)	-0.28** (-1.88)
FRETIRN	-0.000 02 (0.25)	-0.000 3 (0.27)	-0.000 6 (-0.77)	-0.000 2 (0.19)	-0.000 1 (0.11)	-0.000 3 (-0.48)
FCOV	-0.002 9 (0.68)	0.003 (0.71)	-0.004 1 (-0.23)	-0.004 8 (-0.48)	0.002 (0.54)	-0.004 6 (-1.1)
FIEVERICE	1.53** (2.49)	1.51** (2.44)	2.51*** (3.71)	1.00* (1.85)	0.96* (1.79)	1.69*** (2.81)
FTANGIBIE	-0.75 (-0.44)	0.74 (0.44)	-0.34 (-0.17)	-0.41 (-0.28)	0.39 (0.26)	-0.02 (-0.01)

续表 3

变量	模型 1	模型 2	模型 3	模型 4	模型 5	模型 6
FAIMIV	0.39 (0.51)	-0.36 (-0.48)	0.94 (1.09)	0.46 (0.71)	-0.39 (-0.61)	0.72 (0.96)
FFLNCNCE	2.32 (1.62)	2.37* (1.66)	0.06* (1.85)	2.05 (1.64)	2.07* (1.67)	2.6* (1.78)
FSELLING	0.63 (0.54)	-0.64 (-0.56)	1.61* (1.88)	0.81 (0.82)	-0.93 (-0.95)	1.76* (1.69)
AMOLNT				-9.4E-05 (-0.33)	-0.000 1** (2.36)	-0.000 18 (-0.53)
TERM				0.15*** (5.18)	0.15*** (5.16)	0.13*** (3.87)
CNTIONER				-0.28 (-0.75)	-0.32 (-0.86)	-0.58* (-1.89)
GIGITERM				-3.39*** (-5.05)	-3.33*** (-4.99)	-2.83*** (-4.15)
RELIMNG				-0.03 (-0.13)	0.07 (0.26)	-0.2 (-0.66)
GLRANTV				-4.46*** (-5.62)	-4.42*** (-5.61)	-3.15*** (-3.92)
ETRUST				-2.73 (-0.57)	-2.79* (-1.72)	-3.77** (-2.17)
CREDIT				0.85** (2.32)	0.85** (2.35)	0.65** (1.58)
PIEDGE				-3.85*** (-5.41)	-3.84 (-1.43)	-3.05 (-1.09)
WORK_CAP				-0.39** (-2.45)	-0.41** (-2.57)	-0.37** (-2.07)
RELATNOT				-0.39** (-2.33)	-0.43** (-2.55)	-0.24 (-1.27)
样本量	457	457	510	457	457	510
R^2	0.07	0.07	0.11	0.35	0.36	0.36

模型 1 比较了公司债券 IPO 前后 1 年贷款价差的变化；模型 2 则检验了贷款利率随信用价值大小的变化；模型 3 关注债券 IPO 的短期影响是否随着时间持续。需要说明的

是[2],在模型 1 ~ 模型 3 中公司特征变量作为控制变量处理;而模型 4 ~ 模型 6 则把公司和贷款特征变量都作为控制变量处理。

3　意义

建立了银行贷款的利率模型,通过模型计算表明,公司在债券 IPO 之后能够以较低的利率借款。另外,在债券 IPO 时信用评级为 AAA 级公司比非 AAA 级公司能获得更大的价差下降,从而确定债券 IPO 影响了银行对垄断信息的定价。本模型可预测贷款利率随信用价值的变化情况,对公司是否进入债券市场的决策提供参考。

参考文献

[1]　陈迅, 谭发清. 债券 IPO 影响了银行对垄断信息的定价吗[J]. 经济问题, 2014,(3):47-53.
[2]　唐运舒, 谈毅. 风险投资、IPO 时机与经营绩效——来自香港创业板的经验证据[J]. 系统工程理论与实践, 2008,(7):17-26.

审计的宏观经济模型

1 背景

审计是对资料做出证据搜集及分析，以评估企业财务状况，宏观经济是指整个国民经济或国民经济总体及其经济活动和运行状态。针对中国审计与宏观经济关系的研究，了解审计的指标以及关于宏观经济的指标十分重要。韩洪灵等[1]通过对象研究、指标确立、数据收集与整理、动态关系的前期研究、动态关系研究等一系列过程，构建了二阶滞后模型并进行实证，确定了审计与宏观经济之间的具体关系。

2 公式

对审计指标、宏观经济指标、价格指数指标 3 个宏观指标进行平稳性分析、统计意义的前因后果关系论证和最佳滞后期论证后，为确定审计与公关经济之间的关系，以二阶滞后模型为首选模型进行实证模型构建。

在审计指标中，又细化为审计预算指标、审计执行指标。在这两个中间层指标下，又各包含了 3 个具体实施的指标，分别从人员经费、公用经费、项目支出角度对其进行具体细化与实施。在宏观经济指示中，主要是从三次产业角度进行细化实施。在价格指数指标中，重点是从居民消费价格指数角度展开具体实施。

表 1　指标

宏观指标	审计指标		宏观经济指标		价格指数指标
中间层指标	审计预算指标	审计执行指标	产业总体指标	产业分项指标	
具体实施指标	人员经费预算额；公用经费预算额；项目支出预算额	人员经费预算执行额；公用经费预算执行额；项目支出预算执行额	第一产业产值；第二产业产值；第三产业产值	工业产值；建筑业产值	居民消费价格指数

表 2　统计意义上的前因后果关系结果

关系	滞后周期	F 统计量	概率
“人员经费预算执行额”不引起“第一产业产值”变化	1	10.917 3	0.013
	2	2.688 93	0.181 9
	3	2.534 19	0.425 5
“公用经费预算执行额”不引起“建筑业产值”变化	1	11.619 1	0.011 3
	2	7.885 02	0.040 9
	3	19.741 7	0.163 6

表 3　最佳滞后期论证结果

关系	最佳滞后期	LogL 统计量	LR 统计量	FPE 统计量	AIC 统计量	SC 统计量	HQ 统计量
“人员经费预算执行额”不引起“第一产业产值”变化	2	-130.403 5	7.536 053	1.62e+11*	31.200 77*	31.419 91*	30.727 87*
“公用经费预算执行额”不引起“建筑业产值”变化	2	-115.196 8	9.190 776	5.51e+09*	27.821 52*	28.040 66*	27.348 62*

基于前述分析结果，分别从“人员经费预算执行额”引起“第一产业产值”变化的角度和从“公用经费预算执行额”不引起“建筑业产值”变化的角度出发，以二阶滞后模型为首选模型进行实证模型构建。通过反复论证，得到了如下的多阶滞后型模型：

$$FII_t = (1.267\,1\;0.199\,5)\begin{pmatrix} RJYE \\ FII \end{pmatrix}_{t-1} + (0.578\,9\;\;-0.230\,5)\begin{pmatrix} RJYE \\ FII \end{pmatrix}_{t-2} - 4\,905.587 \tag{1}$$

$$CII_t = (-1.593\,5\;2.104\,5)\begin{pmatrix} GJYE \\ CII \end{pmatrix}_{t-1} + (0.609\,3\;\;-1.360\,8)\begin{pmatrix} GJYE \\ CII \end{pmatrix}_{t-2} + 14\,932.67 \tag{2}$$

式中，FII 代表第一产业产值；CII 代表建筑业产值；$RJYE$ 代表人员经费预算执行额；$GJYE$ 代表公用经费预算执行额；t 代表时间周期。

上述模型对应的主要统计量[2]——判定系数、调整后的判定系数均是显著地大于 0.95，因此，在 0.95 的置信度下，认为上述两个模型是显著成立的。从式(1)可以看出，“人员经费预算执行额”对“第一产业产值”的多阶滞后性影响具有减弱性。在一阶滞后期，其对应的影响系数为 1.267 1，显著地大于二阶滞后期的影响系数 0.578 09。同时，就式(2)

而言,“公用经费预算执行额”对“建筑业产值”的多阶滞后性影响具有交错性。在一阶滞后期,其对应的影响系数为 -1.593 5,而二阶滞后期的影响系数为 0.609 3,已经从之前的负向变为正向。

3 意义

通过二阶滞后模型,建立了审计的宏观经济模型,计算表明,我国的审计工作对第一产业的效果显著,且具有显著的持久效力。其对建筑业的审计效力过多地留于表面与形式,从而导致了建筑业的审计效力不足。本模型可预测“人员经费预算执行额”对“第一产业产值”的多阶滞后性和“公用经费预算执行额”对“建筑业产值”的多阶滞后性,为保证宏观经济平稳发展提供参考。

参考文献

[1] 韩洪灵, 夏璐, 夏晓良. 中国审计与宏观经济间的动态关系研究[J]. 经济问题, 2014,(3): 109-111.

[2] Greg Clinch, Zi Wei. The Association Between Earnings and Returns and Macroeconomic Performance: Evidence from Australia, the US and China[J]. Australian Accounting Review, 2011, 21(1): 54-63.

财务股价的定价模型

1 背景

长期以来,与公司股利直接相关的盈利能力信息一直就是国外有关实证研究关注的焦点。从财务分析角度考虑,上市公司财务报表披露的信息主要包括盈利能力、现金流量、营运能力、偿债能力和发展能力五个方面。盈利能力信息尽管极为重要,但既非会计信息的全部内容,也非决定公司股利和股价的唯一因素。针对公司财务与零售商业股价的研究,了解股价对会计信息的响应模式十分重要。贾文等[1]选取沪深 A 股中 62 家零售商业类上市公司为研究样本,以 2007 年度各类财务指标为解释变量,以 2008 年 5—12 月内全部交易日股价的加权平均水平为被解释变量,研究了主要财务指标对股价的响应模式。

2 公式

根据盈利能力、偿债能力、营运能力、现金流量和发展能力这五个定价因素的选择提出假设,纳入定价模型,引入回归模型。

假设 1:股价与每股收益同向变动。

假设 2:股价与每股收益调整额反向变动。

假设 3:资产负债率位于某一最优区间内时,可推动股价上升;反之则引起股价下降。

假设 4:流动比率位于某一最优区间内时,可推动股价上升;反之则引起股价下降。

假设 5:股价与每股现金差额同向变动。

假设 6:每股现金差额为正可推动股价上升。

假设 7:股价与净资产收益率的增量同向变动。

假设 8:股价与每股经营性现金流量净额的增量同向变动。

综上所述,纳入定价模型的财务因素如表 1 所示。

表 1　回归模型中的定价因素

因素类别	变量代码	变量名称	对因变量影响方向的预期
盈利能力	*Prof*1	每股收益	+
	*Prof*2	每股收益调整额	−

续表 1

因素类别	变量代码	变量名称	对因变量影响方向的预期
偿债能力	*Sol1_D*	资产负债率适度	+
	Sol2_D	流动比率适度	+
营运能力	*To1*	存货周转率	?
	To2	应收账款周转率	?
	To3	净资产周转率	?
现金流量	*Cf1*	每股现金差额	+
	Cf2_D	每股经营性现金流量净额高于每股收益	+
发展能力	*Dev1*	净资产收益率增量	+
	Dev2	资产负债率增量	+
	Dev3_D	营运能力全面改善	+
	Dev4	每股经营性现金流量净额的增量	+

表 1 中,变量代码中含有“_D”的为虚拟变量。在非虚拟变量中,*Dev*1、*Dev*2 采用百分比的形式,存货周转率、应收账款周转率和净资产周转率的单位为倍,其余解释变量单位均为元。*Sol*1_*D* 和 *Sol*2_*D* 的取值根据资产负债率和流动比率是否处于某一最优区间而设定。若处于区间内,取值为 1; 反之则取值为 0。对于资产负债率和流动比率,将在样本数据的最小值和最大值之间,依次用多个间距相同的区间进行试验,从而筛选出最优区间。资产负债率的试验区间为 0 ~ 30、10 ~ 40、…、70 ~ 100; 流动比率的试验区间为 0 ~ 0.3、0.2 ~ 0.5、…、1.9 ~ 2.2。

本研究以加权平均股价(记为 p_i) 为被解释变量,解释变量从表 1 的定价因素中筛选。模型中共有 $1+r+s$ 个定价因素,包括核心和非核心因素。核心定价因素一个,记为 x_{ci}。非核心定价因素分为两类: 第一类是与 x_{ci} 相并列的因素 (x_{1i}、x_{2i}、…、x_{ri}) ,共计 r 个,以加法形式引入模型; 第二类是通过强化或弱化 x_{ci} 对股价的影响而发挥作用的因素 (x'_{1i}、x'_{2i}、…、x'_{si}) ,共计 s 个,以乘法形式引入模型。回归模型可设定如下:

$$p_i = \alpha_0 + \sum_{j=1}^{r} \alpha_j x_{jt} + (\alpha_c + \sum_{k=1}^{s} \alpha'_k x'_{ki}) x_{ci} + \varepsilon_i \qquad (1)$$

模型中, α_0 为截距项, ε_i 为随机扰动项。α_c 为核心定价因 x_{ci} 一个单位的增量对股价的影响程度,即 x_{ci} 对股价的边际效应。α_1、α_2、…、α_r 分别反映第一类中的每个因素对股价的边际效应。α'_1、α'_2、…、α'_s 则反映第二类中的每个因素对 x_{ci} 边际效应的强化或弱化程度。在不考虑第二类因素影响时, x_{ci} 增加一个单位可导致股价发生 α_c 个单位的变化; 若将其纳入考虑,并假设与此同时第二类中某个因素(假设为 x'_{1i}) 也增加一个单位,则 x_{ci} 一个单位增

量可导致股价发生 $\alpha_c+\alpha'_1$ 个单位的变化。其中,α'_1 代表 x'_{1i} 对 x_{ci} 边际效应的强化或弱程度。估计模型时,将在筛选出核心定价因素后首先考虑第一类因素的影响。若有足够的迹象表明有因素属于第二类,再考虑以乘积项形式将其纳入到模型中。

表 2　基于逐步回归法的建模过程

解释变量	模型 A	模型 B	模型 C	模型 D
截距项	5.54*** (7.44)	5.22*** (8.95)	4.80*** (8.33)	4.58*** (9.07)
*Prof*1	10.25*** (5.82)	16.31*** (5.96)	15.91*** (7.26)	16.01*** (6.73)
*Prof*2		-14.03*** (-4.23)	-10.85** (-3.94)	-11.39*** (-3.33)
*Sol*2_*D* × *Ptof*1		8.45*** (3.37)	9.03*** (4.07)	8.50*** (3.88)
Tol × *Ptof*1		-0.15*** (-3.35)		-0.10* (-1.79)
*To*3 × *Ptof*1			-0.02*** (-4.30)	
*Cf*2_*D* × *Ptof*1				-4.81* (-2.00)
*Dcv*1 × *Ptof*1				0.07*** (2.97)
*Dev*2 × *Ptof*1				-0.25*** (-2.90)
*Dev*3_*D* × *Ptof*1				7.44*** (3.06)
R^2	0.36	0.68	0.71	0.81
$\overline{R^2}$	0.35	0.66	0.69	0.78
F 统计量	33.86***	30.69***	35.50***	28.51***

注:***、**、*分别表示在1%、5%、10%的显著水平上显著。

模型 D 中,全部斜率系数经济意义正确,*To*1 × *Prof*1 和 *Cf*2_*D* × *Prof*1 的斜率系数可在 0.10 显著性水平下通过 t 检验。其余斜率系数均能在 0.01 的水平下通过检验。在整体效果上[2],不仅 F 统计量高度显著,而且未校正和校正的判定系数分别为 0.81 和 0.78,显示模型 D 具有良好的统计效果,可用于分析零售商业类股票价格对会计信息的响应模式。

3 意义

通过回归模型,建立了财务股价的定价模型,该模型表明了前者对后者存在全面的、显著的影响。以每股收益为代表的盈利能力信息在股票定价中处于核心地位,其他类型的会计信息则采取两种不同的模式影响股价。盈利质量信息在产生影响时与每股收益处于并列地位,而偿债能力、营运能力、发展能力信息则是通过强化或弱化每股收益对股价的边际效应而发挥作用。本模型可预测财务指标与股价的关系,为投资决策提供参考。

参考文献

[1] 贾文, 蔡菲莹, 郭蒙阳. 公司财务分析视野中的零售商业股定价实证研究[J]. 经济问题, 2014, (4): 88-93.
[2] 韩宁. 构建中国循环经济金融支持的机制[J]. 中外企业家, 2006, (2).

环境规制的投资模型

1 背景

环境规制作为社会性规制的一项重要内容,是指由于环境污染具有外部不经济性,政府通过制定相应政策与措施对厂商等的经济活动进行调节,以达到保持环境和经济发展相协调的目标,具体包括工业污染防治和城市环境保护。针对环境规制对直接投资影响机理的研究,了解环境规制水平、政策稳定性、民主化程度十分重要。张晓莹[1]基于 logit 模型对 2003—2011 年 113 个国家对中国直接投资面板数据进行实证分析。

2 公式

企业的投资决策一般建立在成本—收益分析的基础之上,下面引入一个考虑了制度差异的成本—收益模型,分析制度差异对企业投资决策的影响机制。

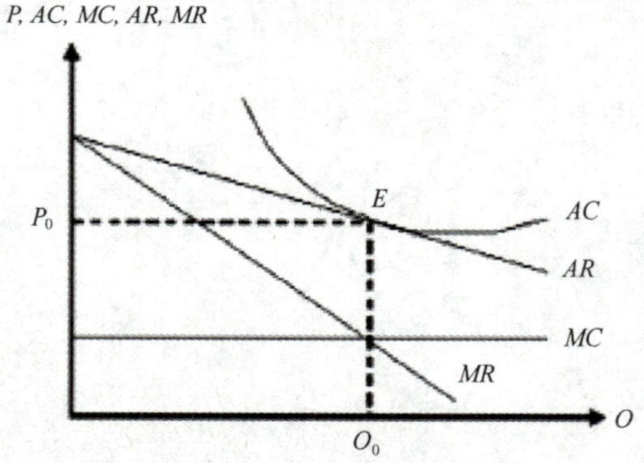

图 1　不完全竞争市场中规模报酬递增厂商的长期均衡

如图 1 所示,假设在一个不完全竞争市场上,某典型企业面临向右下方倾斜的平均收益和边际收益曲线,由于存在规模报酬递增,长期平均成本曲线 AC 向右下方倾斜,边际 MC 成为常数。当边际成本与边际收益相等,即 $MC = MR$ 时,达到均衡状态,此时长期均衡产量为 Q_0,对应长期平均成本曲线与平均收益曲线切于 E 点,长期均衡价格为 P_0。

当该企业进入环境规制水平比原来所在国较低的国家时,基于原有默会知识建立起来的竞争优势在现有的制度之下不能充分发挥，导致收益下降，因而平均收益曲线 AR 和边际收益曲线 MR 分别下降至 AR_1 和 MR_1，如图 2 所示。此时均衡要求 $MC = MR_1$，产量为 Q_1，因此企业存在阴影部分的损失。

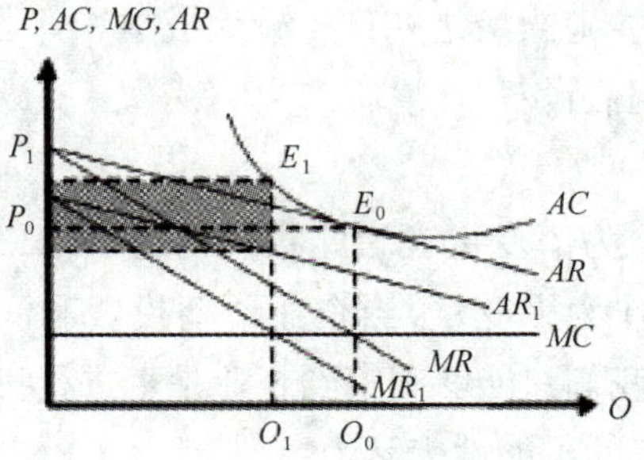

图 2　进入环境规制较低国家投资的企业损失

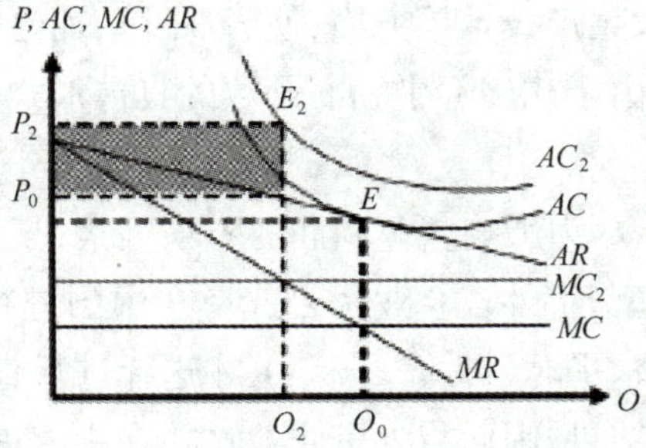

图 3　进入环境规制较高国家投资的企业损失

为了适应新的制度环境要求，企业需要学习新的默会知识，建立起一套新的组织体系，这将使企业成本大大提高，平均成本 AC 和边际成本 MC 将上升到 AC_2 和 MC_2，如图 3 所示。此时的均衡要求 $MC_2 = MR$，均衡产量为 Q_2，企业存在阴影部分的损失。

我们进一步假设企业的生产函数为 $Q = A(K_A)F(K_P)$，其中 $A(K_A)$ 代表企业技术水平，它取决于企业形成默会知识的投入 K_A；$F(K_P)$ 代表在一定技术水平下，所有要素 K_P 投入下的产出水平。企业生产一单位产品 X，将产生一单位污染品 W。

为了达到环境规制政策要求的污染水平，企业需要将一部分资源用于治理污染，治理污染占用的生产要素比例用 θ 表示，因此企业生产产品 X 的产量为：

$$X = (1 - \theta)A(K_A)F(K_P) \tag{1}$$

同时产生的污染量为：

$$W = \phi(\theta)A(K_A)F(K_P) \tag{2}$$

根据 Copeland 和 Taylor 的研究，假设 $\phi(\theta) = (1 - \theta)^{1/\alpha}$，即治理污染支出与污染排放存在常弹性系数，$\alpha$ 代表企业治污效率，α 越大，相同情况下产生的污染物 W 越多，即 $\partial W/\partial\alpha > 0$。$\alpha$ 是企业技术水平的函数，即 $\alpha = \xi(A)$，且 $\partial\alpha/\partial A < 0$。因此根据式(1)和式(2)，产出可以表示为：

$$X = W^{\alpha}[A(K_A)F(K_P)]^{(1-\alpha)} \tag{3}$$

企业生产成本为 $C = C(K_A, K_P, W, p_A, p_i, p_e)$，其中 p_A, p_i, p_e 分别代表技术价格、原材料价格和排污税率。因此，当某国环境规制要求的排放水平为 R，产品 X 市场价格为 p_X 时，企业的目标函数为：

$$\pi = \max[p_X X - C(K_A, K_P, W, p_A, p_i, p_e)] \tag{4}$$

$$s.t. \quad W = R$$

当一个来自环境规制水平较高国家的企业投资于环境规制较低的国家时,在原有制度环境中建立的组织惯例使企业的排污率较低,即 $W < R$,此时企业的 K_A 过高,由于 $C(K_A, \cdot)' > 0$,因此企业要想实现利润最大化需要重新建立一套新的组织惯例,改变生产流程、生产技术等方面,使 K_A 下降,而这种改变将在企业投资之初产生较大成本。

由于式(4)中利润函数的具体形式不可知,我们假设:

$$\pi = D + \varepsilon \tag{5}$$

式中,D 为影响企业利润的各项因素;ε 为误差项;π 为潜变量。为此我们构造一个二元选择模型,将外资企业是否选择在中国进行直接投资作为因变量,当企业预期投资利润超过一定水平时(即 $\pi > \pi^*$)才选择进行直接投资,而我们只能够观察到企业是否进行投资的选择结果,因而将外资企业选择在中国进行直接投资的可能性表示为:

$$P_i = P(Y_i = 1) = P(\pi > \pi^*) \tag{6}$$

式中,i 表示第 i 个投资国,根据 Dean 的研究,假设误差项 ε 服从 I 型极值分布,因此投资国 i 选择在中国进行直接投资的概率函数服从 logistic 分布:

$$P_i = \frac{\exp(D_i)}{1 + \exp(D_i)} \tag{7}$$ [2]

表1　模型回归结果

	估计系数	标准误	风险比	标准差
denvreg	-0.103***	(-3.748)	0.902***	(0.025)
dpolsta	-0.490***	(-2.923)	0.613***	(0.103)
ddemo	-0.192**	(-2.442)	0.825**	(0.065)
lntopen	-11.829***	(-3.184)	7.29e+06***	(2.71e-05)
lniopen	17.916***	(2.606)	6.04e+07***	(4.15e+08)
lninf	2.948*	(1.727)	19.068*	(32.544)
lnmar	38.227***	(3.492)	4.00e+16***	(4.38e+17)
lnigdppc	0.544***	(6.023)	1.723***	(0.156)
apec	-0.750***	(-3.297)	0.472***	(0.107)
_cons	-194.034***	(-3.321)		

注:***、**、*分别表示在1%、5%、10%的显著水平上显著。

回归结果显示环境规制差异、政策稳定性差异和民主程度差异与投资发生概率都呈负相关关系,并且分别在1%、1%和5%的水平上显著。环境规制差异每增加一个单位,投资概率下降90%;政策稳定性差异每增加一个单位,投资概率下降61.3%;民主程度差异每增加一个单位,投资可能性下降82.5%。另外,其他控制变量对投资发生概率也具有显著影响。

3 意义

建立了环境规制的投资模型,通过模型表明了环境规制差异、民主程度差异和政策稳定性差异与直接投资发生概率呈负相关关系。环境规制水平绝对低并不是导致国际直接投资的主要原因,成长于不同制度环境的企业形成基于不同默会知识的组织程序,改变组织程序导致企业成本提高。本模型可预测环境规制差异、政策稳定性差异和民主程度差异与投资发生概率都呈负相关关系,为我国增强对外国服务业企业的吸引力度提供参考。

参考文献

[1] 张晓莹. 环境规制对直接投资影响机理研究——基于制度差异的视角[J]. 经济问题, 2014,(4): 29 - 34.

[2] Judith M. Dean, Mary E Lovely, Hua Wang. Are Foreign Investors Attracted to Weak Environmental Regulations Evaluating the Evidence from China [J]. Journal of Development Economics, 2009, (90): 1 - 13.

患者效用的就医决策模型

1 背景

从供需间的结构属性和价值属性看,医药生产、流通企业—医疗机构(医生)—患者构成了一条完整的医药价值链。与一般产品不同的是医疗服务需求的价格弹性极低,且患者与医疗机构(医生)间存在委托与代理关系,医生具有很强的消费诱导力,导致医药价值链的价值中心被扭曲。针对患者效用最大化就医决策的研究,了解医疗服务质量与患者效用和医疗机构的质量与数量十分重要。方锐和李幼平[1]建立患者效用最大化下的就医决策模式和预算约束条件下的医疗机构质量—数量模型,研究患者效用最大化就医决策与深化新医改的路径选择。

2 公式

从医改动因剖析出发,通过对患者效用和就医决策模式的研究,探索可以激发基层医疗机构持续提高医疗服务质量价格比的管理机制,保持患者长期效用的持续增长,引入就医决策模式和医疗机构的质量—数量模型。

效用反映了人们从消费某物品或服务中欲望的满足程度。使用价值表现为产品的质量价格比,即使用价值(f) = 质量(m)/价格(p)(它与消费者的效用密切相关)。

由于医疗服务关乎人的健康乃至生命,因此患者对医疗的服务质量价格比的追求比对普通商品更为强烈,也即患者效用最大化可以用现有条件下的质量/价格比最大化来表示:

$\max U(m/p,q,I)$,其中 q 为医疗服务需求量,I 为患者可用于购买医疗服务的收入。而患者长期效用最大化则表现为 $\max U(m/p,q,I)$的持续提高。

在有约束条件下(可用于医疗的收入一定),患者就医决策——选择具有不同质量/价格比的医疗机构的行为可以代表患者对医疗服务效用最大化的追求。假设患者就医决策的条件如下:

(1) $U = U(m/p,q,I)$,其中 $pq \leqslant I$;

(2)患者效用最大化表示为:$\max U(m/p,q,I)$,且医疗服务质量 m 存在溢价,即:$m_1 < m_2$,$p_1 < p_2$,$m_2/p_2 > m_1/p_1$,且 $p_2 q \leqslant I$ 时,$\max U_2 > \max U_1$,则在条件(1) 和条件(2) 下的患者就医决策模式如下:

设某一区域患者有两家医疗机构可以选择，且A医疗机构的 m_2/p_2 大于医疗机构B的 m_1/p_1，两名不同收入水平的患者1和患者2对医疗机构的选择存在四种模式：

(1)当两名患者均满足 $I < p_1q$ 时，则选择A医疗机构和B医疗机构的患者数均为0；

(2)当患者1满足 $p_2q > I_1 > p_1q$ 时，患者2满足 $I_2 < p_1q$，则选择A医疗机构的患者数仍然为0，选择B医疗机构的患者数为1；

(3)当患者1满足 $I_1 > p_2q$，患者2满足 $p_2q > I_2 > p_1q$ 时，则选择A医疗机构的患者数为1，选择B医疗机构的患者数为1；

(4)当患者1和患者2均满足 $I > p_2q$ 时，则选择A医疗机构的患者数为2，选择B医疗机构的患者数为0。

上述患者就医决策模式可以用图1来表示：

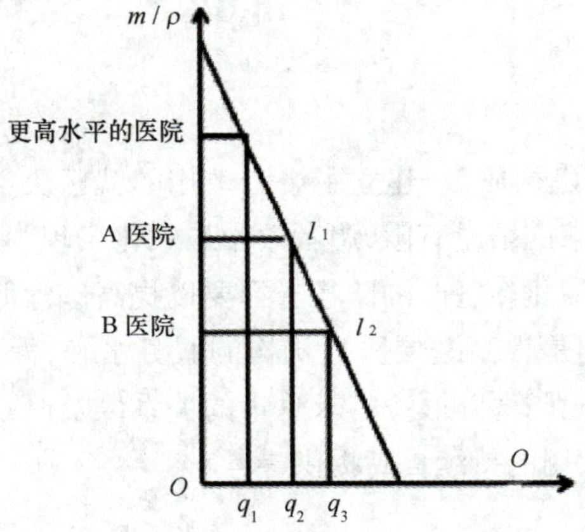

图1　不同质量价格比的医疗服务需求

医疗机构收益除部分来自政府补贴外，另一部分来自治疗病人的收益，这一收益直接与医疗服务质量有关，所以，医疗机构收益曲线 R 是质量 q_1 的函数。即：$R = f(q_1)$，见图2。

当医疗机构的服务质量提高以后（q_1 提高到 q_2），病人的医疗需求曲线必然向右上方移动（D_1 提高到 D_2，病人对医疗服务的需求量从 Q_1 提高到 Q_2），质量的提高必然使医疗成本增加（AC_1 提高到 AC_2），受医疗预算费用的限制，医院提供的最佳服务量须满足平均收入等于平均成本。由于质量提高的成本增加最终会远大于消费者对他的支付意愿（q_2 继续提高到 q_3，AC_2 继续提高到 AC_3），这种情况一旦发生，质量的提高只能以数量减少为代价，即只有少数人（D_3）能支付得起更高质量的医疗服务（Q_3 反而下降，低于 Q_2）。否则要想增加医疗机构提供的服务量，在预算约束的情况下，必然是以降低医疗质量为代价。[2]

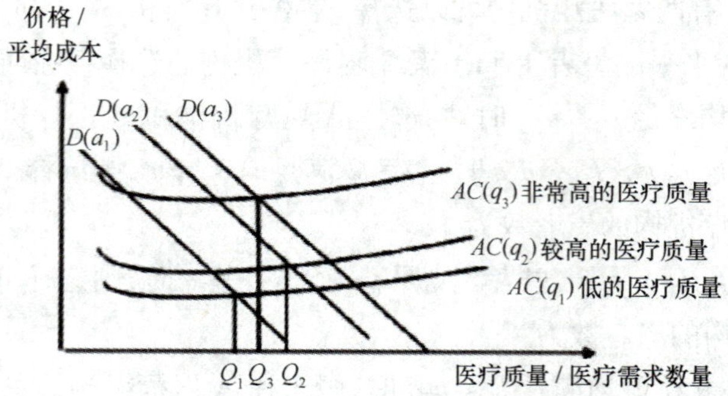

图2　医疗质量/需求量和医疗成本函数关系

3　意义

通过就医决策和医疗机构质量,建立了患者效用的就医决策模型,该模型表明了通过降低价格提高医疗服务需求的增量有限,患者效用最大化表现为对具有更高的质量价格比的医疗服务的需求增加。深化新医改的路径选择要以提高医疗服务质量为导向,通过建立激发供方的效率机制,特别是提高基层医疗机构的服务水平,保持患者长期效用的持续增长。本模型可预测医疗支出与医疗服务需求总量的关系以及医疗质量、需求量和医疗成本的关系,为促进患者长期效用的持续提高提供参考。

参考文献

[1]　方锐,李幼平. 患者效用最大化就医决策与深化新医改的路径选择[J]. 经济问题,2014,(4):12-16.

[2]　刘中伟,张平均,朱晖. 质量、价格与效用函数的关系分析[J]. 湖北汽车工业学院学报,2002,16,(4):43-46.

债务融资的治理效应模型

1 背景

融资结构治理理论是公司治理理论的重要组成部分,它按照治理方式的不同可分为股权融资治理和债务融资治理。所谓债务(契约)治理效应,主要是指债权人为了保障债务的安全和自身的利益,通过与企业签立债务契约,利用债务契约赋予的权利,对企业的经营者进行监督控制和激励约束,从而影响企业的治理效率和整体价值。针对债务融资治理效应的研究,了解内部治理和内部控制十分重要。吴秋生和敖小波[1]以我国 A 股上市公司为研究样本,通过构建多元回归模型来考察债务融资的治理效应。

2 公式

为考察内部治理的各个因素(最终控制人性质、股权集中度、董事会独立性与勤勉程度、监事会监督力度、经理人激励程度)以及内部控制对债务契约治理效应发挥的影响,引入多元回归模型。

针对债务契约的公司治理效应提出假设。

假设 1:债务融资契约不能改善公司治理水平,不能发挥出正面的治理效应,甚至对公司治理存在负效应。

针对内部治理对债务契约治理效应的影响提出假设。

假设 2:最终控制人性质会显著影响债务契约治理效应的发挥,最终控制人为国有的企业其债务契约治理效应较差。

假设 3a:股权集中度对债务契约治理效应有较大的影响,股权集中度的提高有利于债务契约治理效应的发挥。

假设 3b:股权集中度对债务契约治理效应有较大的影响,股权集中度越高越不利于债务契约治理效应的发挥。

假设 4:董事会独立性与勤勉度会影响债务契约治理效应的发挥,董事会越独立、勤勉的企业,其债务契约治理效应越能够较好地发挥。

假设 5:监事会监督力度会影响到债务契约治理效应的发挥,监督力度越大,债务契约治理效应就发挥得越好。

假设 6：经理人激励会影响到债务契约治理效应的发挥，经理人受到的激励程度越大，债务契约治理效应就发挥得越好。

针对内部控制对债务契约治理效应的影响提出假设。

假设 7：内部控制有效性会影响到债务契约治理效应的发挥，企业的内部控制越有效，越有利于债务契约治理效应的发挥。

(1)债务契约的公司治理效应(假设 1) 检验模型：

$$Y = \alpha + \beta_1 LEV + \beta_2 CONTROL + \varepsilon \tag{1}$$

(2)公司内部治理对债务契约治理效应的影响(假设 2～假设 6) 检验模型：

$$Y = \alpha + \beta_1 LEV + \beta_2 LEV \cdot GOVERNANCE + \beta_3 CONTROL + \varepsilon \tag{2}$$

(3)内部控制对债务契约治理效应的影响(假设 7) 检验模型：

$$Y = \alpha + \beta_1 LEV + \beta_2 LEV \cdot ICINDEX + \beta_3 CONTROL + \varepsilon \tag{3}$$ [2]

式中，α 为常数项；β_i 为回归系数；ε 为随机扰动项。

表 1　模型中变量的说明及计算

变量类型	变量含义(字母表示)	变量计算
被解释变量：		
治理效应(*Y*)	财务绩效(*perf*)	净资产收益率 =(扣除非经常性损益后的净利润 ÷ 加权平均净资产)×100%
解释变量：		
债务融资契约(*LEV*)	负债水平(*lev*)	资产负债率 =(总负债 ÷ 总资产)×100%
内部治理(*GOVERNANCE*)	最终控制人性质(*state*)	最终控制人为国家、机关和国有事业单位时取 1；否则取 0
	股权集中度(*top*1)	公司第一大股东的持股比例
	董事会独立性(*outdit*)	独立董事占董事会总人数的比例
	董事会勤勉程度(*dirmeeting*)	年度董事会会议召开次数
	监事会监督力度(*supsize*)	公司监事会的规模(总人数)
	经理人激励程度(*mpay*)	管理层薪酬总额的自然对数
内部控制(*ICINDEX*)	内部控制有效性(*icindex*)	根据公司内部控制的目标实现情况来计算内部指数的得分
控制变量(*CONTROL*)	公司规模(*size*)	公司总资产的自然对数
	公司成长性(*grouth*)	总资产增长率 =(年末资产总额 − 年初资产总额)÷ 年初资产总额 ×100%
	行业特征(*industry*)	根据证监会 2012 年的行业划分设置行业虚拟变量

表 2　模型 1 的回归结果

变量	(1)	(2)
constant	0.111***(10.545)	−0.579***(−6.653)
lev	−0.146***(−6.590)	−0.234***(−9.483)
size		0.031***(7.444)
gtouth		0.078***(5.884)
industry	控制	控制
R^2 值	0.070	0.214
调整 R^2 值	0.068	0.209
F 值	43.422	39.192
Prob	0.000	0.000
DW 值	1.833	1.879

注：***、**、*分别表示在 1%、5%、10% 显著水平上显著(后同)。

通过表 2 两次的回归结果可以看出，债务融资项"*lev*"都为负数，且都在 1% 的显著性水平下显著，表明公司的债务融资水平与治理效应呈显著的负相关。这说明我国上市公司的债务契约治理效应处于扭曲状态，假设 1 得到了验证。

表 3　模型 2、模型 3 的回归结果

	模型 2							模型 3
变量	(3)	(4)	(5)	(6)	(7)	(8)	(9)	(10)
constant	−0.639*** (−7.001)	−0.506*** (−5.541)	−0.589*** (−6.733)	−0.566*** (−6.459)	−0.605*** (−6.840)	−0.405*** (−3.832)	−0.363*** (−3.204)	−0.550*** (−5.448)
bel	−0.206*** (−7.398)	−0.277*** (−9.314)	−0.155*** (−2.142)	−0.263*** (−7.847)	−0.188*** (−4.909)	−0.926*** (−3.847)	−0.949*** (−3.764)	−0.237*** (−9.413)
let * *state*	−0.045** (−2.120)						−0.044** (−2.020)	
let * *top*1		0.148** (2.573)					0.196*** (3.367)	
let * *outdir*			−0.220 (−1.173)				−0.258 (−1.395)	
let * *dirmeeting*				0.003 (1.264)			0.003 (1.283)	

续表 3

变量	模型 2							模型 3
	(3)	(4)	(5)	(6)	(7)	(8)	(9)	(10)
let * *supsise*					−0.012 (−1.592)	−0.012 (−1.578)		
let * *mpay*						0.048*** (2.890)	0.054*** (3.292)	
let * *ieindes*								0.006 (0.569)
size	0.034*** (−.761)	0.028*** (6.294)	0.032*** (7.523)	0.031*** (7.284)	0.033*** (7.617)	0.023*** (4.587)	0.021*** (3.887)	0.030*** (6.163)
gtowth	0.076*** (5.683)	0.079*** (5.981)	0.078*** (5.834)	0.077*** (5.746)	0.077*** (5.786)	0.076*** (5.770)	0.074*** (5.603)	0.078*** (5.819)
indwstry	控制	控制	控制	控制	控制	控制	控制	控制
R^2 值	0.220	0.223	0.216	0.216	0.218	0.226	0.253	0.215
调整 R^2 值	0.213	0.216	0.209	0.210	0.211	0.218	0.240	0.209
F 值	32.443	32.984	31.649	31.706	31.944	33.425	19.265	31.381
Prob	0.000	0.000	0.000	0.000	0.000	0.000	0.000	0.000
DW 值	1.902	1.898	1.884	1.881	1.900	1.878	1.944	1.882

表 4 给出了模型 2、模型 3 的回归结果,其中第(3)列至第(9)列为模型 2 的回归结果,主要考察内部治理各个因素对债务契约治理效应发挥的影响;第(10)列为模型 3 的回归结果,考察的是内部控制对债务契约治理效应发挥的影响。

3 意义

建立了债务融资的治理效应模型,该模型表明了目前我国上市公司的债务治理效应遭到严重扭曲,债务融资不能很好地发挥激励约束作用。在内部治理的各因素中,最终控制人性质、股权集中度、经理人激励程度对债务治理效应的发挥有显著的影响,董事会独立性与勤勉程度、监事会监督力度对债务治理效应发挥的影响不显著,内部控制对债务治理效应发挥的作用非常有限。本模型可预测内部治理与内部控制对债务融资的治理效应,为强化我国上市公司债务治理效应提供参考。

参考文献

[1] 吴秋生,敖小波. 内部治理、内部控制与债务治理效应——来自中国上市公司的经验证据[J]. 经济问题, 2014,(4):75-80.

[2] 陈汉文,张宜霞. 企业内部控制的有效性及其评价方法[J]. 审计研究,2008,(3):48-54.

农地流转的定价模型

1 背景

在我国快速推进城镇化进程的过程中，要充分地释放其带动经济增长的潜能，盘活农村土地资源并提高农地利用效率是必然的路径选择。在农地流转过程中，不同利益群体间的利益分配格局出现了显著调整。针对机会益贫化的农地流转定价的研究，了解农地流转定价模式十分重要。黄艳敏和张岩贵[1]吸纳益贫式增长理论的益贫思想并依据机会平等理论的机会补偿原理，提出了机会益贫化分配概念框架，用 WBS 法识别农地流转全过程中的益贫机会，并采用正态云模型构建机会益贫化的农地流转估值模型。

2 公式

将科学推进城镇化进程与社会机会配置格局重构过程耦合是深化改革的重要部分，选择农地流转定价为切入点，农地流转定价是用于估算和补偿农地权利人损失的客观依据，引入补偿性机会分配思想，提出机会益贫化的农地定价正态云模型。

正态云模型引入期望量、熵和超熵指标，是定性概念向定量指标转化的发生器。引入正态云模型，可以有效地刻画失地农民机会损失转化为农地流转补偿估算量的过程。

引入扩展的农地资产价值指标（ES）。

$$ES_{ij} = APV_{ij} + NPV_{ij} + PPOV_{ij}$$

$$APV_{ij} = f(AP_{ij})$$

$$NPV_{ij} = F(NP_{ij})$$

式中，APV 是以农业部门土地生产率确定的土地价值；NPV 是以非农部门土地生产率确定的土地增值；$PPOV$ 是失地农民机会损失的补偿价值；AP_{ij} 为第 i 块农地在第 j 区域农业部门的土地要素生产率；f 为第 j 区域内农业部门基于土地要素生产率厘定的农地流转价值映射函数；NP_{ij} 为第 i 块农地在第 j 区域的非农业部门经营的要素生产率；F 为第 j 区域内非农业部门基于土地要素生产率厘定的农地流转价值映射函数；$PPOV_{ij}$ 为第 i 块农地在第 j 区域内的失地农民因农地流转导致机会损失的价值补偿。

假定 $U = \{x\}$[2]，U 为制定研究问题的论域，x 为论域 U 中的元素。D 是与 U 相关联的定性概念。x 对 D 的隶属度是具有稳定倾向的随机数，该隶属度在论域上的分布称为隶属云,简称为云。正态云是指元素 x 对定性概念体系 D 的隶属度在论域上的分布服从正态分布。

正态云包含3个特征指标：数学期望 Ex、熵 En 和超熵 He。以这3个特征指标表达正态云的数学期望函数 $MEC(x)$ 和概率密度函数 $f_x(x)$。

$$MEC(x) = \exp\left[-\frac{(x-Ex)^2}{2En^2}\right]$$

$$f_x(x) = \int_{-\infty}^{+\infty} \frac{1}{2\pi y He} \exp\left[-\frac{(x-Ex)^2}{2y^2} - \frac{(y-En)^2}{2He^2}\right] dy$$

表1列出了与农地流转机会益贫化估价相关联的主要定性概念。[3]

表1　PPOV 论域中的定性概念集 D

	概念名称	概念含义
D_1	发展路径依赖	农民依赖农业化生产和农村生活方式,形成发展路径依赖
D_2	路径依赖破除	农地流转带来生产和生活方式的根本改变,打破固有模式
D_3	后发劣势	失地农民若得不到公平补偿和有效社会保障,则发展滞后市民
D_4	后发优势	失地农民若抓住农地流转带来的机会,则在市民化过程中获得发展优势
D_5	隐性分割	农民在市民化过程中与原市民在社会机会获取上存在着隐含的割裂
D_6	机会失衡发酵	机会失衡格局若长期存在,经过累积发酵,将衍生出社会矛盾

基于补偿性机会分配思想估算 PPOV 设为正态云(Es, Ens, Hes)。机会益贫化的农地流转定价因子 x 设为正态云(Ex, Enx, Hex)。借鉴实物期权定价原理,依据云运算法则,构建正态云模型:

$$\sigma = \sqrt{Enx^2 + Ens^2}$$

$$\delta = \sigma / Es$$

$$d_1 = \frac{\ln(Es/Ex) + (r - \delta + \sigma^2/2)T}{\sigma\sqrt{T}}$$

$$d_2 = d_1 - \sigma\sqrt{T}$$

$$En = \sqrt{Ens^2 \cdot e^{-\delta T} N(d_1) + Enx^2 \cdot e^{-rT} \cdot N(d_2)}$$

$$He = \sqrt{Hes^2 \cdot e^{-\delta T} N(d_1) + Hex^2 \cdot e^{-rT} N(d_2)}$$

式中,r 为无风险利率;T 为经验期限;δ 为预期收益;σ 为农地价值波动率。

与常规函数规划定价模型比较,机会益贫化的农地流转定价的正态云模型,能够有效地把流转定价过程中失地农民的机会损失估算问题的模糊性和随机性整合在同一模型中。

3 意义

采用正态云模型,构建了机会益贫化的农地流转估值模型,依据正态云模型的转换机制,将定性概念的机会损失引入定量的农地流转定价模型,借助粗集理论对挖掘出的机会进行最优化的知识表达,保障正态云模型输入成分的有效性。在正态云模型运用中,首要考虑城乡分割程度、后发劣势转化门槛等参数对机会益贫化的农地估值 *PPOV* 的影响。依据正态云模型估值,实现机会益贫化的农地估值的微观化和差异化。本模型可解决失地农民机会损失模糊性和随机性问题,将其作为输入成分,经过模型的生成转换机制,输出农地估值结果,为促进城镇化又快又好发展提供参考。

参考文献

[1] 黄艳敏, 张岩贵. 农地流转的机会益贫化估值模型分析[J]. 经济问题, 2014,(4): 70-74.

[2] 丁四波, 等. 基于正态云的实物期权定价方法[J]. 系统工程, 2008, (10): 73-76.

[3] 吴福保, 等. 基于粗集理论知识表达系统的一种归纳学习方法[J]. 控制与决策, 1999,(5): 206-211.

募集资金的投向变更模型

1 背景

我国上市公司募集资金投向变更具有频繁性和普遍性。上市公司的募资行为,是公司的一种融资活动。一般情况下,募资投资项目经过了严格而科学的评估、论证,是经过深思熟虑的。募集后的资金,会投资于相应的可行性项目,具有专项用途。针对募集资金投向变更的研究,了解审计师选择和市场化程度十分重要。叶若慧等[1]选择 2001—2011 年我国沪深两市的所有 A 股上市公司为样本,研究了审计师选择对募资投向变更的影响,并比较不同市场化程度地区之间这种影响的差异,建立模型对审计师的治理作用进行检验。

2 公式

募资投向变更原因主要是涉及公司内部治理和外部制度环境方面的原因。高质量审计师的治理作用在募集资金的使用问题上扮演着重要的角色,起到了应有的监督作用。不同市场化程度的地区,审计师对募资投向变更的治理作用可能存在差异。

企业发生募资投向变更,主要原因是公司治理没有得到良好的发挥,高管没有真正起到督促、监督作用,对审计师选择和市场化对募集资金投向变更提出假设,引入模型对假设进行验证。

如果公司存在恶意损害小股东利益或者弄虚作假的行为,那么,高质量的审计师可以发挥治理作用,降低募资投向变更的概率。据此,提出假设 1:高质量审计师与募资投向变更负相关。

在市场化程度高的地区,公司治理作用将得到更大程度的发挥,在此研究的审计师选择和募资投向变更的关系也可能得到增强。据此,提出假设:相对于市场化程度低的地区,在市场化程度高的地区,高质量的审计师与募资投向变更的负相关关系会增强。

通过模型对假设进行检验:

$$CHANGE = \beta_0 + \beta_1 AUDIT10 + \beta_2 MARKET + \beta_3 AUDIT10^* MARKET + \beta_4 GS + \beta_5 AMOUNT + \beta_6 TOP1 + \beta_7 SIZE + \beta_8 LEV + \beta_9 ROE + \varepsilon \tag{1}$$ [2~5]

式中,*CHANGE* 为募资投向变更变量;在此将用募资投向变更频率(*CHANGEQ*)代替募资投向变更(*CHANGE*)重新运行模型,募资投向变更频率(*CHANGEQ*)表示一年中募资投向变更的次数;*AUDIT*10 代表高质量的审计需求;*MARKET* 为市场化程度变量;*AUDIT*10 × *MARKET* 是 *AUDIT*10 和 *MARKET* 的交互变量。

式(1) 中的其他变量为控制变量,主要用来控制影响募资投向变更的其他相关因素。*GS* 为国有股权比例变量;*AMOUNT* 为募集资金总额变量;*TOP*1 为第一大股东持股比例变量;*SIZE* 为企业规模变量;*LEV* 为财务风险变量;*ROE* 为净资产收益率变量。

表 1　变量说明

变量	预计符号	变量说明
CHANGE		募资投向变更变量,如果公司发生募资投向变更,则为 1;否则为 0
CHANGEQ		募资投向变更频率变量,一年中募资变动的次数
*AUDIT*10	-	代表高质量的审计需求,如果上市公司的审计师为"十大",则为 1;否则为 0
MARKET	-	市场化程度变量
*AUDIT*10 × *MARKET*	-	*AUDIT*10 和 *MARKET* 的交互项
GS	?	国有股权比例变量,它等于国有股权数除以总股数
AMOUNT	+	募集资金总额变量,等于募集资金总额的自然对数
*TOP*1	+	第一大股东持股比例,等于第一大股东持股数量除以公司发行股份总额
SIZE	-	企业规模,等于年末总资产的自然对数
LEV	?	资产负债率,等于年末负债总额除以年末资产总额
ROE	-	净资产收益率,等于变更前一年末的公司税后利润除以变更前一年末的净资产

表 2　Pearson(Spearman) 相关系数

	CHANGE	*GHANGEQ*	*AUDIT*10	*MARKET*	*GS*	*AMOUNT*	*TOP*1	*SIZE*	*LEV*	*ROE*
CHANGE		0.683 * * *	0.051 * *	-0.047 * *	-0.010	-0.241 * * *	0.047 * *	-0.059 * * *	-0.003	0.026
CHANGEQ	0.990 * * *		-0.055 * *	-0.049 * *	-0.019	-0.198 * * *	0.046 * *	-0.062 * * *	-0.101 * * *	0.028
*AUDIT*10	-0.053 * *	-0.059 * * *		-0.051 * *	0.000	0.060 * * *	-0.006	0.000	0.057 * * *	-0.031
MARKET	-0.049 * *	-0.051 * *	-0.052 * *		-0.341 * * *	0.021	-0.173 * * *	0.234 * * *	-0.024	0.118 * * *
GS	-0.039 *	-0.036 *	-0.009	-0.340 * * *		0.147 * * *	0.430 * * *	-0.065 * * *	-0.047	-0.098 * * *
AMOUNT	-0.226 * * *	-0.232 * * *	0.038 *	0.000	0.164 * * *		0.172 * * *	0.580 * * *	0.138 * * *	0.103 * * *
*TOP*1	0.054 * *	0.057 * * *	-0.003	-0.177 * * *	0.362 * * *	0.167 * * *		0.070 * * *	-0.073 * * *	0.066 * * *
SIZE	-0.048 * *	-0.048 * *	-0.020	0.233 * * *	-0.080 * * *	0.536 * * *	0.074 * * *		0.321 * * *	0.254 * * *
LEV	-0.013	-0.023	-0.057 * * *	-0.026	-0.015	0.142 * * *	-0.075 * * *	0.318 * * *		-0.175 * * *
ROE	0.022	0.019	-0.029	0.133 * * *	-0.156 * * *	0.171 * * *	0.052 * *	0.346 * * *	-0.019	

注:* * *、* *、*分别表示在 1%、5%、10% 的显著水平上显著(后同)。

CHANGE 和 *CHANGEQ* 显著正相关,说明存在募资投向变更的公司其募资投向变更的

频率越高。*AUDIT*10 与 *CHANGE* 显著负相关,说明高质量审计师审核的上市公司,发生募资投向变更的概率会低; *AUDIT*10 与 *CHANGEQ* 显著负相关,说明高质量审计师审核的上市公司,发生募资投向变更的频率也会低。*MARKET* 和 *CHANGE*(*CHANGEQ*)显著负相关,说明市场化程度越高,募资投向变更(频率) 越低。

表 3 回归结果

	CHANGE			
	估计系数	*Wald*	值计系数	*Wald*
截距项	-8.658	25.541 * * *	-8.592	25.044 * * *
*AUDIT*10	-0.162	5.548 * *	-0.629	5.700 * * *
MARKET	-0.152	5.407 * *	-0.146	5.071 * *
*AUDIT*10 × *MARKET*			-0.109	7.241 * * *
GS	0.116	0.153	0.106	0.126
AMOUNT	-0.938	115.098 * * *	-0.942	115.463 * * *
*TOP*1	0.015	14.892 * * *	0.015	15.334 * * *
SIZE	0.383	20.293 * * *	0.382	20.094 * * *
LEV	0.165	0.195	0.172	0.210
ROE	0.430	0.988	0.409	0.891
行业效应	已控制		已控制	
年度效应	已控制		已控制	
R^2	0.181		0.185	
Chi - Square	230.943 * * *		232.183 * * *	
样本量	2 178		2 178	

表 3 报告了以募资投向变更为因变量的回归结果。回归结果表明,高质量审计的估计系数显著为负,说明审计质量越高,募资投向变更概率越低。市场化程度的估计系数显著为负,说明市场化程度起高的地区,募资投向变更的概率越低。*AUDIT*10 和 *MARKET* 交互项的估计系数显著为负,说明比起市场化程度低的地区,市场化程度高的地区,高质量的审计师与募资投向变更负相关关系会增强。

表4　回归结果

	CHANGEQ			
	估计系数	t 值	估计系数	t 值
截距项	-1.957	-2.53**	-1.910	-2.46**
*AUDIT*10	-0.174	-2.58**	-0.352	-2.93***
MARKET	-0.110	-2.39**	-0.112	-2.42**
*AUDIT*10 × *MARKET*			-0.098	-2.17**
GS	-0.115	-0.78	-0.118	-0.80
AMOUNT	-0.337	-8.89***	-0.338	-8.90***
*TOP*1	0.007	3.60***	0.007	3.65***
SIZE	0.146	3.88***	0.144	3.82***
LEV	-0.860	-4.56***	-0.855	-4.53***
ROE	-0.018	-0.09	-0.024	-0.11
行业效应	已控制		已控制	
年度效应	已控制		已控制	
Adj R^2	0.174		0.174	
F 值	16.99***		16.78***	
样本量	2 178		2 178	

表3 报告了以募资投向变更频率为因变量的回归结果。回归结果表明,高质量审计的估计系数显著为负,说明审计质量越高,募资投向变更频率越低。市场化程度的估计系数显著为负,说明市场化程度越高的地区,募资投向变更的频率越低。*AUDIT*10 和 *MARKET* 交互项的估计系数显著为负,说明比起市场化程度低的地区,市场化程度高的地区,高质量的审计师与募资投向变更频率负相关关系会增强。

3　意义

建立了募集资金的投向变更模型,该模型计算表明了审计师选择与募资投向变更负相关,且这种负相关关系会随着市场化程度的提高而增强。而且,在市场化程度低的地区,审计师对募资投向变更的治理作用有限,政府部门应该加强管理与监督。本模型可预测审计师选择、市场化程度与募集资金投向变更的关系,并为政府部门监管募资投向变更和上市公司自身提供启示。

参考文献

[1] 叶若慧，黄翰林，潘晔．审计师选择、市场化程度与募集资金投向变更[J]．经济问题，2014，(4)：81－87．

[2] Jensen M C. Agency Cost of Free Cash Flow，Corporate Finance，and Takeovers[J]. American Economic Review. 1986，76(2)：323－329.

[3] 刘少波，戴文慧．我国上市公司募集资金投向变更研究[J]．经济研究，2004，(5)：88－97．

[4] 张为国，翟春燕．上市公司变更募集资金投向动因研究[J]．会计研究，2005，(7)：19－24．

[5] 杨全文，薛清梅．IPO 募资投向变更、经营业绩变化和市场反应[J]．会计研究，2009，(4)：69－78．

物流业的经济计量模型

1 背景

现代物流业是指原材料、产成品从起点至终点及相关信息有效流动的全过程。金融业是指经营金融商品的特殊行业。针对现代物流业与金融业之间是否存在互动性关系，了解物流业与金融业的指标十分重要。丁永琦[1]通过计量经济分析方面和物流发展方面的文献研究，以计量经济的分析方法，构建向量自回归模型，就我国金融业与现代物流业之间的动态关系进行了定量研究。

2 公式

在选择了金融业和现代物流业的指标后，对指标数据进行对应的统计性分析研究，通过平稳性相关统计研究、因果关系相关统计性研究和最佳滞后期、协整性分析研究后，我们确定以现代物流业为唯一"果"的统计模型的可能类型。下面，将通过计量分析的方法，具体确定对应的计量模型并对构建的计量模型进行深入的分析研究。

这里，首先对确定的向量自回归模型进行具体构建，从而得到了以下模型：

$$(Wlyzjz)_t = \begin{pmatrix} 0.0167 \\ 1.1724 \end{pmatrix}^T \begin{pmatrix} Wlyzjz \\ Gpcje \end{pmatrix}_{t-1} + \begin{pmatrix} -0.2883 \\ -0.0170 \end{pmatrix}^T \begin{pmatrix} Wlyzjz \\ Gpcje \end{pmatrix}_{t-1} + (63.9612) \tag{1}$$

$$(Wlyzjz)_t = \begin{pmatrix} 1.1608 \\ 0.8554 \end{pmatrix}^T \begin{pmatrix} Wlyzjz \\ Hjcbl \end{pmatrix}_{t-1} + \begin{pmatrix} -0.1094 \\ -0.0445 \end{pmatrix}^T \begin{pmatrix} Wlyzjz \\ Hjcbl \end{pmatrix}_{t-1} + \begin{pmatrix} -0.2679 \\ 1.3352 \end{pmatrix}^T \begin{pmatrix} Wlyzjz \\ Hjcbl \end{pmatrix}_{t-1} + (-1529.45) \tag{2}$$ [2~5]

式中，*Wlyzjz* 是以交通运输、仓储、邮政业为代表的现代物流业增加值；*Gpcje* 是股票筹集额；t 是对应的周期。

上述模型对应的判定系数与调整后的判定系数均大于 0.95，因此，按照统计学的理论要求，我们认为在 0.95 的置信度下，VAR 模型的成立是显著的。与此同时，我们对确定的向量误差修正模型进行具体构建。通过计量经济分析发现，对应的 VEC 模型的判定系数与调整后的判定系数均低于 0.50。因此，按照统计学的理论要求，我们认为在 0.95 的置信度下，VEC 模型的成立并不显著，故对此类模型不再展示。

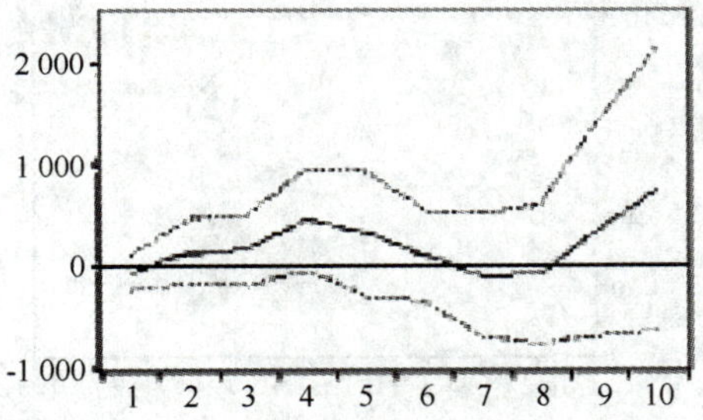

图1　黄金储备量对现代物流业增加值的脉冲影响

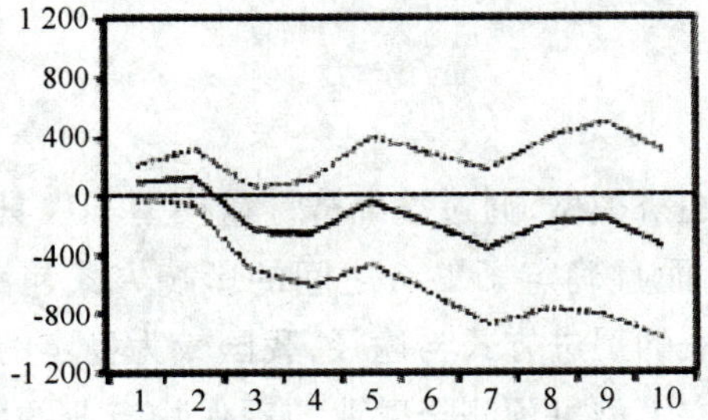

图2　股票筹集额对现代物流业增加值的脉冲影响

从图 1 中可以清晰地看出,黄金储备量对现代物流业增加值的脉冲响应图呈现出类似正弦函数的变化特征。

观察图 2,我们不难发现,股票筹集额对现代物流业增加值的脉冲响应与黄金储备量对现代物流业增加值的脉冲响应呈现出完全不同的形态。

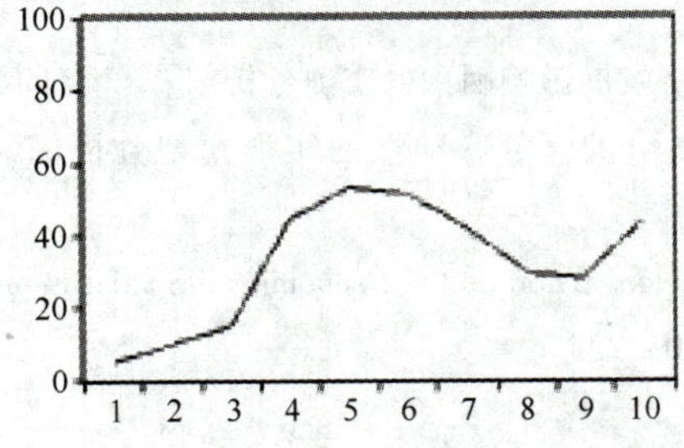

图3　黄金储备量对现代物流业增加值的方差分解

从图 3 可以看出,黄金储备量对现代物流业增加值的方差分解所占比重变化呈现出上凸形态,上凸的顶点位置出现在第五个周期处,极限值为 50% 左右。

从图 4 可以看出,股票筹集额对现代物流业增加值的方差分解所占比重变化呈现类似水平变化态势。

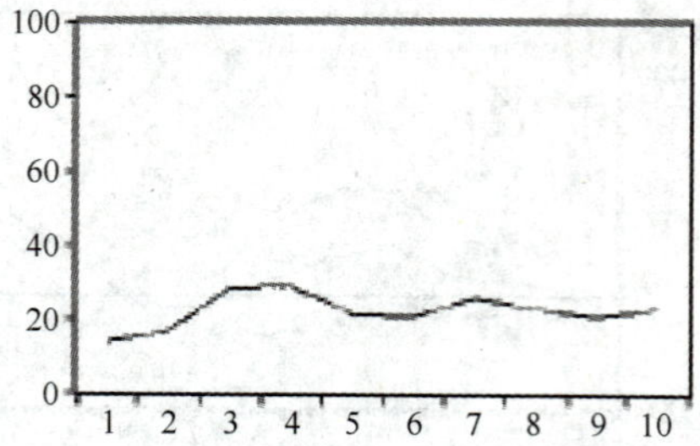

图4　股票筹集额对现代物流业增加值的方差分解

3　意义

建立了物流业的计量经济模型,通过该经济计量模型不仅具体确定了金融业发展与现代物流业之间的动态关系,而且确定了二者之间的影响方式与滞后性,具体确定了中国金融业发展对现代物流业发展的促进方式与途径,我国较为稳定的货币市场在较大程度上促进了现代物流业的发展。本模型可预测金融业与现代物流业的关系,对中国现代物流业的深入发展提供参考。

参考文献

[1]　丁永琦．我国金融业与现代物流业联动性的实证分析[J]．经济问题, 2014,(4): 44－47.

[2]　许海平．空间依赖、碳排放与人均收入的空间计量研究[J]．中国人口资源与环境, 2012,(9): 149－157.

[3]　毛润泽．中国区域旅游经济发展影响因素的实证分析[J]．经济问题探索, 2012,(8): 48－53.

[4]　李伟．我国财政赤字和货币供应量联动性的实证模型分析[J]．河南社会科学, 2012,(8): 30－32.

[5]　Luisa Corrado, Bernard Fingleton. Where is the Economics inSpatial Econometrics? [J]. Journal of Regional Science, 2012, 52(2): 210－239.

石油行业的资本结构模型

1 背景

剖析石油行业资本结构的特点、影响因素，加快资本结构调整速度对提升我国石油企业国际竞争力日益重要。面对复杂多变的政治经济环境和国际原油价格过山车式的走势，国际知名石油企业积极应对，通过加强营运资金管理、资产出售、调整资产结构、增强下游业务的盈利性等措施，使经营现金流未出现显著下降。针对我国三大石油上市公司资本结构的研究，了解石油企业资本结构的现状及问题十分重要。庞明等[1]选取在香港联合交易所上市的中石油、中石化和中海油三大石油上市公司 2006—2012 年的财务数据，建立多元线性回归模型，进行实证分析，研究石油行业资本结构的特点、影响因素。

2 公式

我国石油企业资本结构存在资本结构与公司资源不匹配、负债结构比率（流动负债／长期负债）不科学、直接融资比例偏小的问题，基于此提出相应的假设，为验证假设引入多元线性回归模型。

以在香港联合交易所上市的中石油、中石化和中海洋三大公司为研究对象，选取了其 2006—2012 年的财务数据进行实证分析，我们用总负债/总资产来衡量资本结构，二者均使用账面价值来计量。

因变量的选取：资产负债率（Lev）= 总负债/总资产，均为账面价值。

表 1　自变量选取

变量	代表指标及计算方法
获利能力（P_t）	总资产收益率 P_t = 净利润/资产总额
公司规模（S）	总资产 $S = \ln$ 总资产
资产构成（C_v）	资产担保价值 C_t =（存货 + 固定资产）/总资产
成长性（G）	总资产增长率 G =（期末总资产 − 期初总资产）/期初总资产
资产流动性（L）	流动比率 L = 流动资产/流动负债

表2　变量间皮尔逊相关系数

		资产负债率 Lev	获利能力 P_t	公司规模 S	资产构成 G_t	成长性 G	资产流动性 L
资产负债率 Lev	Pearson 相关性	1	-0.833**	0.398	0.087	-0.437*	-0.699**
	显著性(双侧)		0.000	0.074	0.706	0.048	0.000
	N	21	21	21	21	21	21
获利能力 P_t	Pearson 相关性	-0.833**	1	-0.675**	-0.243	0.569**	0.826**
	显著性(双侧)	0.000		0.001	0.289	0.007	0.000
	N	21	21	21	21	21	21
公司规模 S	Pearson 相关性	0.398	-0.675**	1	0.681**	0.378	-0.718**
	显著性(双侧)	0.074	0.001		0.001	0.091	0.000
	N	21	21	21	21	21	21
资产构成 G_v	Pearson 相关性	-0.087	-0.243	0.681**	1	-0.250	-0.405
	显著性(双侧)	0.706	0.289	0.001		0.275	0.068
	N	21	21	21	21	21	21
成长性 G	Pearson 相关性	-0.437*	0.569**	-0.378	-0.250	1	0.499*
	显著性(双侧)	0.048	0.007	0.094	0.275		0.021
	N	21	21	21	21	21	21
资产流动性 L	Pearson 相关性	-0.699**	0.826**	-0.718**	-0.405	0.499*	1
	显著性(双侧)	0.000	0.000	0.000	0.068	0.021	
	N	21	21	21	21	21	21

注:***、**、*分别表示在1%、5%、10%的显著性水平上显著(后同)。

通过皮尔逊相关系数分析,可以发现:中石油、中石化和中海油三公司的 P_t、S、C_v 和 L 与企业的总资产负债率 Lev 之间存在负相关关系;而成长性因素 G 与企业的总资产负债率 Lev 之间存在显著正相关关系。因此建立的回归方程式为:

$$Lev = \alpha + \beta_1 P_t + \beta_2 S + \beta_3 C_v + \beta_4 G + \beta_5 L + \gamma \tag{1}$$

式中,α 为截距;$\beta_1 \sim \beta_5$ 为回归系数;γ 为随机误差项。

在上述建立的回归方程中,假设其均值为零,得出的模型摘要及方差分析见表3、表4。

表3　模型摘要

模型	R	R^2	调整 R^2	标准估计的误差
1	0.897	0.804	0.739	0.062

表 4　方差分析

模型		平方和	df	均方	F	Sig.
1	回归	0.240	5	0.048	12.325	0.000
	残差	0.059	15	0.004		
	总计	0.299	20			

从模型摘要表可以看出模型的标准估计误差为 0.062，从方差分析表可以看到模型通过了显著性检验验（$F=12.325$，$P=0.000$），说明各个影响因素对资本结构呈现出明显的相关性。

表 5　回归系数

模型		非标准化系数		标准系数	t	Sig.
		B	标准误差	Beta		
1	（常量）	0.980	0.151		6.478	0.000
	获利能力 P_t	-1.678	0.554	-0.737	-3.027	0.008
	公司规模 S	-1.625E-8	0.000	-0.077	-0.334	0.743
	资产构成 C_v	-0.460	0.248	-0.326	-1.849	0.084
	成长性 G	0.026	0.256	0.014	0.101	0.921
	资产流动性 L	-0.038	0.030	-0.285	-1.282	0.219

根据表 5 及式（1），可得出回归方程为：

$$Lev = 0.98 - 1.678P_t - (1.625E - 8)S - 0.46C_v + 0.026G - 0.038L \tag{2}$$

$$R^2 = 0.804, F = 12.325, DW = 0.004$$

其中，P_t、L 的回归系数在 5% 的水平上显著，G 的回归系数在 1% 的水平上显著，S、C_v 回归系数不显著，无法明确表示出与 Lev 的线性关系。

回归分析表中 $R^2 = 0.804 > 0.5$，表明模型通过了拟合优度检验，方程显著性水平良好，多元线性回归模型合理。[2]

3　意义

通过多元线性回归模型，建立了石油行业的资本结构模型，计算表明了获利能力、流动比率等 4 个因素与资产负债率反方向变动，而公司成长性与资产负债率呈正相关关系。本模型可预测资产负债率与活力能力、流动比率、公司规模等的关系，为发展石油企业规模经济、投融资角度以及完善企业财务风险控制机制等方面提供参考。

参考文献

[1] 庞明，王尽可，郝亚平．我国三大石油上市公司资本结构影响因素的实证研究[J]．经济问题，2014，(4)：94-99.

[2] 李志军．我国上市公司资本结构影响因素的实证分析[J]．统计与决策，2011，(15)：150-152.

经济增长的空气污染模型

1 背景

空气污染的库兹涅茨曲线表明空气污染随着经济增长先升后降,呈现倒"U"形曲线关系。针对中国空气污染的库兹涅茨曲线研究,了解经济增长与空气污染以及影响空气污染的其他因素十分重要。李斌和李拓[1]基于对传统环境库兹涅茨曲线的扩展,利用2000—2011年中国省域面板数据构建系统GMM模型与门限模型,研究中国及区域空气污染库兹涅茨曲线的存在性及其影响因素。

2 公式

探究中国及各地区空气污染库兹涅茨曲线,并纳入能源效率、火电发电比例、城市化及人口结构等新变量以进一步扩展对相关影响因素的分析,引入基于动态面板系统GMM与门限模型进行检验。

设定以下空气污染库兹涅茨曲线对数模型:

$$\begin{aligned}\ln ap_{it} &= \gamma_i + \alpha_1 \ln GDP_{it} + \alpha_2(\ln GDP_{it})^2 + \alpha_3(\ln GDP_{it})^3 + \alpha_4 \ln energ_{it} + \\ &\quad \alpha_5 \ln indus_{it} + \alpha_6 \ln elect_{it} + \alpha_7 \ln urban_{it} + \alpha_8 \ln work_{it} + \alpha_9 \ln ope_{it} + \mu_{it} \end{aligned} \tag{1}$$

式中,$i=1,2,3,\cdots,30$;$t=1,2,3\cdots,12$;$\ln ap_{it}$、$\ln GDP_{it}$、$\ln energ_{it}$、$\ln indus_{it}$、$\ln elect_{it}$、$\ln urban_{it}$、$\ln work_{it}$、$\ln ope_{it}$分别表示第i个省(市、自治区)第t年的人均空气污染水平、实际人均GDP、能源效率、产业结构、火电发电比例、城市化水平、工作人口比例、经济开放水平的对数值;α_1、α_4、α_5、α_6、α_7、α_8、α_9分别为对应变量的估计系数;γ_i反应个体差异;μ_{it}为随机误差项。模型参考中外学者的EKC模型,加入$(\ln GDP_{it})^2$和$(\ln GDP_{it})^3$项(α_2、α_3分别为其估计系数)以考察中国空气污染库兹涅茨曲线的存在性。

空气污染可表示为$ap_{it} = \beta_1 CO_{2it} + \beta_2 SO_{2it} + \beta_3 dust_{it}$,其中$CO_{2it}$、$SO_{2it}$、$dust_{it}$分别表示$i$省第$t$年的二氧化碳、二氧化硫、烟粉尘的人均排放量。对于系数β_1、β_2、β_3的测算,用消除污染物损失的货币化成本来近似计算环境污染,以表示其系数。[2]

表1　解释变量说明及计量结果符号预测

变量名称	变量说明	计量结果符号预测
实际人均GDP	以1990年为不变价计算	
能源效率	以地区亿元实际GDP所消耗的标准煤数量(万吨)表示,数值越高表示能源利用效率越低,因此其数值与空气污染程度正相关	正
产业结构	用地区第二产业产值占三大产业总产值的比例表示	正
火电发电比例	以地区火电厂发电量与地区发电总量的比值表示	正
城市化水平	用地区城镇人口与地区总人口的比例表示	负
人口结构	法律允许的工作年龄为16岁,退休年龄为50~60岁,因此选用16~55岁人口数除以人口总数衡量就业适龄人口比例	正
经济开放水平	外商企业投资额的高低可以在一定程度上反映区域经济开放水平,用其与地区GDP的比例表示经济开放	负

表2　回归结果

解释变量	被解释变量 *AP*		
	模型1(系统GMM)	模型2(FE)	模型3(OLS)
AP(-1)	0.783***(19.41)	0.757***(10.57)	0.863***(21.50)
GDP	0.675***(3.14)	0.695**(2.35)	0.463***(2.74)
GDP^2	-0.0288*(-1.90)	-0.0336**(-2.19)	-0.0209**(-2.46)
energ	0.281***(6.68)	0.197**(2.27)	0.163***(3.54)
indus	0.00270(0.06)	0.113(1.19)	0.0465(1.14)
elect	0.0317(1.31)	0.0229(0.72)	0.0552***(3.47)
urban	-0.357***(-5.87)	-0.292**(-2.12)	-0.151***(-3.12)
Ope	0.0203*(1.93)	0.0224(0.88)	0.0288*(1.85)
Wark	0.753***(3.55)	0.500(1.44)	0.350**(2.08)
AR(1) *AR*(2) *Sargan*	-11.287(0.000 0) -0.646 36(0.518 0) 229.669 5(0.114 1)	*Fgtest* 736.73(0.000 0)	

注:***、**、*分别表示在1%、5%、10%的显著性水平上显著(后同)。

从其他变量的回归结果(表2)可知,变量 *energ*、*ope*、*urban*、*work* 通过了显著性检验,表明能源效率、经济开放、城市化与人口结构会影响空气污染,相应的回归符号则说明:提高能源利用效率能有效抑制空气污染;中国的城市化进程对空气质量的提高有促进作用,即中国城市化进程对空气质量的影响主要表现在提高劳动生产效率、促使政府出台环保措施等积极方面；工作人口比例的提高会加剧空气污染状况，这对我国可能出台的延迟退休政策有一定参考价值。变量 *indus* 与 *elect* 未通过 10% 的显著性水平检验，表明产业结构与火力发电对中国空气污染的影响不显著。

表 3　区域回归结果对比

区域	所含省份	计量结果			曲线形状	拐点预测
		显著变量	系数	小概率 P		
东南沿海地区	沪、苏浙、闽、粤	*GDP*	4. 574 933	0. 004	倒“U”形	2017 年
		$(GDP)^2$	−0. 220 814 6	0. 009		
		mmg	0. 433 196 9	0. 029		
		indai	0. 620 843 7	0. 022		
		dmt	0. 242 693 4	0. 018		
		arban	0. 491 022 6	0. 093		
东北—渤海湾地区	黑、吉、辽、京、津、冀	*GDP*	4. 584 616	0. 000 0	倒“U”形	2042 年
		$(GDP)^2$	−0. 200 792 3	0. 000 0		
		mmg	1. 064 794	0. 000		
		nrbar	−0. 559 344 2	0. 000 0		
		aeork	−2. 154 217 1	0. 001 0		
黄淮中下游地区	陕、晋、豫、鲁、皖	*GDP*	42. 398 74	0. 011	正相关	–
		$(GDP)^2$	−4. 777 184	0. 012		
		$(GDP)^3$	0. 180 404 2	0. 012		
		mmg	0. 548 636 4	0. 000		
		indmi	0. 459 311 1	0. 061		
		arban	0. 611 666 2	0. 006		
中南地区	湘、鄂	*GDP*	−7. 564 54	0. 001	“U”形	2000 年
		$(GDP)^2$	0. 462 611 2	0. 000		
		mmg	0. 805 815 5	0. 002		
		indns	−0. 764 802 6	0. 003		
		dnt	0. 152 083 4	0. 096		
		ope	0. 245 064 7	0. 047		
西部地区	渝、川、滇、内蒙古、甘、青、宁、新	*GDP*	3. 004 215	0. 004	倒“U”形	2050 年后
		$(GDP)^2$	−0. 116 458 5	0. 042		
		mmg	1. 161 245	0. 000		
		indns	−0. 819 195 6	0. 001		
		arban	−1. 354 621	0. 000		
		work	3. 638 591	0. 000		

表 4　区域面板门限估计检验

地区	门限类	门限数	F 值	10%	5%	1%	门限值	对应年度	95%置信区间
东南沿海	GDP	单一	22.756***	2.894	4.140	8.005	9.19	2003	9.19～9.19
中南地区		单一	9.993***	3.019	4.314	8.711	9.37	2011	9.18～9.37
黄淮中下游		单一	20.348***	2.662	3.856	6.947	8.90	2008	8.81～8.90
		双重	12.221***	2.843	4.103	8.106	8.05	2002	8.01～8.05

表 5　区域面板门限参数估计结果

地区	变量	系数值	t 值	P 值
东南沿海	lngdp < 9.19	0.1755	2.0846	0.0415
	lngdp > 9.19	0.1916	2.3187	0.0240
中南地区	lngdp < 9.37	0.6147	3.5958	0.0029
	lngdp > 9.37	0.6300	3.6758	0.0025
黄淮中下游	lngdp < 8.05	0.4323	5.7313	0.0000
	8.05 < lngdp < 8.09	0.4172	5.5216	0.0000
	lngdp > 8.90	0.4015	5.3286	0.000

根据回归结果(表4、表5),东南沿海地区及中南地区的拐点接近数据范围；黄淮中下游地区则未发现潜在的结构性变化。从估计结果来看,虽然三个地区的门限模型都通过了统计量检验,但门限值显示这些地区并未发生环境结构的变化,三地区都呈现出经济与空气污染同向增长的态势。

3　意义

通过2000—2011年中国省域的空气污染数据,建立了经济增长的空气污染模型,模型表明了中国存在倒"U"形的空气污染库兹涅茨曲线。而且东南沿海、"东北—渤海湾"、西部地区曲线也为倒"U"形,中南地区为"U"形,黄淮中下游地区空气污染与经济增长正相关。能源效率、产业结构、火电发电比例、城市化、人口结构及经济开放等因素会对空气污染产生影响。本模型可预测空气污染与经济增长和其他影响因素的关系,为治理空气污染提供参考。

参考文献

[1] 李斌，李拓．中国空气污染库兹涅茨曲线的实证研究——基于动态面板系统 GMM 与门限模型检验[J]．经济问题，2014，(4)：17－22.

[2] 吴玉鸣，田斌．省域环境库兹涅茨曲线的扩展及其决定因素——空间计量经济学模型实证[J]．地理研究，2012，(4)．

绿色经济的效率模型

1 背景

伴随着我国经济的高速增长，环境污染问题日趋严重，“绿色”概念应运而生。绿色经济是以市场为导向、以传统产业经济为基础、以经济与环境的和谐为目的而发展起来的一种新的经济形式，是产业经济为适应人类环保与健康需要而产生并表现出来的一种发展状态。针对绿色经济效率的研究，了解经济投入对绿色经济效率的影响十分重要。王军和耿建[1]选取我国 30 个省级 2005—2010 年面板数据，首先运用熵权法构建我国环境污染综合指数，然后求得我国绿色 GDP 并作为绿色经济的产出指标，将劳动(L)、资本(K)及技术(T)作为绿色经济的投入指标，一并纳入 DEA 模型利用 DEAP2.1 软件测算得到我国绿色经济效率，通过对测算结果进行实证分析。

2 公式

构建一个可以反映环境代价的绿色 GDP 产出指标；其次，运用 DEA 模型，以绿色 GDP 作为经济产出，劳动、资本及技术作为经济投入，对我国绿色经济效率进行测算及实证分析。

绿色 GDP = GDP/环境污染综合指数，该指标综合反映经济增长及环境污染，即环境污染综合指数越低、GDP 越大，则经济增长质量越高。

熵权法是用于评价多指标综合的常用方法，它基于客观原始的数据信息，通过对各指标之间提供的信息量及各指标之间的关联程度分析科学地、客观地为各指标赋权，从而减少赋权过程中主观因素造成的偏差。其数学原理是：假设有 m 个地区，n 项评价指标，形成原始的数据矩阵 $X = (x_{ij})_{m\times n}(i = 1,2,\cdots,m;j = 1,2,\cdots,n)$，对于某项指标，各指标的指标值差异越大，则该指标在综合评价中所起的作用越大。运用熵权法进行综合评价的具体步骤如下。

第一步，对原始数据进行归一化处理，消除单位和量纲不同带来的影响：

$$x_{ij} = \frac{x_{ij} - \min(x_{ij})}{\max(x_{ij}) - \min(x_{ij})} \tag{1}$$

第二步，计算 i 地区的第 j 个指标值的比重：

$$p_{ij} = \frac{x_{ij}}{\sum_{i=1}^{m} x_{ij}} \tag{2}$$

第三步，计算第 j 项指标的熵值 e_j 和变异系数 g_j：

$$e_i = -k\sum_{j=1}^{m} P_{ij}\ln p_{ij} \tag{3}$$

其中，$k = \frac{1}{\ln m}, 0 \leqslant e_i \leqslant 1$ 。

在信息论中，熵值 e_j 表示系统的有序程度，其值越大，系统的有序性越高；反之，系统的无序性越高，则熵值越小。故定义差异系数 $g_j = 1 - e_j$，其值越大表明系统的无序性越高，相应的指标在综合指数中比重越大。

第四步，定义权数：

$$w_j = \frac{g_j}{\sum_{j=1}^{n} g_j} \tag{4}$$

则公式(4) 确定的 w_j 就是熵权法确定的权重。

第五步，求得综合评价指标数值：

$$FI_i = \sum_{i=1}^{n} w_j p_{ij} \tag{5}$$

数据包络分析(DEA) 法是把一个经济系统或者一个完整的生产过程视为一个决策单元(DMU)，考察决策单元从投入到产出的过程，再评价由同质 DMU 构成的评价群，通过对各个投入或者产出比率的对比分析，得到各个 DMU 的相对效率值。其计算公式如下：

$$H_j = \frac{\sum_{r=1}^{n} u_r y_{rj}}{\sum_{i=1}^{m} v_i x_{ij}} \tag{6}$$

绿色 GDP = GDP/环境污染综合指数，其中 GDP 为实际 GDP，即剔除了各地物价指数的影响。从绿色 GDP 的数学表达式可以看出，绿色 GDP 反映的是单位污染所产生的地区 GDP，该值越大，表明该地区可以一定的环境的代价获得更大的产出。使用绿色 GDP 作为产出指标，应用 DEA 模型，测算的是既定产出条件下各地区在经济要素投入情况下环境污染最小化的能力，即绿色经济效率。而相对应的投入指标，则根据经济增长理论，分别选取劳动(L)、资本(K) 和技术(T)。

劳动投入指标 L 在量化处理时选取各地区年末从业人员人数；技术投入指标 T 则选取各地区年末专利申请授权数量作为 T 的替代；资本存量 K 利用永续盘存法对我国资本存量估量进行了后续补充，永续盘存法的计算公式为：$K_{i,t+1} = K_{i,t}(1 - \delta_{i,t+1}) + I_{i,t+1}/P_{i,t+1}$，其中，$K_{i,t+1}$、$K_{i,t}$ 分别为 i 地区 $t+1$ 时期和 t 时期的资本存量；$\delta_{i,t+1}$、$I_{i,t+1}$ 和 $P_{i,t+1}$ 则分别表示

i 地区 $t+1$ 时期的资本折旧率、投资总额和投资品价格指数。[2~3]

表 1　中国 30 个省级 2005—2011 年绿色经济效率

年份	2005	2006	2007	2008	2009	2010	2011
北京	0.009	0.015	0.013	0.006	0.009	0.012	0.013
天津	0.004	0.005	0.006	0.002	0.003	0.003	0.003
河北	0.001	0.001	0.001	0	0.001	0.001	0.001
山西	0.001	0.001	0.001	0	0	0.001	0.001
内蒙古	0.001	0.001	0.001	0	0.002	0.001	0.001
辽宁	0.001	0.001	0.001	0	0.001	0.001	0.001
吉林	0.003	0.003	0.002	0.001	0.001	0.001	0.001
黑龙江	0.002	0.003	0.002	0.001	0.001	0.001	0.001
上海	0.003	0.004	0.005	0.001	0.002	0.003	0.002
江苏	0.001	0.001	0.001	0	0.001	0.001	0.001
浙江	0.001	0.001	0.001	0	0.001	0.001	0.001
安徽	0.002	0.003	0.001	0.001	0.001	0.001	0.001
福建	0.002	0.003	0.002	0.001	0.001	0.001	0.001
江西	0.002	0.002	0.001	0.001	0.001	0.001	0.001
山东	0.001	0.001	0.001	0	0.001	0.001	0.001
河南	0.001	0.001	0.001	0	0	0	0
湖北	0.001	0.002	0.001	0.001	0.001	0.001	0.001
湖南	0.001	0.002	0.001	0.001	0.001	0.001	0.001
广东	0.002	0.002	0.002	0.001	0.001	0.001	0.001
广西	0.001	0.001	0.001	0	0.001	0.001	0.001
海南	1	1	1	1	1	1	1
重庆	0.001	0.002	0.001	0.001	0.001	0.001	0.001
四川	0.001	0.001	0.001	0	0.001	0.001	0.001
贵州	0.002	0.003	0.004	0.001	0.002	0.002	0.002
云南	0.006	0.006	0.004	0.002	0.002	0.003	0.002
陕西	0.001	0.002	0.001	0.001	0.001	0.001	0.001
甘肃	0.003	0.004	0.003	0.001	0.002	0.002	0.002
青海	0.019	0.023	0.016	0.005	0.008	0.018	0.019
宁夏	0.003	0.004	0.003	0.001	0.001	0.002	0.002
新疆	0.013	0.017	0.017	0.004	0.008	0.012	0.010
均值	0.036	0.037	0.036	0.034	0.035	0.036	0.036

从表2中可以看出,除了海南在2005—2010年的绿色经济效率等于1,具有效率外,其他省份的绿色经济效率均徘徊在非常低的位置,绿色经济效率非常不明显,因此,我国2005—2011年绿色经济效率平均值也维持在非常低的区间(0.034~0.037)震荡,绿色经济效率低下、无效。

3 意义

建立了绿色经济的效率模型,通过该模型,表明了较低的绿色经济效率对经济增长反而是一种促进而不是抑制,相反,较高的绿色经济效率则会对经济增长产生抑制而不是促进作用。这可能是因为我国目前经济增长与生态环境的关系仍处在环境库兹涅茨曲线左侧,即经济增长与环境污染呈同步趋势。本模型可预测绿色经济效率,为实现经济增长与环境优化的双赢,最终实现经济可持续发展提供参考。

参考文献

[1] 王军,耿建.中国绿色经济效率的测算及实证分析[J].经济问题,2014,(4):52-55.

[2] 张军,吴桂英,张吉鹏.中国省际物质资本存量估算:1952—2000[J].经济研究,2004,(10):35-42.

[3] 谢群,潘玉君.中国内地各省区1952—2009年实物资本存量估量[J].当代经济,2011,(1):122-128.

财政扶贫的激励效应模型

1 背景

财政扶贫给贫困县提供了大量财政支出资金,也在一定程度上改善了县级财政困难状况,因此能够带来正面的财政激励。根据财政分权理论,正面的财政激励能够促进地区经济增长,即财政激励效应。针对财政扶贫效率的研究,了解财政激励指标十分重要。赖玥和成天柱[1]用 2001—2010 年间的县级面板数据,建立计量模型,将贫困县与其他县财政支出对经济增长的财政激励效应进行了实证比较。

2 公式

贫困县每年获得的财政扶贫资金是其主要的财政支出来源,但扶贫资金主要是定向转移支付,从财政激励的角度看,贫困县的实际财政激励效果应该低于其他县,为验证假说,将全国 1 976 个县分为贫困县组与对照组,分别检验以同样的收入或支出规模标准衡量的财政分权度对地区经济增长的激励效应,引入计量模型。

我们将计量模型设定为:

$$gdfpr_{i,t} = \alpha_i + gdpr(-1)_{i,t}\beta_1 + gdpr(-2)_{i,t}\beta_2 + FD_{i,t}\gamma_1 + FD^2_{i,t}\gamma_2 + X_{i,t}\lambda + \mu_{i,t} + \varepsilon_{i,t} \tag{1}$$

式中,下标 $i=1,2,\cdots,N$ 代表观测样本点,下标 $t=1,2,\cdots,T$ 代表观测时期数,无法观测到的变量带来的影响用 $\mu_{i,t}$ 表示。式(1) 中各变量的含义、内容及性质等具体描述见表 1。

表1 变量描述

变量名	含义	内容	性质
$gdpr_{i,t}$	县经济增长率	人均实际 GDP 增长率	目标变量
$gdpr(-1)_{i,t}$	上年度县经济增长率	上年人均实际 GDP 增长率	一期滞后变量
$gdpr(-2)_{i,t}$	前年度县经济增长率	前年人均实际 GDP 增长率	二期滞后变量

续表 1

变量名	含义	内容	性质
$FD_{i,t}$	财政激励	财政激励指标体系	主要解释变量
ir	投资增长率	人均城镇固定资产投资完成额年增长率	控制变量
ur	城市化率	城镇人口占比	控制变量
el	劳动力比重	从业人员占比	控制变量
tr	税负水平	财政收入占 GDP 比重	控制变量
mar	农业现代化水平	农业机械总动力×第一产业占 GDP 的比重	控制变量

表 2　财政激励指标体系

指标组	名称	计算依据
支出指标	省内县级财政支出权重指标(*EFDPROV*)	县级人均财政支出/(县级人均财政支出+省级人均财政支出)
	一般县级财政支出权重指标(*EFDWHOLE*)	县级人均财政支出/(县级人均财政支出+省级人均财政支出+中央人均财政支出)
收入指标	省内县级财政收入权重指标(*IFDPROV*)	县级人均财政收入/(县级人均财政收入+省级人均财政收入)
	一般县级财政收入权重指标(*IFDWHOLE*)	县级人均财政收入/(县级人均财政收入+省级人均财政收入+中央人均财政收入)
平均指标	省内平均权重指标(*FDMEAN*)	(*EFDPROV*+*IFDPROV*)/2
	一般平均权重指标(*FDWHMEAN*)	(*EFDWHOLE*+*IFDWHOLE*)/2

图 1 财政激励指标与经济增长率的关系在模型的选择上，通过观察财政激励指标与人均 GDP 增长率的散点图(图 1) 可以发现，支出指标和收入指标与人均 GDP 增长率之间均存在一定的正相关关系，但混合信息中观察到大量的离散点。散点图表明应该通过加入滞后项及其他控制变量来优化回归结果，也可以考虑非线性模型，对计量模型式(1) 的设定正是如此，固定效应的变截距模型适用。

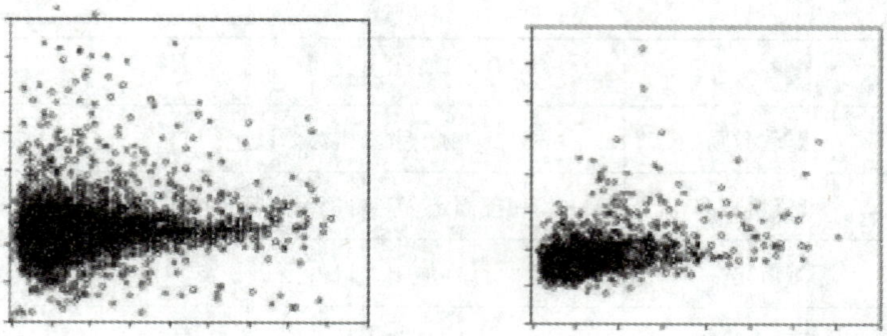

图1　散点图

表3　贫困县与其他县财政激励指标和经济增长的拟合曲线

财政激励指标	贫困县			其他县		
	拟合曲线形状	拐点值	二次项系数符号	拟合曲线形状	拐点值	二次项系数符号
EFDWHOLE	∪	0.116 6	正	∪	0.069 1	正
IFDWHOLE	∩	0.865 5	负	∪	-0.831 8	正
FDWHMEAN	∩	1.737 8	负	∪	0.009 5	正
FDMEAN	∪	0.253 7	正	∪	-0.246 5	正

注:拟合曲线形状中的符号"∪"和"∩"分别表示开口向上的($y = a + bx^2$ 形)和开口向下的($y = a - bx^2$ 形)二次函数形式。

从表3中我们注意到,对照组使用不同财政激励指标估计出来的曲线形状均为"∪"形,并且通过对拐点值的考察发现,对照组各期财政激励指标值均处于拐点的右边,说明经济增长是财政分权度的增函数,且边际贡献度是递增的。而与之相比较,贫困县组的结果却存在不一致之处。主要体现[2]在使用一般收入权重指标(*IFDWHOLE*)与一般平均权重指标(*FDWHMEAN*)估计出来的曲线呈现出"∩"形,并且对拐点值与实际财政激励指标值的对比发现,贫困县组的实际情况处于拐点左边,说明经济增长虽然也是财政分权度的增函数,但财政分权对经济增长的边际贡献度却是递减的。

3　意义

建立了财政扶贫的激励效应模型,该模型表明了贫困县的财政激励效应低于其他县,由于贫困县财政支出中扶贫定向支出所占比重较大,因此较低的财政激励效应反映了财政扶贫的效率损失。财政扶贫资金中定项转移支付比重过大造成贫困县政府公共支出决策权丧失可能是效率损失的主要原因。本模型可预测经济增长情况与财政激励之间的关系，为达到扶贫效果,促进贫困县发展提供参考。

参考文献

[1] 赖玥, 成天柱. 财政扶贫的效率损失——基于财政激励视角的县级面板数据分析[J]. 经济问题, 2014,(5): 33 - 37.

[2] Gamkhar S, Shah A. The Impact of Intergovernmental Fiscal Transfers: A Synthesis of the Conceptual and Empirical Literature[D]. in Boadway R, A Shah (eds.), Intergovernmental Fiscal Transfers: Principles and Practice. Washington, D. C.: The World Bank, 2007. 225 - 258.

房地产运行的资本动力模型

1 背景

随着我国金融业的全面开放,金融运行市场越来越多地参与房地产市场,对我国房地产业的发展产生重大影响。随着市场化程度的逐步深化,银行逐渐从对自建房屋的贷款支持发展到对开发商借款的建设,从某种程度上说金融业的发展为房地产市场提供了重要资本动力支持。针对房地产运行的资本动力研究,了解国外资本、银行信贷和自有资金十分重要。厉孝忠和唐霞[1]通过构建房地产运行环境和金融运行市场关系的计量模型,利用我国县域数据实证分析了影响房地产运行的资本动力因素,并利用资本来源指数测算了各影响因素的重要程度。

2 公式

从国外资本、银行信贷和自有资金三个方面探讨我国房地产市场运行的资本动力,为研究金融运行市场和房地产市场发展之间相互影响的关系,引入金融运行市场对房地产市场发展影响的计量模型。

借鉴 Lingheutty 的模型框架,构建房地产市场运行资本动力影响因素模型为:

$$Z = \sum_{i=1}^{n} S_i \cdot X \tag{1}$$

式中,Z 表示房地产运行效率; S_i 表示房地产市场运行影响因素的重要程度,用比重来表示;X 表示影响因素的绝对值大小; n 表示影响因素的数量。如果把影响因素划分为国外资本(WD)、银行信贷(ND) 和自有资金(ZC) 三大类,则上述公式可以表述为:

$$Z = S_1 WD + S_2 ND + S_3 ZC \tag{2}$$

为了提高模型分析的准确性,在考虑上述影响因素的基础上又增加了其他资金(QT)和房地产开发投资总额(FT) 两个控制变量,根据以上变量选取,可以设定金融运行市场对房地产市场发展影响的计量模型为:

$$FT_t = \alpha_0 + \alpha_1 ND_t + \alpha_2 WD_t + \alpha_3 ZC_t + \alpha_4 XS_t + \alpha_5 QT_t + \varepsilon_t \tag{3}$$

式中,FT 为房地产开发投资总额;ND 为银行信贷;WD 为国外资本;ZC 为自由资金;XS 为商品房销售额;QT 为其他资金。

表 1　房地产运行资本动力回归结果

变量	模型 1	模型 2	模型 3	模型 4	模型 5	模型 6
C	-583.16** (1 259)	-601.28* (1 111)	-621.37*** (1 067)	-6 713.24** (1 274)	-651.34** (1 437)	-640.52** (1 357)
WD	12.007*** (10.27)					12.374*** (21.32)
ND		1.294*** (3.007)				1.378** (2.348)
ZC			-0.301*** (2.371)			-0.327*** (2.437)
QT				0.261*** (4.031)		0.254*** (3.226)
XS					0.219*** (0.947)	0.251** (1.271)
Adj. R^2	0.764 9	0.775 1	0.753 6	0.790 1	0.786 4	0.753 1
F	39.067	41.064	44.567	45.267	42.019	40.264

注：***、**、*分别表示在1%、5%、10%的显著性水平上显著。

从回归结果来看，所有变量都通过了显著性检验，部分变量回归结果和全变量回归结果差别不大，这里以全变量回归结果进行回归分析。

根据全变量的计量回归结果可以得到回归方程：

$$FT = -640.527 + 1.378ND + 12.374WD - 0.327ZC + 0.251XS + 0.254QT \tag{4}$$

$$(1357.23) \quad (2.348) \quad (21.325) \quad (2.437) \quad (1.271) \quad (3.226)$$

$$R^2 = 0.7531, \quad Adj.R^2 = 0.7429, \quad F = 40.264, \quad DW = 1.987$$

从上述回归结果可以看出，首先，利用外资和房地产开发投资总额的相关系数最大为12.374，银行贷款的相关系数为1.378，其他资金来源的相关系数较小（0.254），自筹资金的系数为-0.327。

综合以上回归结果可以看出，房地产市场主要受金融运行市场中的国外资本影响，国内银行的贷款支持是助推房地产发展的重要因素，自有资金数量能抑制房地产发展，房地产开发的综合指数是金融业资金流向房地产业的向导。

资本来源指数就是在考虑风险收益的基础上分析各影响因素的相对重要程度，借鉴Tienghuegjte的做法，风险收益指数的计算公式为：

$$R = \frac{\sum_{i=1}^{n}(x_i - \bar{x})}{\sqrt{\sum_{i=1}^{n}(x_i - \bar{x})^2 \sum_{i=1}^{n}(x_i - Z)^2}} \tag{5}$$

式中,R 表示资本来源指数;x_i 表示第 i 种影响因素绝对值大小;$\bar{x}$ 表示影响因素 x 的平均影响程度;Z 表示上面的房地产运行效率,$i = 1, 2, \cdots, n$。

表 2　资本来源指数计算结果

变量	*WD*	*ND*	*ZC*	*QT*	*XS*
资本来源指数	5. 37	3. 26	0. 24	0. 07	2. 34

外国资本(*WD*)的资本来源指数最大为 5. 37,这和上述回归结论是吻合的[2],即推动我国房地产市场的主要因素是外资;其次,银行贷款(*ND*) 的数值为 3. 26,说明房地产市场的发展对金融有很大的依赖性;自有资金(*ZC*) 的资本来源指数为 0. 24,说明房地产经营者所用的自有资金规模很小。

3　意义

通过房地产运行环境和金融运行市场关系,建立了房地产运行的资本动力模型,该模型表明了金融运行市场与我国房地产市场之间存在显著的因果关系,并且这种因果关系具有双向性。其中房地产市场主要受金融运行市场中的国外资本影响,国内银行的贷款支持是助推房地产发展的重要因素,自有资金数量能抑制房地产的发展,房地产开发的综合指数是金融业资金流向房地产业的向导。本模型可预测房地产运行与国外资本、银行信贷和自有资金之间的关系,为规范和引导房地产市场中国外资本的投资方向提供参考。

参考文献

[1]　厉孝忠, 唐霞. 房地产运行的资本动力:国外资本、银行信贷或自有资金[J]. 经济问题, 2014,(5):51 -54.

[2]　武康平, 皮舜. 中国房地产市场与金融市场共生性的一般均衡分析[J]. 数量经济技术经济研究, 2012, (1).

国际技术的溢出效应模型

1 背景

垂直专业化分工是指各国中间品贸易不断增加,跨越多个国家的垂直贸易链不断延长,每个国家只在商品生产的某个或某几个生产环节进行专业化生产的分工与贸易现象。国际垂直专业化主要是通过嵌入式模式产生技术溢出效应,由中间品贸易、垂直外商直接投资(FDI)和外包几个途径实现技术的传递和转移。针对国际垂直专业化的研究,了解国际技术溢出效应及不同国家与组织之分十分重要。程盈莹和王洪渊[1]基于承接国的视角,采用 DEA(数据包络分析)方法,测算了中国 27 个工业行业全要素生产率,并且利用 1997—2011 年我国 27 个工业行业的面板数据,建立计量模型,检验了国际垂直专业化总体、不同伙伴国和不同组织模式的技术溢出效应。

2 公式

技术溢出主要有嵌入式和非嵌入式两种模式,嵌入式模式主要包括国际贸易和 FDI 两种途径,非嵌入式模式包括信息和通信技术。针对国际垂直专业化总体、不同伙伴国和不同组织模式的技术溢出提出假设,引入计量模型。

假设 1:国际垂直专业化对技术溢出的效应为正。

假设 2:承接 OECD 国家的生产环节转移大于承接非 OECD 国家生产环节转移所带来的技术溢出效应。

假设 3:承接企业内部的离岸外移大于承接企业间的离岸外包的技术溢出效应。

假设各行业的生产函数为三要素投入的 C-D 生产函数:

$$Y_{it} = A_{it}K_{it}^{\alpha}L_{it}^{\beta}M_{it}^{\gamma} \tag{1}$$

式中,Y_{it} 表示 t 时期 i 行业的总产值;K_{it}^{α}、L_{it}^{β}、M_{it}^{γ} 分别表示 t 时期 i 行业的固定资本、劳动和中间投入;A_{it} 为 t 时期 i 行业的技术水平。

根据理论分析,技术溢出受到参与国际垂直专业化生产的影响,也与国内自主研发投入、资本投入有关,那么:

$$A_{it} = VSS_{it}^{\alpha} \cdot R\&D_{it}^{\beta} \cdot K_{it}^{\gamma} \tag{2}$$

式中,VSS_{it} 表示 t 时期 i 行业的国际垂直专业化程度;$R\&D_{it}$ 表示 t 时期 i 行业的研发投入强度；K_{it} 示 t 时期 i 行业的资本投入密集度。

定义全要素生产率 $TFP_{it} = \frac{Y_{it}}{L_{it}^{\alpha} K_{it}^{\beta} M_{it}^{\gamma}}$，将式(2) 代入式(1)，并两边取自然对数，得到基本计量模型：

$$\ln TFP_{it} = \beta_0 + \beta_1 \ln VSS_{it} + \beta_2 \ln R\&D_{it} + \beta_3 \ln K_{it} + \lambda_i + \eta_t + \varepsilon_{it} \tag{3}$$

为了区分国际垂直专业化伙伴国的不同对技术溢出效应影响的差异，验证假设 2，建立模型(4)：

$$\ln TFP_{it} = \beta_0 + \beta_1 \ln VSS1_{it} + \beta_2 \ln VSS1_{it} + \beta_3 \ln R\&D_{it} + \beta_4 \ln K_{it} + \lambda_i + \eta_t + \varepsilon_{it} \tag{4}$$

为了进一步考察国际垂直专业化组织模式不同对技术溢出效应影响的差异，验证假设 3，建立模式(5) 和模式(6)：

$$\ln TFP_{it} = \beta_0 + \beta_1 \ln Intra_{it} + \beta_2 \ln R\&D_{it} + \beta_3 \ln K_{it} + \lambda_i + \eta_t + \varepsilon_{it} \tag{5}$$

$$\ln TFP_{it} = \beta_0 + \beta_1 \ln Arm_{it} + \beta_2 \ln R\&D_{it} + \beta_3 \ln K_{it} + \lambda_i + \eta_t + \varepsilon_{it} \tag{6}$$

式(3)～式(6) 中；ε_{it} 代表误差项；β_0 代表截距项；η_t 为随时间而不随行业变化的效应，λ_i 为随行业而不随时间变化的效应。TFP_{it} 表示 i 行业 t 时期的全要素生产率；VSS_{it} 表示 i 行业 t 时期参与国际垂直专业化的程度；$VSS1_{it}$ 表示 i 行业 t 时期承接的 OECD 国家的生产分割；$VSS2_{it}$ 表示 i 行业 t 时期承接的非 OECD 国家的生产分割；$R\&D_{it}$ 为 i 行业 t 时期研发投入占总产出的比例；K_{it} 表示 i 行业 t 时期的资本投入密集度；$Intra_{it}$ 为 i 行业 t 时期承接企业内部的离岸外移；Arm_{it} 为 i 行业 t 时期承接企业间的离岸外包。

$$VSS = \frac{1}{X} \sum_{j=1}^{n} \left(\frac{M_{ij}}{Y_i}\right) X_i = \mu A^M (I - A^D)^{-1} X^V / X \tag{7}$$

式中，X 为总出口量；M_{ij} 表示 i 行业进口的 j 行业提供的中间产品；Y_i 是 i 行业的产出。μ 是 $1 \times n$ 向量；I 是 $n \times n$ 单位矩阵；A^M 表示进口投入系数矩阵；X^V $n \times 1$ 出口向量，A^D 为 $n \times n$ 国内消耗系数矩阵。

采用非参数分析方法——DEA 法对全要素生产率进行测度。以 $D_n^t(x_n^t, y_n^t)$ 表示在第 t 期第 n 个决策点的相对有效性，基于 DEA 的 Malmquist 指数计算方法如下：

$$M = \frac{D^0(x_0^0, y_0^0)}{D^1(x_0^1, y_0^1)} \left[\frac{D^1(x_0^0, y_0^0)}{D^0(x_0^0, y_0^0)} \cdot \frac{D^1(x_0^1, y_0^1)}{D^0(x_0^1, y_0^1)}\right]^{1/2} \tag{8}$$

$$s.t. \sum_{k=1}^{n} \lambda_k x_{ik}^t \leqslant \theta x_{in}^t, i = 1,2,\cdots,m$$

$$\sum_{k=1}^{n} \lambda_k y_{rk}^t \geqslant y_{rn}^t,$$

$$r = 1,2,\cdots,q, \lambda k \geqslant 0, k = 1,2,\cdots,N$$

式中，$y \in R^q$ 为产出向量；$x \in R^m$ 为投入向量。如果 $D_n^t(x_n^t, y_n^t) = 1$，则表明第 n 个生产点在最优生产前沿上，DMU_n 是有效的。$D_n^t(x_n^t, y_n^t) < 1$，则第 n 个生产点不在最优生产前沿上，因为在最优的决策点上只需要它投入 θ (< 1)倍就可以获得相同的产出。在投入要素可处置

(S) 和固定规模报酬(C) 条件下,行业在基于投入最小的技术效率 $F_i(y,x|C,S)(CRS)$ 可以分解为投入规模效应 $S_i(y,x|S)$ 和技术效率 $F_i(y,x|V,S)(VRS)$ 的乘积:

$$F_i(y,x|C,S) = S_i(y,x|S) \cdot F_i(y,x|V,S) \tag{9}$$

$$M = \frac{D^0(x_0^0,y_0^0)}{D^1(x_0^1,y_0^1)}\left[\frac{D^1(x_0^0,y_0^0)}{D^0(x_0^0,y_0^0)} \cdot \frac{D^1(x_0^1,y_0^1)}{D^0(x_0^1,y_0^1)}\right]^{1/2} \tag{10}$$

式(10) 右边第一部分 $\frac{D^0(x_0^0,y_0^0)}{D^1(x_0^1,y_0^1)}$ 反映了技术效率(TE)变化,也就是决策点 DMU 有效性的变化,后一部分 $\left[\frac{D^1(x_0^0,y_0^0)}{D^0(x_0^0,y_0^0)} \cdot \frac{D^1(x_0^1,y_0^1)}{D^0(x_0^1,y_0^1)}\right]^{1/2}$ 反映了技术进步(TC) 的变化,也就是最优生产前沿的移动。

表 1　国际垂直专业化对全要素生产率的回归结果

	模型Ⅰ	模型Ⅱ	模型Ⅲ	模型Ⅳ	模型Ⅴ
常数项	0.32* (1.87)	−0.38** (−2.27)		−0.32** (−2.12)	−0.66*** (−5.17)
ln*VSS* (垂直专业化)	0.23*** (4.45)				
ln*VSS* (滞后)		0.15*** (4.25)			
ln(*K/L*)	0.48*** (11.16)	0.81*** (18.23)	0.30*** (9.10)	0.66*** (8.29)	0.55*** (7.55)
ln*R&D*	0.15*** (6.72)	0.18*** (22.85)	0.17*** (7.87)	0.14*** (5.30)	0.08*** (5.29)
ln*VSS*1 (OECD)			0.84*** (14.45)		
ln(*VSS*2) (非 OECD)			−0.82*** (−18.92)		
ln*Intra* (企业内部)				0.15*** (3.50)	
ln*Arm* (企业间)					−0.41*** (−9.41)
Hausman 值	97.88***	245.89***	172.82***	75.52***	29.39***
F 值	18.07	23.81	62.8	18.39	37.54
R^2	0.67	0.75	0.86	0.79	0.86
样本	405	378	405	405	405

注:***、**、*分别表示在1%、5%、10%的显著性水平下显著。

表2 的模型 Ⅰ 表明,从工业行业总体效应上看[2],国际垂直专业化的系数显著为正。承接 OECD 国家的生产环节转移大于承接非 OECD 国家的生产环节转移的技术溢出效应。承接企业内部的离岸外移大于承接企业间的离岸外包的技术溢出效应。模型 Ⅰ ~ 模型 Ⅴ 显示研发投入变量显著为正,说明研发投入增加,技术溢出效应就更明显。

3 意义

建立了国际技术的溢出效应模型,通过模型,表明了国际垂直专业化对中国工业行业的全要素生产率具有正向促进作用,技术溢出效应明显,承接 OECD 国家的生产环节转移大于承接非 OECD 国家生产环节转移的技术溢出效应,承接企业内部的离岸外移大于承接企业间的离岸外包的技术溢出效应。本模型可预测技术溢出、不同国家与组织受到参与国际垂直专业化生产的影响,为加强与全球价值链上核心企业的技术交流与合作,促进发展提供参考。

参考文献

[1] 程盈莹, 王洪渊. 国际垂直专业化对承接国技术溢出的影响——基于不同伙伴国和组织模式的视角[J]. 经济问题, 2014,(5): 72 -77.

[2] 张秋菊, 张赫. 跨国外包的承接对我国工业行业技术进步的影响——基于我国工业行业面板数据的实证分析[J]. 国际贸易问题, 2009, (8) : 92 -96.

信用价差的风险模型

1 背景

信用价差主要是为了弥补投资者所承担的各种风险,准确识别信用价差的影响因素是防范公司债信用风险的前提和基础。不同的债券市场中,影响信用价差的风险因素错综复杂。针对信用价差影响因素的研究,了解不同债券市场和各影响因素十分重要。周梅和刘传哲[1]对 2010—2012 年的公司债面板数据进行处理并对比多元回归与分位数回归两种建模方法,分别从总体和不同分位水平两个层面对影响信用价差的因素进行深入研究。

2 公式

不同行业和期限的公司债信用价差在相同分位水平上的信用价差差异较大,因此,利用分位数回归能够更细致地研究影响信用价差的因素。在实际的市场交易中,或许会出现债券错误定价的情况,引入多元回归与分位数回归模型,并进行比较。

为了对比一般回归与分位数回归的区别,首先在结构模型的理论基础上,设定信用价差影响因素多元回归模型如下:

$$\ln cs_i = \beta_0 + \beta_1 tb + \beta_2 \ln market + \beta_3 vlmarket + \beta_4 \text{int}\ rastock + \beta_5 asset + \varepsilon_i \tag{1}$$

式(1) 中,被解释变量 cs_i 代表 12 只公司债信用价差序列,*tb*(无风险利率),*market*(市场交易量),*intrastock*(股市波动),*vlmarket*(市场流动性),*asset*(公司资产)。所有变量具体解释如表 1 所示。

表 1　信用价差影响因素及自变量说明

变量名称		变量符号	变量说明
市场风险指标	国债利率	*tb*	20 年期国债利率
	几险溢价	*slope*	20 年期国债利率与 3 个月 SIBOR 利率之差
	股市波动	*intrastock*	(开盘价 - 收盘价)/(最高价 - 最低价)
	债市波动	*rol* - 债券名称	(开盘价 - 收盘价)/(最高价 - 最低价)
违约风险指标	公司资产波动	*asset*	(收盘价 - 前日收盘价)/前日收盘价

续表 1

变量名称		变量符号	变量说明
流动性风险指标	市场交易量	ln*market*	市场交易量对数
	市场/债券流动性	*vlmarket*、*vl* - 债券名称	日交易量/前 20 天交易量平均数
	债券交易量	*lndu* - 债券名称	债券换手率

利用一般最小二乘法对方程进行回归分析,结果如表 2 所示。

表 2　信用价差影响因素多元回归结果

	系数	标准误	*T* 值	*P* 值*
c	-31.346 5	3.875 1	-8.089 1	0.000 0
dtb(-1)	-2.210 8	0.213 6	-10.346 7	0.000 0
ln*market*	1.907 4	0.182 6	10.441 5	0.000 0
vbmarket	-1.763 2	0.225 0	-7.834 3	0.000 0
intramarket	0.981 0	0.204 8	4.789 6	0.000 0
asset	16.405 6	5.628 9	2.914 5	0.003 7
R^2	0.264 8			
调整后 R^2	0.258 6			
DW 值	0.183 7			

由表 2 可知,无风险利率、市场流动性、市场波动性、股市波动性及公司资产对信用价差产生了不同程度的影响。模型可解释 26% 的信用价差,其回归方程可写为:

$$dcs(-1) = -31.346\,5 - 2.210\,8 \cdot dtb(-1) + 1.907\,4 \cdot \ln market - 1.763\,2 \cdot vlmarket + 0.981\,0 \cdot \text{int}\,rastock + 16.405\,6 \cdot asset \quad (2)$$

对分位数模型进行参数估计采用加权最小一乘法(WLA),对第 θ 个分位点进行回归的目标函数表示为:

$$V_n(\beta;\theta) = \frac{1}{n}\left[\theta_t : \sum_{y_t \geqslant x'\beta} |y_t - x'_t\beta_\theta| + (1-\theta)_t : \sum_{y_t < x'\beta} |y_t - x'_t\beta_\theta|\right] \quad (3)$$

式(3)中, y_t 和 x_t ($t=1,2,\cdots,n$) 分别为被解释变量和解释变量,n 为样本总量,θ 代表任一概率水平或选取的分位点($0<\theta<1$),同时也代表给定权重。β_θ 为分位数估计系数,表示处于回归线上方的点权重为 θ,处于回归线下方的点权重为($1-\theta$);当 $\theta=0.5$ 时,即为中位数回归,β_θ 会随着 θ 选取的不同而有所不同。估计 θ 分位点的参数 β_θ,实际上是

对目标函数(3) 最小优化问题,最小化 $V_n(\beta,\theta)$ 的一阶条件表示为:

$$\frac{1}{T}\sum_{t=1}^{T}x_t(\theta - I_{(y_t - x'\beta < 0)}) = 0 \tag{4}$$

指示函数 I 可表示为:

$$I_{(y_t - x'\beta < 0)} = \begin{cases}1, y_t - x'\beta < 0 \\ 0, y_t - x'\beta \geqslant 0\end{cases} \tag{5}$$

通过线性规划方法对一阶求解可得到分位数回归参数估计值 β_θ。

建立公司债券信用价差影响因素的分位数模型:

$$[\alpha(\theta),\beta(\theta)] = \arg\min_{\alpha,\beta}\sum_i\sum_j\rho_\theta[y_{ij} - x_{ij}^{\tau}\beta(\theta) - \alpha_i(\theta)] + \gamma\sum_{i=1}^{n}|\alpha_i(\theta)|$$

(6)[2]

其中,$\sum_{i=1}^{n}|\alpha_i(\theta)|$ 惩罚项的加入是考虑到个体的固定效应,可以更好地估计个体分位数方程,同时也隐含了独立性假设,因此,针对每个横截面的分位数函数表示如下:

$$Q_{y_{ij}}(\theta|x_{ij}|) = x_{ij}^{\tau}\beta(\theta) + \alpha_i(\theta) \tag{7}$$

表3　信用价差影响因素分位数回归结果

	*Quant*5 系数 *P* 值	*Quant*10 系数 *P* 值	*Quant*25 系数 *P* 值	*Quant*50 系数 *P* 值	*Quant*75 系数 *P* 值	*Quant*90 系数 *P* 值
c	-29.00** 0.00	-14.69** 0.008	-15.87** 0.002	-27.36** 0.000	-35.29** 0.000	49.19** 0.000
dtb	-2.18** 0.000	-2.21** 0.000	-1.98** 0.000	-2.14** 0.000	-2.74** 0.000	-0.27 0.69
ln*market*	0.86** 0.000	-1.24** 0.000	-1.14** 0.000	-1.69** 0.000	-2.21** 0.000	-2.44** 0.000
vlmarket	-1.47** 0.000	-0.94** 0.002	-0.85** 0.005	-1.33** 0.000	-2.28** 0.000	-1.94** 0.000
intrastock	1.77** 0.000	0.13 0.384	0.38** 0.019	0.88** 0.000	1.30** 0.000	1.18** 0.000
asset	22.95** 0.000	4.57 0.444	9.76 0.166	25.93** 0.000	21.56** 0.001	4.27 0.514
Pseudo R^2	0.17	0.22	0.15	0.17	0.14	0.10
调整后 R^2	0.16	0.21	0.14	0.16	0.13	0.09

注:***、**、*分别表示在1%、5%、10%的显著性水平下显著。

对比最小二乘法和分位数回归两种不同的方法,前者只能较为笼统地反映出利率因素、市场流动性、股市波动、公司资产等对信用价差的影响程度,无法更加细致深入地分析这些因素在不同水平上对信用价差是否产生影响及影响的程度如何。OLS 反映出所选取的自变量均不同程度地对信用价差产生影响，然而通过分位数回归，发现并非每种因素在各个区间水平都对信用价差产生影响。

3　意义

通过多元回归与分位数回归两种方法，建立了信用价差的风险模型。对比这两种建模方法，发现分位数回归方法比最小二乘法更能够细致深入地分析各影响因素在不同信用风险水平上对信用价差的作用程度；其次，利率因素、流动性与信用价差负向相关，流动性和无风险利率的增加会相应降低公司债信用风险水平；最后，股票市场收益率波动会导致债券信用价差上升，股票和债券市场有可能存在“安全投资转移”现象。模型可研究信用价差的影响因素对信用价差的影响程度，为完善公司债税收政策提供参考。

参考文献

[1]　周梅，刘传哲．基于分位数回归法的信用价差影响因素研究[J]．经济问题，2014，(5)：55－58.
[2]　王新宇．分位数回归理论及其在金融风险测量中的应用[J]．北京：科学出版社，2010.

耕作技术的补贴模型

1 背景

保护性耕作技术泛指保土保水的耕作措施,其目的是减少农田土壤侵蚀,是保护农田生态环境的综合技术体系,其关键技术是少耕、秸秆还田、化学除草等,具有增产、节本、保墒和减排等优势。针对技术补贴的分析,了解技术采用和影响技术采用的因素十分重要。乔金杰等[1]基于 369 户随机分层抽样调研数据,通过联立方程处理内生性问题,建立技术采用模型,分析技术补贴与农户采用技术行为之间相关关系和补贴目标的定位。

2 公式

基于技术采用理论,利用联立方程处理内生性问题,估计补贴对技术采用的促进作用和探讨补贴政策目标定位,来解决"技术和采用"悖论问题,引入技术采用模型。

在技术采用模型中,技术采用 Y 为被解释变量,$Y=1$ 代表"采用",$Y=0$ 代表"不采用";解释变量:农户社会经济学特征变量用 X_i 表示,技术特征变量用 A_i 表示,外部因素变量用 S_i 表示。其中,$i=1$ 表示采用保护性耕作技术,$i=0$ 表示采用传统技术。

每项技术效用函数不仅取决于个体的社会经济因素和对技术本身的态度,还取决于补贴,并假设每项技术的效用函数(U_i)为凹函数,利润和补贴严格递增,且为线性可分函数,则技术效用函数为:

$$U_1(X,A_1,S_1,\varepsilon_1) = \alpha_1 + \beta_1 X + \gamma_1 A_1 + \lambda_1 S_1 + \varepsilon_1 \tag{1}$$

$$U_0(X,A_0,S_0,\varepsilon_0) = \alpha_0 + \beta_0 X + \gamma_0 A_0 + \lambda_0 S_0 + \varepsilon_0 \tag{2}$$
[2]

当 $U_1 > U_0$ 时,农户偏好于保护性耕作技术;当 $U_1 = U_0$ 时,农户对两项技术偏好无差异;当 $U_1 < U_0$,农户偏好于传统技术。即农户采用保护性耕作技术的概率为:

$$P[Y=1] = P[U_1 \geqslant U_0] = P\{\varepsilon^* \geqslant -[\alpha^* + \beta^* X + (\gamma_1 A_1 - \gamma_0 A_0) + \lambda^* S_1]\} \tag{3}$$

这里用"$*$"标注系数都为两个效用函数的各个系数之差。从模型中可见,影响技术采用的变量分为 3 种:社会经济特征变量、技术特征变量和补贴变量。

在不考虑农业生产物资(如化肥、农药)情况下,技术采用方程为:

$$Y_i^1 = \varphi(L,P,A,R,Y,S) \tag{4}$$

式(4)中,Y_i^1 表示技术采用因变量($Y_i^1 = 1$ 表示采用,$Y_i^1 = 0$ 表示不采用),L、P 表示农

村劳动力数量和可机耕土地面积变量,A 表示技术变量,R 表示家庭收入变量,Y 表示相对经济效益变量,S 表示补贴变量。

以家庭收入、技术采用和产量变量为内生变量,补贴为外生变量,可以构建出一个联立方程组:

$$Y_i^1 = Y_1 + Y_2 + Y_3 = f_1(L,P) + f_2(L',w) + f_3(L,P) \tag{5}$$

式中,$Y_i^2(i = 1,2,3)$ 分别表示农业经营收入、外出打工收入、技术补贴;f_i 分别代表对应的 3 种生产函数;L、P 含义同式(4);L'表示外出打工劳动力变量;w 表示劳动力机会成本。

以柯布—道格拉斯生产函数为基础,当考虑土地和补贴时,生产函数变成:

$$Y_i^3 = K^{\alpha} V^{\beta} P^{\gamma} [AL]^{(1-\alpha-\beta-\gamma)} \tag{6}$$

式中,Y_i^3 表示产出变量;V 表示政策变量,用补贴 S 代替;L、P 和 A 含义同式(4);α、β和γ 表示各要素在生产中的相对重要性,$\alpha,\beta,\gamma > 0,\alpha + \beta + \gamma < 1$。

为了使模型回归系数具有可比性,对数据进行处理。具体为:① 绝对数转为相对数,如 L 用 *alabr* 来衡量,P 用 *plow* 来衡量;② 定性变量转化成离散变量,如 S 用 *sub* 表示,A 用 *tech* 来衡量;③ 连续变量取对数,如 R 用 *inc* 表示。此外,w 用 *dwag* 表示,Y_i^3 用 *yield* 表示。同时为了进一步研究技术扩散效应,设定 *nsub* 变量,与 *sub* 一起把整体分为三部分,即有补贴户、项目县和对照组。α_i、β_i、γ_i 表示待估参数,$i=1,2,\cdots,n$;ε_i 表示第 i 个方程随机误差。对应的计量经济方程为:

$$tec = \alpha_0 + \alpha_1 inc + \alpha_2 alabr + \alpha_3 plow + \alpha_4 tech + \alpha_5 sub + \alpha_6 yield + \varepsilon_1 \tag{7}$$

$$inc = \beta_0 + \beta_1 yield + \beta_2 sub + \beta_3 off + \beta_4 dwag + \varepsilon_2 \tag{8}$$

$$yield = \gamma_0 + \gamma_1 tec + \gamma_2 alabr + \gamma_3 plow + \gamma_4 sub + \varepsilon_3 \tag{9}$$

表 1　变量说明和预期符号

变量	赋值范围	变量含义	预测符号
tec	0/1	采用技术为 1,否则为 0	
inc	连续变量	农户家庭人均收入	+
yield	连续变量	粮食每亩产量	+
sub	0/1	项目县补贴户为 1,其他为 0	+
nsub	0/1	项目县非补贴户为 1,其他为 0	+
plow	0 ~ 1	可耕土地面积/耕地面积总数	+
alabr	0 ~ 1	农业劳动力/家庭人口数	+
tech	-5 ~ 6	在保护性耕作的优势和未采用原因进行不定项选择确定,一个优势得 1 分,反之为 -1 分,累计确定	1
off	0 ~ 1	外出打工人数/劳动力总数	-
dwag	连续变量	外出打工每日工资	+

表 2　OLS 单方程估计

变量	系数	变量	系数
c	0.245 8*** (5.247 9)	*tech*	0.160 9*** (24.288 5)
inc	0.000 0 (0.899 0)	*sub*	0.175 8*** (4.319 5)
alabr	−0.042 0 (−0.605 2)	*nsub*	0.042 2 (1.432 3)
plow	0.099 0*** (3.030 8)		
$\bar{R}^2$	0.758 8	*F* 值	193.945 4
DW	0.890 3	Prob(F)	0.000 0

注：***表示在1%的显著性水平下显著。

表 3　White、LM 和遗漏变量检验

White 检验	*F* 值	1.671 5	Pr	0.026 4
	$Obs \times R^2$	38.537 7	Pr	0.030 5
LM 检验	*F* 值	189.324 5	Pr	0.000 0
	$Obs \times R^2$	126.944 7	Pr	0.000 0
遗漏变量检验	*F* 值	3.561 2	Pr	0.059 9
	Log(*LR*)	3.622 3	Pr	0.057 0

从 DW = 0.89 可判断出序列相关，并且通过 White 异方差检验、B－G LM 自相关检验，判断模型存在异方差和一阶的自相关。接着采用试误法，发现只有产量差分变量，在 10% 的置信度下通过了遗漏变量检验。又因为 *tec*、*inc* 和 $\Delta yield$ 三者互为因果关系，所以采用联立方程模型是合适的。

分析可发现产量、技术评价、农业劳动力比例、是否接受补贴、机耕土地面积是农户采用保护性耕作技术的主要影响因素。

3　意义

通过联立方程处理内生性经济，建立了耕作技术的补贴模型，该模型表明了技术采用的补贴边际效应是 0.17，随着补贴标准的提高，补贴边际效应以更大幅度增加，说明补贴是一个有力的政策工具。应从纳入到环保补贴、补贴持续化、农机具研发和培训等方面提高技术采用率。本模型可预测技术采用与补贴的关系,为各级政府补贴决策的制定提供一定的参考。

参考文献

[1] 乔金杰,穆月英,赵旭强. 基于联立方程的保护性耕作技术补贴作用效果分析[J]. 经济问题,2014,(5):86-91.

[2] Sheikh, Rehman, Yates. Logit Models for Identifying the Factors that Influence the Uptake of New 'no-technologies by Farmers in the Rice - wheat and the Cotton - wheat Farming Systems of Pakistan's Punjab [J]. Agricultural Systems, 2003, 75(1): 79-95.

经济发展的人口老龄化模型

1　背景

随着经济发展、技术进步、医疗生活条件的变化，世界发达国家人口的增长大体会经历高出生率与高死亡率并存、死亡率下降但出生率仍维持较高水平和出生率与死亡率同时下降三个阶段，人口老龄化趋势加强。针对人口老龄化的研究，了解经济发展和技术进步与人口老龄化的关系十分重要。姚雪松和王志勇[1]从理论上厘清经济发展、技术进步对人口老龄化的影响机制，然后，收集了2000—2010年我国省级面板数据，建立经济发展、技术进步与人口老龄化之间关系模型，运用相关计量方法进行实证检验和相关估计，重点考察我国经济发展、技术进步对人口老龄化的影响。

2　公式

首先利用收集到的样本数据，发现经济发展、技术进步与人口老龄化之间的关系，经济发展、技术进步与人口老龄化之间存在明显的正相关，即经济发展、技术进步程度越高，人口老龄化程度也越高，引入经济发展、技术进步与人口老龄化关系的模型。

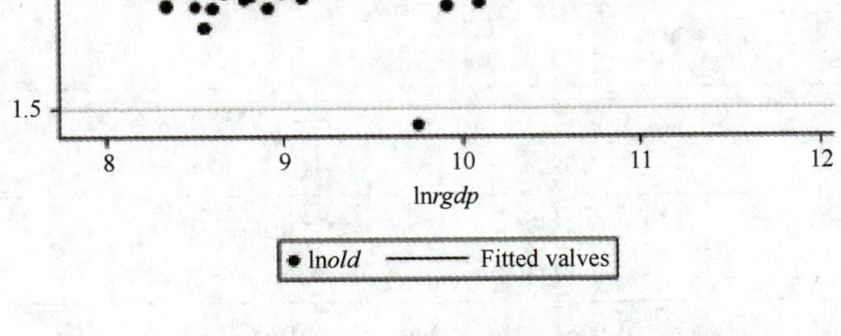

图1　经济发展 ln*rgdp* 与人口老龄化 ln*old* 之间的关系

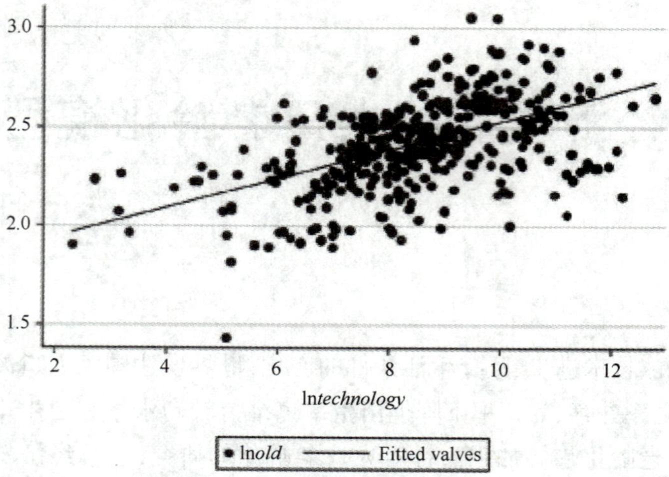

图2　技术进步 lntechnology 与人口老龄化 lnold 之间的关系

为了防止不随时间而改变的遗漏变量对模型造成影响,设定为其他不可观测的因素,基于此,将模型设定为:

$$\ln old_{it} = a_t + \beta_i \ln rgdp_{it} + \gamma_i \ln technology_{it} + \lambda_i X + \alpha_i + \zeta_{it}$$

式中,a_t、β_i、λ_i 和 γ_i 为参数,ζ_{it} 为随机误差项;ln*old*、ln*rgdp* 和 ln*techn*logy$_{it}$ 为所提到的人口老龄化、经济发展和技术进步,为一组控制变量。

面板数据模型有 3 种基本回归类型:固定效应模型、随机效应模型和普通混合回归模型。各省份被解释变量人口老龄化存在着严重的个体效应,而且固定效应 F 检验和随机效应 xt - test0 检验都表明固定效应和随机效应估计结果更优于普通混合回归模型,统计量结果见表 1。

表1　模型估计结果

	人口老龄化(ln*old*)		
	普通混合最小二乘法估计	固定效应模型估计	随机效应模型估计
经济发展(ln*rgdp*)	0.041* (1.728)	0.173*** (3.877)	0.035** (2.162)
技术进步(ln*technology*)	0.081*** (7.982)	-0.073** (-2.182)	0.041** (2.257)
第二产业增长率(*Second_R*)	0.008*** (2.844)	0.003* (1.949)	0.004*** (2.573)
第三产业比重(*Third_l*)	0.006*** (3.196)	0.003* (1.963)	0.005** (2.187)

续表 1

	人口老龄化(ln*old*)		
	普通混合最小二乘法估计	固定效应模型估计	随机效应模型估计
常数项系数(_*cons*)	-2.811*** (-18.494)	-3.099*** (-13.803)	-1.942*** (-16.202)
样本数(N)	330	330	330
固定效应 F 检验统计量	6.86		
固定效应 F 检验 P 值	0.000 0		
随机效应 xttest( ) 检验量	121.53		
随机效应 xttest0 检验 P 值	0.000 0		
Hausman 检验 fe、re 统计量对应 P 值	0.58		

注：***、**、*分别表示在 1%、5%、10% 显著性水平上显著。

用随机效应模型估计[2]结果作为分析经济发展和技术进步对人口老龄化的影响是合适和可靠的。从随机效应模型估计结果来看，控制变量与预期一致，即第二产业增长率和第三产业比重的增加会导致人口老龄化的增长，这种影响是显著的。

3 意义

建立了经济发展的人口老龄化模型，通过模型表明了经济发展和技术进步对人口老龄化具有显著的正影响，且我国经济发展每增长 1%，人口老龄化会增长 0.035%；技术进步每增长 1%，人口老龄化会增长 0.041%。本模型可预测经济发展、技术进步对人口老龄化的影响，为我国下一步的人口政策提供参考。

参考文献

[1] 姚雪松，王志勇．经济发展、技术进步对人口老龄化的影响[J]．经济问题，2014，(5)：26-29.
[2] 杜鹏，翟振武，陈卫．中国人口老龄化百年发展趋势[J]．人口研究，2005，(6)：90-93.

市场化的利率模型

1 背景

利率市场化是指金融机构在货币市场经营融资的利率水平。它是由市场供求来决定，包括利率决定、利率传导、利率结构和利率管理的市场化。利率市场化改革的最大红利在于通过降低人为干预，有效动员和配置资金，发挥利率调节和引导资金供求，优化资源配置促进经济增长的作用。针对利率市场化与经济增长的研究，了解利率市场化、实际利率与经济增长间的关系十分重要。黎志刚和尚梦[1]利用中国 1980—2012 年的数据资料，通过自回归分布滞后模型（ARDL）实证解析利率市场化、实际利率与经济增长的长期关系，然后建立误差修正模型对三者之间的短期关系进行刻画。

2 公式

从不同角度对利率市场化与经济增长的关系进行了比较全面、深入的分析，将利率市场化、实际利率与经济增长三者统一起来，解析三者之间可能存在的短期和长期关系，引入实际利率与经济增长的简单模型和自回归分布滞后模型（ARDL）。

结合哈罗德—多玛经济增长模型，假设资本总存量为 K，生产率为 σ，那么产出 Y 就是：

$$Y(t) = \sigma K(t) \tag{1}$$ [2]

将式(1) 两边对时间 t 求偏导数，并同时除以 Y，可得：

$$\frac{\partial Y(t)}{Y(t)} = \sigma \frac{\partial K(t)}{Y(t)} \tag{2}$$

由于不考虑折旧，$\partial K(t) = I(t)$，$I(t)$ 表示第 t 期的新增投资，所以式(2) 可变形为：

$$\frac{\partial Y(t)}{Y(t)} = \sigma \frac{I(t)}{Y(t)} \tag{3}$$

再由国民收入的均衡增长条件 $I(t) = S(t)$，得到：

$$\frac{\partial Y(t)}{Y(t)} = \sigma \frac{S(t)}{Y(t)} \tag{4}$$

令 $\frac{\partial Y(t)}{Y(t)} = g_{Yt}$ 代表经济增长率，$\frac{S(t)}{Y(t)} = s(t)$ 代表平均储蓄倾向，则式(4) 变为：

$$g_{Yt} = \sigma s(t) \tag{5}$$

式(5) 两边关于实际利率 rr 求偏导,可得:

$$\frac{\partial g_{Yt}}{\partial rr} = \frac{\partial \sigma}{\partial rr}s(t) + \frac{\partial s(t)}{\partial rr}\sigma \tag{6}$$

式(6)中,rr 用实际存款利率表示,其含义是实际存款利率对经济增长的效应。

根据麦金农的研究,实际存款利率和实际贷款利率的关系可表示为:

$$r_l = \frac{r_d + \pi k}{1 - k} \tag{7}$$

式(7) 中,k 为存款准备金率,$0 < k < 1$,π 为通货膨胀率。式(7) 说明,在存款准备金率和通货膨胀率不变时,实际贷款利率随实际存款利率的提高而上升。

因此,式(6) 右边第一个微分 $\frac{\partial \sigma}{\partial rr} = \frac{\partial \sigma}{\partial r_l} \times \frac{\partial r_l}{\partial rr} = \frac{\partial \sigma}{\partial r_l} \times \frac{1}{1-k} > 0$,第二个微分 $\frac{\partial s(t)}{\partial rr} > 0$,故 $\frac{\partial g_{Yt}}{\partial rr} > 0$,实际存款利率对经济增长的影响程度就取决于投资效应和储蓄效应的共同作用。

选取实际存款利率作为实际利率的代理变量,具体计算公式为:

实际利率 = (1 + 名义利率)/(1 + CPI) - 1

自回归分布滞后模型(ARDL) 的最大优点是,它可以不用考虑变量是 $I(0)$ 还是 $I(1)$ 序列,都能保证结果是一致和有效的。

ARDL 模型的建立包含两个步骤。第一步建立与 ARDL 模型相对应的误差修正模型,使用边界检验过程检验变量之间的协整性,判断变量之间是否存在长期稳定关系,明确自变量和因变量之间作用的方向。首先,构建以下方程:

$$\Delta Y_t = a + \sum_{i=1}^{m} b_i \Delta y_{t-i} + \sum_{j=1}^{p} \sum_{i=0}^{n} c_{ji} \Delta x_{jt-i} + \sum_{j=1}^{p} \lambda_i x_{t-1} + \lambda_{p+1} y_{t-1} + \mu_t \tag{8}$$

式(8)中,$y = (\ln GDP, RR, LIB)'$,x 表示除因变量意外的外生变量,$x = (\ln GDP, RR, LIB, \ln K, \ln L)'$,$m$ 为自回归阶数,n 为分布滞后阶数,p 为外生变量个数,b、c 为模型中的短期系数,λ 为长期系数,a 为漂移项,μ 为误差项。

其中,RR:实际利率;LIB:利率市场化指数;K:资本;L:劳动力;GDP:实际 GDP。

如果通过以上边界检验,证明变量间存在协整关系,则进入第二步,估计长期系数和短期系数; 否则,需进一步进行单位根检验。长期关系通过 ARDL(h,z,m,n,q) 估算,具体模型如下:

$$\ln GDP_t = \alpha + \sum_{i=1}^{h} b_i \ln GDP_{t-i} + \sum_{i=0}^{z} c_i RR_{t-i} + \sum_{i=0}^{m} d_i LIB_{t-i} + \sum_{i=0}^{n} e_i \ln K_{t-i} + \sum_{i=0}^{q} f_i \ln L_{t-i} + \varepsilon_t \tag{9}$$

$$RR_t = \alpha + \sum_{i=0}^{h} b_i \ln GDP_{t-i} + \sum_{i=1}^{z} c_i RR_{t-i} + \sum_{i=0}^{m} d_i LIB_{t-i} + \sum_{i=0}^{n} e_i \ln K_{t-i} + \sum_{i=0}^{q} f_i \ln L_{t-i} + \varepsilon_t \tag{10}$$

$$LIB_t = \alpha + \sum_{i=0}^{h} b_i \ln GDP_{t-i} + \sum_{i=0}^{z} c_i RR_{t-i} + \sum_{i=1}^{m} d_i LIB_{t-i} + \sum_{i=0}^{n} e_i \ln K_{t-i} + \sum_{i=0}^{q} f_i \ln L_{t-i} + \varepsilon_t \tag{11}$$

h、z、m、n、q 为最优滞后阶数,由软件根据 AIC、SC 准则判断,a、b、c、d、e、f 分别表示长期系数。在第一步检验的基础上,若存在协整关系,则估计其长期关系;若不存在协整关系,就不必进行估计。变量间短期关系是基于 ARDL－ECM 模型估计得到的。

当 $\ln GDP$ 为因变量时 ARDL(0,4,1,4,4) 模型更合适,其长期和短期系数的估计结果见表 1。

表 1　ARDL(0,4,1,4,4) 模型长期和短期 ECM 模型估计结果

	回归元	系数	标准误	T－比率[prob]
因变量:ln*GDP* 长期系数估计				
	ln*K*	0.431	0.013	33.511[0.000]
	ln*L*	0.087	0.078	1.120[0.286]
	LIB	0.006	0.609	10.327[0.000]
	RR	－0.027	0.003	－8.134[0.000]
	Conotant	4.571	0.767	5.957[0.000]
因变量:Δln*GDP* 短期系数估计				
	$\Delta\ln K$	0.157	0.040	3.867[0.002]
	$\Delta^2\ln K$	－0.189	0.035	－5.413[0.000]
	$\Delta^5\ln K$	－0.156	0.027	－5.717[0.000]
	$\Delta^4\ln K$	－0.094	0.049	－1.890[0.080]
	$\Delta\ln L$	0.249	0.131	1.909[0.077]
	ΔLJB	－0.832	0.371	－2.240[0.042]
	$\Delta^2 LJB$	－0.006	0.001	－6.072[0.000]
	$\Delta^3 LJB$	－0.004	0.899	－4.835[0.000]
	$\Delta^4 LJB$	－0.002	0.481	－3.174[0.007]
	ΔRR	－0.002	0.002	－1.531[0.148]
	$\Delta^2 RR$	0.022	0.003	6.510[0.000]
	$\Delta^3 RR$	0.015	0.003	4.537[0.000]

续表 1

日归元	系数	标准误	T－比率[prob]
$\Delta^4 RR$	0. 006	0. 002	2. 819[0. 014]
$\Delta Conrbrat$	4. 571 3	0. 767	5. 967[0. 000]
$ocm(-1)$	－1. 000 0	0. 000	

$R^2 = 0.953\ 04$，$adj - R^2 - 0.380\ 47$，$F = 15.946\ 3[0.000]$，$DW = 1.947\ 9$，$ecm = \ln GDP - 0.431\ 0 \times \ln K + 0.086\ 8 \times \ln L - 0.006\ 3 \times LIB + 0.026\ 7 \times RR - 4.571\ 3$

表 1 报告的是 ln*GDP* 作为因变量通过 ARDL 模型估计的长期系数和短期系数。估计结果发现，资本和利率市场化对经济增长都有显著的正向影响。这说明，长期内，经济增长仍然靠投资拉动，利率市场化的渐次推进能够有效配置资源，通过提高资本形成率，促进经济增长；劳动力的估计系数为正但不显著，实际利率的估计系数显著为负。

3 意义

建立了市场化的利率模型，通过该模型表明了经济增长与利率市场化、实际利率之间存在长期协整关系；短期内利率市场化抑制经济增长，长期内有助于经济增长；短期内实际利率波动有助于经济增长，而长期内，高实际利率水平则有碍经济增长。本模型可预测资本和利率市场化对经济增长的影响，为合理引导投资需求和实现经济增长平衡提供参考。

参考文献

[1] 黎志刚，尚梦. 利率市场化、实际利率与经济增长的关系研究——基于 ARDL 模型的分析[J]. 经济问题，2014，(5)：47－50.

[2] 伍戈. 实际利率与宏观经济：中国的若干典型特征[J]. 国际经济评论，2010，(6)：25－32.

森林资源的木材供给模型

1 背景

中国幅员辽阔、区域差异性大、森林资源分布不均匀，森林资源从东部向西部依次递增。各区域的木材供给与森林资源状况不一致，木材供给与地区经济发展状况有着紧密的联系，中国的木材加工产业分布在东部地区，这促进了东部地区对森林资源的需求。针对区域森林资源和木材供给的研究，了解各区域蓄积增长率十分重要。张有峰和宋维明[1]在基于中国整体数据的木材供给模型基础上，构建了森林资源和木材供给模型，简化了已有的森林资源与木材供给模型，利用省级数据分别估计了森林资源与木材供给模型。并利用模型分析了区域森林资源变化的特点和木材供给发展的趋势。

2 公式

中国不同区域间森林资源状况差异较大，已有模型很难区分各区域森林资源和木材供给特点，因此引入东、中、西部三个区域的森林资源与木材供给的面板数据模型。

采用线性的蓄积增长率方程面板数据的森林资源与木材供给模型，加入截面影响因素，建立模型。

$$\begin{cases} g_{it} = (\alpha_{i0} + \alpha_{i1} r_{it} + \alpha_{i2} Sa_{it}) \left(\dfrac{S_{it-1}}{A_{it-1}} \right)^{-1} \\ G_{it} = g_{it} S_{it-1} \\ Q_{it}^{h} = \beta_{i0} + \beta_{i1} Q_{it-1}^{h} + \beta_{i2} G_{it} + \beta_{i3} Y_{it} \\ A_{it}^{h} = \dfrac{Q_{it}^{h}}{S_{it-1}/A_{it-1}} \\ A_{it} = A_{it-1} + A_{it}^{f} - A_{it}^{h} \\ S_{it} = S_{it-1} + G_{it} - Q_{it}^{h} \end{cases} \tag{1}$$

式中，i 为省份（$i=1,\cdots,27$）；t 为时间；g_{it} 为省份 i 在 t 时的蓄积增长率；r_{it} 为省份 i 在 t 时的人工林面积占有林地总面积的比例；Sa_{it} 为省份 i 在 t 时的国有林面积占有林地面积的比例；S_{it} 为省份 i 在 t 时的蓄积总量（单位：100 m^3）；A_{it} 为省份 i 在 t 时的森林面积（单位：100 ha）；G_{it} 为省份 i 在 t 时的蓄积增长量（单位：100 m^3）；Q_{it}^{h} 为省份 i 在 t 时的木材产量

(单位：100 m^3)；Y_{it} 为省份 i 在 t 时的 GDP 增长率；A_{it}^f 为省份 i 在 t 时的造林面积(单位：100 ha)。

蓄积增长率回归方程为：

$$g_{it} = C + (\alpha_{i0} + \alpha_{i1} r_{it} + \alpha_{i2} Sa_{it})(\frac{S_{it-1}}{A_{it-1}})^{-1} = C + \alpha_{i0}(\frac{S_{it-1}}{A_{it-1}})^{-1} + \alpha_{i1} r_{it}(\frac{S_{it-1}}{A_{it-1}})^{-1} + \alpha_{i2} Sa_{it}(\frac{S_{it-1}}{A_{it-1}})^{-1} \quad (2)$$

在模型(2)中把蓄积增长率方程变为线性模型形式，其中单位面积蓄积量为(S_{it-1}/A_{it-1})，较小的单位面积蓄积量有较大的蓄积增长率，反之则越小。[2]

3 意义

建立了森林资源的木材供给模型，该模型表明了人工林比例变量对蓄积增长率有负作用。但在价格的作用下，人工林对蓄积增长量的边际效应为正，并且随着价格的波动而波动。人工林对蓄积增长率变为简单的线性关系。研究显示大部分省份人工林都有利于蓄积增长率的增加。森林资源分布的不平衡、采伐指标的分配、林地的用途都将影响到各区域木材的供给量。本模型可预测区域森林资源与木材供给能力的关系，为保护森林资源提供参考。

参考文献

[1] 张有峰，宋维明．区域森林资源与木材供给能力分析[J]．经济问题，2014，(5)：103－107．

[2] 缪东玲．2010 年森林资源及其木材供给能力的国际比较分析[J]．林业经济，2010，(12)：82－88．

人口结构的工业竞争模型

1 背景

工业是中国经济发展的重要基础和经济增长的主要动力。在工业化国家,农村剩余劳动力的转移是影响劳动力成本的重要因素,随着人力资本投资的增加要求劳动力有更高的回报。人口结构的变化不仅影响劳动力成本,同时也会影响到劳动生产率、技术进步和消费需求结构等,最终成为影响工业竞争力变化的重要因素。针对工业竞争力的研究,了解人口结构变化对工业竞争力的影响十分重要。孙早等[1]利用中国大陆 31 个省级地区 2000—2011 年间的省际面板数据,建立简单的数理模型,估计了人口年龄结构、城乡结构和教育结构对工业竞争力的影响。

2 公式

人口年龄结构变化,即人口老龄化最主要的影响是使人口“红利”趋于消失,将会产生两方面的影响,一是对消费和储蓄的影响,二是对生产领域的直接影响。我们只考虑人口年龄结构和城乡结构变化对生产领域和劳动力要素价格的影响,引入简单的数理模型。

利润作为竞争力的最直接显性结果,是衡量竞争力比较重要的因素之一,我们采用曾国华等的做法以利润为工业竞争力的代表,在博杰斯研究的基础上建立简单的数理模型,即生产函数采用多要素 C-D 函数形式,三种生产要素分别是工业资本 K、有技术的劳动力 L_s 和没有技术的劳动力 L_u 。生产函数表示为:

$$Y = AK^{\alpha}[(1-u-h)L_s]^{\beta}[(1-u-h)L_u]^{1-\alpha-\beta} \tag{1}$$ [2]

即为:

$$Y = AK^{\alpha}(1-u-h)^{1-\alpha}L_s^{\beta}L_u^{1-\alpha-\beta} \tag{2}$$

其中,u 和 h 分别表示 65 岁及以上人口占总人口的比重和 0~14 岁人口占总人口的比重,$(1-u-h)$ 表示劳动年龄人口比重,A 表示技术水平,L 表示拥有技术和没有技术的劳动力总和,N 和 M 表示城镇原有人口和新迁移入城镇的人口,b 和 θ 表示原有城镇劳动力和新迁移入城镇劳动力中技术型劳动力所占比例。在 M 的人口迁移到城镇后,总的技术型劳动力比例为 p。因此,生产函数也可以表示为:

$$Y = AK^{\alpha}(1-u-h)^{1-\alpha}(bN+\theta M)^{\beta}[(1-b)N+(1-\theta)M]^{1-\alpha-\beta} \tag{3}$$

$$Y = AK^{\alpha}(1-u-h)^{1-\alpha}p^{\beta}(1-p)^{1-\alpha-\beta}L^{1-\alpha} \quad (4)$$

$\pi = R - C = PQ(wL + rK)$ 表示工业企业利润，假设要素市场是完全竞争的，分别对 L_s 和 L_u 求导，技术型劳动力和非技术型劳动力的工资水平为：

$$\begin{cases} w_s = AK^{\alpha}(1-u-h)^{1-\alpha}\beta(1-p)^{1-\alpha-\beta}p^{\beta-1}L^{-\alpha} \\ w_s = AK^{\alpha}(1-u-h)^{1-\alpha}(1-\alpha-\beta)(1-p)^{-\alpha-\beta}p^{\beta}L^{-\alpha} \end{cases} \quad (5)$$

将产出函数式(4)和工资函数式(5)代入利润函数中则有：

$$\pi = PY - w_sL_s - w_uL_u - rK = AK^{\alpha}(1-u-h)^{1-\alpha}p^{\beta}(1-p)^{1-\alpha-\beta}L^{1-\alpha}(P-1+\alpha) - rK \quad (6)$$

在不亏损的情况下，对式(6)求导，得到 $\frac{\partial\pi}{\partial(1-u-h)} > 0$，说明老龄化会削弱工业竞争力；$\frac{\partial\pi}{\partial p} > 0$，劳动力转移后技术型劳动力比重增大能够提高工业竞争力，$\frac{\partial^2\pi/\partial(u+h)}{\partial p} < 0$，说明由于劳动力的迁移若能使城镇人口中技术型劳动力比重增加将会部分抵消老龄化对工业竞争力的消极作用。p 的增加依赖于迁移前城镇人口数、技术型劳动力比重和迁移的劳动力及技术型劳动力比重。

假说 1：老龄化的加剧会削弱工业竞争力，农村剩余劳动力向城市的转移是否会抵消老龄化带来的负面影响则取决于新转移到城市的劳动力的人力资本水平。

生产函数形式采用胡鞍钢提出的形式，设立简单的数理模型。用 N 代表总人口，u、h、A、K 含义同上，则劳动年龄人口为 $L = N(1-u-h)$。假设生产函数为 C－D 函数，则产出为：

$$Y = AK^{\alpha}[Ep(1-u-h)N]^{\beta} \quad (7)$$

其中，E 表示人均受教育年限，用来衡量人力资本存量；p 表示劳动参与率。

与前述方法类似，得到：

$$\pi = PAK^{\alpha}[Ep(1-u-h)N]^{\beta} - \{A\beta K^{\alpha}[Ep(1-u-h)N]^{\beta} + rK\} \quad (8)$$

在不亏损的情况下，对式(8)求导，有 $\frac{\partial\pi}{\partial(u+h)} < 0$，即老龄化加剧会降低工业竞争力；$\frac{\partial\pi}{\partial E} > 0$，说明人均受教育年限越长，即人均人力资本存量越大，工业竞争力越强。

同时，$\frac{\partial^2\pi\partial(u+h)}{\partial E} < 0$，说明老龄化变化对工业竞争力的削弱作用会受到教育结构变化的影响，人力资本存量的增加会减少老龄化带来的不利影响。

假说 2：随着老龄化的加剧，会削弱工业竞争力，但教育结构优化即人力资本素质的改善会提高工业竞争力，可部分抵消老龄化带来的负面影响。

为了实证检验人口结构的变化对工业竞争力的影响，参考汪伟分析经济增长、人口年龄结构变化以及它们的交互作用对中国储蓄率影响时采取的做法，结合上面的分析建立面

板数据模型,为:

$$Comp_{it} = \alpha + \beta Stru_{it} + \gamma Heal_{it} + \lambda RD_{it} + \mu_{it} \quad (9)$$ [3]

其中,i 和 t 分别为地区和时间,α 为常数项,μ_{it} 为误差项;因变量 *Comp* 为产业竞争力,模型右边的解释变量 *Stru* 为人口结构,包括我们重点考察的人口中的年龄结构(总抚养比 *Age*)、城乡结构(城镇人口比重 *City*)和教育结构(*Edu*)。考虑到年龄结构在不同情况下对工业竞争力的影响可能会不同,因此在模型中应该加入年龄结构的平方项 $Age \times Age$;*Heal* 为医疗卫生支出情况;*RD* 代表各地区 *R&D* 投入情况。

由于我国东、中、西部的经济状况和人口状况迥异,因此在此还考虑了不同区域人口结构变化对工业竞争力的影响,具体的做法是同时采用加法和乘法的形式引入虚拟变量 D_r,于是模型变为:

$$Comp_{it} = \alpha + \beta_{10}Age_{it} + \beta_{1r}D_rAge_{it} + \beta_{20}city_{it} + \beta_{2r}D_rCity_{it} + \beta_{30}Edu_{it} + \beta_{3r}D_rEdu_{it} + \beta_4(Age_{it} \times City_{it}) + \beta_5(Age_{it} \times Edu_{it}) + \beta_6(Age_{it} \times Age_{it}) + \gamma Heal_{it} + \lambda RD_{it} + \delta_r D_r + u_{it} \quad (10)$$

3 意义

通过简单的数理模型和计量模型,建立了人口结构的工业竞争模型,该模型表明了人口老龄化与工业竞争力之间存在着显著负相关关系,我国城镇人口比重的增加并没有起到缓解人口老龄化负面效应的作用。而教育结构优化导致人力资本积累水平提高,一定程度上抵消了人口结构老化带来的不利影响。本模型可预测人口结构变化对工业竞争力的影响,为制定新时期工业竞争力战略提供参考。

参考文献

[1] 孙早,杜国亮,刘李华. 人口结构变化对工业竞争力的影响——来自中国省际面板数据的证据[J]. 经济问题, 2014,(5):59-64.

[2] 乔治·J·博杰斯. 对移民的经济分析[A]//奥利·阿申费尔特,戴维·卡德. 劳动经济学手册[C]. 北京:经济科学出版社,2011,399-411.

[3] 汪伟. 经济增长、人口结构变化与中国高储蓄[J]. 经济学, 2009,(10):29-52.

政府投资的经济增长模型

1 背景

我国近十几年来的经济增长创造了世界经济发展史上的奇迹,政府投资在其中功不可没。在当下经济增长放缓的同时,如何提高政府投资的效率是学术界讨论的重点。针对政府投资对经济增长影响的研究,了解市场一体化的变化趋势及其对经济增长的影响十分重要。韩旺红和夏上[1]利用 28 个省份 9 种商品 15 年(1996—2010 年)的数据分析了中国如何更好地提高市场一体化程度,进而提升政府投资推动经济发展的能力。

2 公式

从三大地区市场一体化程度的走势来看,中西部地区的一体化程度高于东部,东部地区行政垄断形成的市场分割程度更高,为对指标进行相应的解释说明,并对数据来源和模型估计方法加以说明,引入实证分析模型。

借鉴 Barro 有关经济增长的实证模型及陆铭、陈钊对于市场分割及经济增长实证分析的模型,构建模型 1:

$$PGDP_{it}^{k}FIN_{it} = \beta_0 + \beta_1 GE_{it} + \beta_2 AM_{it} + \beta_2 X_{it} + \mu_{it}$$ [2~3]

式中,$PGDP_{it}$ 为经济增长率;GE_{it} 为地方政府投资;AM_{it} 为市场一体化程度;X_{it} 为一系列控制变量,其中包括各省份劳动力投入(L_{it})、资本投资(I_{it})、对外贸易指标(TR_{it})和金融发展水平(FIN_{it});i、t 分别代表第 i 省份和第 t 年。

地方政府存在通过行政垄断阻止市场一体化的动机,并且可以在政府投资和行政垄断二者之间进行选择,市场一体化程度同政府投资之间具有相互替代的作用。因此,我们将市场一体化程度同地方政府投资的交叉项纳入模型,构建模型 2:

$$PGDP_{it} = \beta_0 + \beta_1 GE_{it} + \beta_2 AM_{it} + \beta_3 GE_{it} \times AM_{it} + \beta_4 X_{it} + \mu_{it}$$

检验结果表明,在此所选取的变量显著地拒绝了存在单位根的假设,可以认为所选取的解释变量和被解释变量为平稳序列,具体的检验结果如表 1 所示。

表1　制造业面板数据的单位根检验结果

变量	Levin, Lin & Chu t	Breitung t - stat	Im, Pesaran and Shin W - stat	ADF - Fisher Chi - square	PP - Fisher Chi - square
PGDP	-7.743***	-0.461	-6.167***	123.674***	166.527***
GE	-10.3888***	-8.588***	-7.572***	110.841***	122.326***
AM	18.1138***	-12.700***	-3.876***	99.292***	358.534***
L	-11.802***	-1.592**	-8.485***	163.918***	143.424***
l	-5.159***	-8.126***	-3.128***	110.328***	218.238***
TRA	-3.372***	-9.382***	-1.720*	117.392***	128.391***
FIN	-4.086***	-1.201	-6.483***	121.374***	135.963***

注:表中数值为 t 值,*、**、***分别表示在10%、5%和1%的显著性水平下显著(后同)。

鉴于中国东部地区同中西部地区经济发展程度相差较大,在此在以全国所有省份为样本进行回归的同时,还分地区进行了回归。

由于所选样本为所有省份,因此选择固定效应模型更为合适,同时 Hausman 检验结果也证实选择固定效应模型是合理的。所计算回归结果如表 2 所示。

表2　全国及分地区回归结果

	全国		东部		中西部	
	模型1	模型2	模型1	模型2	模型1	模型2
GE	0.121*** (2.348)	0.210*** (2.408)	0.405*** (10.865)	0.308*** (15.122)	0.148** (1.904)	0.211 (1.313)
AM	0.164*** (3.465)	0.067*** (2.967)	0.102*** (5.019)	0.160*** (2.893)	-0.175*** (-6.907)	-0.114*** (-5.815)
GE×AM		-0.081* (-1.684)		-0.150*** (-3.801)		-0.088* (-1.891)
L	0.247*** (5.377)	0.089* (1.788)	0.166* (1.844)	0.188* (1.829)	0.174*** (5.054)	0.151*** (4.288)
l	0.159** (2.214)	0.104* (1.689)	0.099** (1.908)	0.094* (1.662)	0.216 (1.381)	0.068* (1.800)
TRA	0.148 1.552	0.032* (2.492)	0.177*** 3.105	0.139*** 4.344	0.136* 1.850	0.115*** 2.535
FIN	0.268** (1.996)	0.065*** (2.712)	0.057 (1.534)	0.032 (1.217)	0.160* (1.681)	0.215** (2.122)

续表 2

	全国		东部		中西部	
	模型 1	模型 2	模型 1	模型 2	模型 1	模型 2
霍斯曼检验	0.036	0.028	0.030	0.062	0.047	0.060
调整后 R^2	0.828	0.876	0.855	0.898	0.842	0.886
F 检验	80.071	70.032	80.028	80.181	90.247	90.105

同时,为确保回归结果的稳健性,我们采用两步系统 GMM 法对模型进行稳健性检验。

表 3　稳健性检验

	全国		东部		中西部	
	模型 1	模型 2	模型 1	模型 2	模型 1	模型 2
GE	0.184** (2.276)	0.229* (1.667)	0.256* (1.744)	0.185** (5.833)	0.076* (1.745)	0.094** (5.714)
AM	0.021 (1.448)	0.030** (2.093)	0.037* (1.770)	0.020*** (4.919)	−0.034*** (−3.677)	−0.040* (−1.957)
GE×*MF*		−0.022** (−2.045)		−0.494*** (−3.646)		−0.596** (−2.172)
L	0.123*** (2.613)	0.112** (1.890)	0.221** (1.649)	0.110*** (3.346)	0.128 (1.572)	0.033*** (5.664)
l	0.034*** (4.059)	0.036*** (2.331)	0.014*** (4.440)	0.059*** (2.682)	0.039** (2.282)	0.029*** (3.015)
TRA	−0.020** (−2.096)	−0.061*** (−5.637)	−0.008*** (−6.140)	−0.028*** (−3.373)	−0.055*** (−3.534)	−0.021*** (−3.007)
FIN	0.138** (1.949)	0.382** (1.937)	0.117*** (2.921)	0.219*** (3.293)	0.132*** (2.482)	0.091** (1.930)
AR(1)	0.314	0.276	0.2536	0.152	0.434	0.614
AR(2)	0.035	0.076	0.026	0.022	0.005	0.027
Sargan	84.591	61.069	33.012	88.255	121.477	490.735

将使用 GMM 估计方法与面板数据固定效应模型 OLS 回归方法得出的结果进行对比可以发现:解释变量 *GE*、*AM* 的系数仅在大小上存在差别,符号并无改变,在此得到的实证结果是稳健可靠的。

3 意义

建立政府投资的经济增长模型,该模型表明了地方政府投资对地区经济发展有显著的促进作用,且东部地区地方政府投资对本地区经济促进作用更为明显,不同样本空间,市场一体化对地区经济增长的影响并不相同,市场一体化与地方政府投资对经济增长的影响之间具有替代作用。本模型可预测市场一体化进程下政府投资对经济促进作用的影响,为消除地方保护主义、促进市场一体化提供参考。

参考文献

[1] 韩旺红, 夏上. 政府投资对经济增长的影响——基于我国省级面板数据的实证检验[J]. 经济问题, 2014,(5): 16-20.

[2] Etsuro S j. Public Capital and Economic Growth: A Convergence Approach [J]. Journal of Economic Growth, 2001, (6).

[3] 陆铭, 陈钊. 分割市场的经济增长: 为什么经济开放可能加剧地方保护[J]. 经济研究, 2009, (3).

事务所的审计费用模型

1 背景

会计师事务所是事业单位,产权为国有产权。对于会计师事务所来说,追求长期利益意味着注重审计质量,出具真实的审计报告,在行业中树立良好的声誉,赢得更多的客户。会计师事务所追求长远利益的根本动力在于明晰的产权。针对事务所产权与审计费用的研究,了解事务所产权性质十分重要。孟庆丽[1]根据中国 2007—2011 年全部 A 股上市公司的年报数据,从理论上分析了会计师事务所产权性质对审计费用的影响,并利用 Simunic 模型进行了实证检验。

2 公式

会计师事务所的产权规模包括两部分,即事务所的注册资本和在其持续经营期间计提的职业风险基金净额。针对事务所产权性质对审计费用的影响提出假设,引入 Simunic 模型进行了实证检验。

假设 1: 相对于有限责任事务所而言,特殊普通合伙事务所收取了更多的审计费用。

假设 2: 在事务所财产规模相同的情况下,特殊普通合伙事务所比有限责任事务所提供了更高质量的审计服务。

假设 3: 随着会计师事务所财产规模的增大,收取的审计费用也增加。

假设 1 的模型如下:

$$\ln Auditingfee = a + b_1 \times Bigfour + b_2 \times Comment + b_3 \times Complex + b_4 \times Earningcapability + b_5 \times Earningmanagement + b_6 \times Financialrisk + b_7 \times Firstauditing + b_8 \times Firstlisting + b_9 \times FixedriskAR + b_{10} \times FixedriskINV + b_{11} \times \ln Assets + b_{12} \times ownership + \pounds$$

假设 2 和假设 3 的模型如下:

$$\ln Auditingfee = a + b_1 \times Comment + b_2 \times Complex + b_3 \times Earningcapability + b_4 \times Earningmanagement + b_5 \times Financialrisk + b_6 \times Firstauditing + b_7 \times Firstlisting + b_8 \times FixedriskAR + b_9 \times FixedriskINV + b_{10} \times \ln Assets + b_{11} \times \ln Capital + \pounds$$

表 1　假设 1 的检验结果

	Coefficient	Prob.
lnterception	(6.449 09)***	0
Bigfour	(0.797 55)***	0
Comment	(0.257 108)***	0
Complex	(1.059 07)***	0
Earningcapability	0.075 413	0.207 2
Earningmanagement	(0.038 947)***	0.002 1
Financialrisk	(−0.004 45)***	0.000 2
fIRstuditing	(−0.053 883)***	0.000 1
Firstlisting	(0.087 746)***	0
Fixedriskar	(0.120 929)**	0.012 5
Fixedriskinv	−0.025 124	0.417
ln*Assets*	(0.310 231)***	0
Ounership	(0.087 783)***	0
R^2	0.554 185	
Adjusted R^2	0.553 474	
F − statistic	779.722 5	
Prob(*F − statistic*)	0	
Durbin − Watson stat	1.926 746	

注：***、**、*分别表示在 1%、5%、10% 的水平上显著(后同)。

表 1 提供了假设 1 的实证检验结果,结果表明调整 R^2 为 0.553 474,即模型对审计费用的影响因素的解释力为 55.34%,说明模型解释力很强。结果表明,特殊普通合伙事务所与审计费用正相关,并在 1% 水平上显著。即特殊普通合伙事务所比有限责任事务所收取了更多的审计费用,充分证明假设 1 成立,也充分说明相对于有限责任事务所而言,特殊普通合伙事务所更积极地投资良好声誉的建设,创建自己的“品牌”,以区别于有限责任事务所。

表 2　假设 2 和假设 3 的检验结果

	特殊普通合伙事务所样本回归结果		有限责任事务所样本回归结果	
	Coefficient	Prob.	Coefficient	Prob.
lnterception	(5.402 917)***	0	(5.700 833)***	0
Comment	(0.214 44)***	0.000 6	(0.187 632)***	0.001 2
Complex	(1.982 539)***	0.000 9	(0.997 82)*	0.061 7
Earningcapability	0.008 097	0.964 6	−0.036 837	0.815 4
Earningmanagement	(0.635 714)**	0.044	0.220 259	0.511 6
Financialrisk	(−0.005 224)**	0.031 7	−0.003 665	0.102 3
Firstauditing	(−0.074 966)**	0.016 9	−0.083 098	0.103 1
Firstlisting	0.063 994	0.125	0.044 878	0.231 9
Fixedriskar	−0.145 182	0.197 7	0.114 901	0.237 6
Fixedriskinv	−0.072 219	0.305 9	−0.029 149	0.669 3
ln*Assets*	(0.303 685)***	0	(0.298 723)***	0
ln*Capital*	(0.071 344)***	0	(0.059 702)***	0
R^2	0.475 201		0.442 265	
Adjusted R^2	0.470 814		0.437 603	
F − statistic	108.329 6		94.867 49	
Prob(F − statistic)	0		0	
Durbin − Watson stat	1.848 432		1.802 046	

表 2 提供了假设 2 和假设 3 的实证检验结果[2]，特殊普通合伙事务所样本组的回归结果显示：调整 R^2 为 0.470 814，模型对审计费用的影响因素的解释力为 47.08%，有限责任事务所样本组的回归结果显示：调整 R^2 为 0.437 603，模型对审计费用的影响因素的解释力为 43.76%，说明模型解释力均较强。

3　意义

建立了事务所的审计费用模型，通过该模型表明了特殊普通合伙会计师事务所比有限责任会计师事务所收取了更多审计费用的结论。在事务所财产规模相同的情况下，特殊普通合伙会计师事务所比有限责任会计师事务所提供了更高质量的审计服务，并且随着其财产规模的增大,将收取更高的审计费用。本模型可预测会计事务所性质与审计费用的关系,为增强合伙人的风险意识和提高审计质量提供参考。

参考文献

[1] 孟庆丽. 事务所产权性质对审计费用的影响及检验[J]. 经济问题, 2014,(5):112-117.
[2] 朱小平, 叶友. 会计师事务所法律组织形式的企业理论观点——为什么应采取合伙制而不应采取有限公司制[J]. 会计研究, 2003, (7):42-45.

碳排放权的期货定价模型

1 背景

为应对全球气候的变化,《联合国气候变化框架公约》和《京都议定书》相继签订,国际碳排放权交易市场由此发展,碳金融衍生产品相继出现,碳排放权期货在碳金融市场中占据重要地位。中国将在全国范围内形成碳排放权交易市场,碳排放权期货的推出对中国碳排放权交易市场的发展具有重大意义,其定价机制又是研究碳排放权期货的重点。冯路和何梦舒[1]根据碳排放权的特性,在期货定价模型的基础上构建了碳排放权期货定价的三类模型,对碳排放权期货定价模型进行比较。

2 公式

基于无套利思想,针对碳排放权期货构建完全市场条件下的持有成本定价模型、放松完全市场假设条件的期货定价模型和不完全市场条件下的期货定价模型。

最基本的定价模型即为:碳排放权期货价格 = 碳排放权价格 + 持有成本。其中,持有成本是投资者持有某一碳排放权至合约到期日所需支付的净成本。以下用 $F_{t,T}$ 表示到期日 T 的碳排放权期货合约在 t 时刻的价格, S_t 表示 t 时刻的碳排放现货价格, u 表示持有成本与现货价格 S_t 之比。期货价格可表示为:

$$F_{t,T} = S_t(1 + u) \tag{1}$$

如果根据近期期货(Nearby Futures)价格和远期期货(Distant Futures)价格间的关系,持有成本可通过不同交割月份的期货价差来反映。我们以 $F_{t,Td}$ 表示远期期货价格, $F_{t,Tn}$ 表示近期期货价格, U_{d-n} 表示近期期货合约与远期期货合约持有相应的现货至到期日的持有成本之差。

$$F_{t,Td} = F_{t,Tn} + U_{d-n} \tag{2}$$

以上基于完全市场的假设,考虑期货价格和现货价格的关系以及近期期货价格与远期期货价格的关系建立了两种持有成本模型。碳排放权期货持有成本主要是融资成本,如果以无风险利率 r 进行融资,离散型持有成本定价模型的一般形式可以表示为:

$$F_{t,T} = S_t(1 + r) \tag{3}$$

如果融资成本用连续复利计算,碳排放权期货定价模型即为连续型持有成本定价模

型,可表示为:

$$F_{t,T} = S_t e^{r(T-t)} \tag{4}$$

以上无论是离散型持有成本定价模型还是连续型持有成本定价模型,均基于完全市场假设条件,因此也存在一定的不足。

鉴于持有成本定价模型在严格假设条件下的诸多问题,现考虑市场上存在的因素,放松持有成本定价模型的假设条件,构建更适合于碳排放权期货价格研究的无套利定价区间模型。

在 t 时刻,交易者以价格 $F_{t,T}$ 卖出碳排放权期货合约,以价格 S_t 在现货市场上买入现货资产。其中,t 时刻投资者需要的资金包括买入期货合约的交易费用 $\mu F_{t,T}$,期货交易的保证金要求 $\eta F_{t,T}$,对买入碳排放权现货的资金 S_t 和直接交易费用 θS_t,可以无风险贷款利率 r_a 融得。μ、η 和 θ 分别表示碳排放权期货的交易费率、保证金率和现货交易费率。

期货交割得到现金 $F_{t,T} - S_t$,退还持有期货保证金 $\eta F_{t,T}$,在现货市场卖出碳排放权获得 $(1-\theta)S_t$,期间的利息支付为 $[(\mu+\eta)F_{t,T} + (1+\theta)S_t]e^{r_a(T-t)}$。期间的资金流动如表 1 所示。

表 1　碳排放权期货正向套利策略的资金流

套利策略	t 时刻资金流	T 时刻资金流
买入碳排放权现货	$-(1+\theta)S_t$	$(1-\theta)S_t$
卖出碳排放权期货	$-(\mu+\eta)F_{t,T}$	$F_{t,T}-S_t+\eta F_{t,T}$
借入资金	$(\mu+\eta)F_{t,T}+(1+\theta)S_t$	$-[(\mu+\eta)F_{t,T}+(1+\theta)S_t]e^t a^{(T-t)}$
无套利均衡条件	=0	≤0

在该套利策略下,t 时刻资金流为 0,如果到期日 T 时刻资金流大于 0 就获得现无风险套利利润,即 $e^{r_a(T-t)}(1+\eta)F_{t,T} - \theta S_t - [(\mu+\eta)F_{t,T} + (1+\theta)S_t] > 0$,那么碳排放权期货无套利定价区间上限 $F_{t,T}^{upper}$ 为:

$$F_{t,T} \leqslant F_{t,T}^{upper} = \frac{\theta S_t + (1+\theta)S_t e^{r_a(T-t)}}{1+\eta-(\mu+\eta)e^{r_a(T-t)}} \tag{5}$$

表 2　碳排放权期货反向套利策略的资金流

套利策略	t 时刻资金流	T 时刻资金流
卖出碳排放权现货	$(1-\theta)S_t$	$-(1+\theta)S_t$
买入碳排放权期货	$-(\mu+\eta)F_{t,T}$	$-(F_{t,T}-S_t)+\eta F_{t,T}$
存入资金	$-[(1-\theta)S_t-(\mu+\eta)F_{t,T}]$	$[(1-\theta)S_t-(\mu+\eta)F_{t,T}]e^t a^{(T-t)}$
无套利均衡条件	=0	≤0

在该套利策略下，t 时刻资金流为 0，如果到期日 T 时刻资金流大于 0 就获得现无风险套利利润，即 $(\eta - 1)F_{t,T} - \theta S_t + [(1-\theta)S_t - (\mu+\eta)F_{t,T}]e^{r_b(T-t)} > 0$，那么碳排放权期货无套利定价区间下限 $F_{t,T}^{floor}$ 为：

$$F_{t,T} \leqslant F_{t,T}^{floor} = \frac{(1-\theta)S_t e^{r_b(T-t)} - \theta S_t}{1+\eta-(\mu+\eta)e^{r_b(T-t)}} \tag{6}$$

综合式(5) 和式(6)，碳排放权期货的无套利定价区间为：

$$\left[\frac{(1-\theta)S_t e^{r_b(T-t)} - \theta S_t}{1+\eta-(\mu+\eta)e^{r_b(T-t)}}, \frac{\theta S_t + (1-\theta)S_t e^{r_a(T-t)}}{1+\eta-(\mu+\eta)e^{r_a(T-t)}}\right] \tag{7}$$

理论上，当期货价格位于以上无套利定价区间时，因融资成本、交易成本、借贷利率的差异等市场因素限制，套利者无法获取无风险利润。因此，可以将该区间视为实际市场上碳排放权期货价格的合理范围。

建立碳排放权期货的四个基本假设：第一，市场无摩擦，交易成本与税收均为 0，投资者是理性和风险厌恶型，是市场价格的接受者并有一致的市场预期；第二，碳排放权价格变化服从对数正态过程，$\mathrm{d}S_t = \alpha S_t \mathrm{d}t + \sigma_1 S \mathrm{d}z_1$，其中 S_t 表示碳排放权现货价格，α 表示碳排放权的漂移率，σ_1 表示现货价格的波动率，z_1 表示标准维纳过程；第三，无风险利率变化 $\mathrm{d}r_t = \beta(\mu - r_t)\mathrm{d}t + \sigma_2\sqrt{r_t}\mathrm{d}z_2$，其服从这一均值回归平方根过程，$r_t$ 表示无风险利率，β 表示利率变化速度，μ 表示理论的长期均衡值，σ_2 表示该无风险利率的波动率，z_2 表示标准维纳过程；第四，无风险债券价格用 B 表示，其服从局部期望的假设 $E(\frac{\mathrm{d}B}{B}) = r_t \mathrm{d}t$。

基于以上假设，建立碳排放权期货的连续时间定价模型：

$$F_{t,T} = S_t \times A(\tau) \times e^{B(\tau)r} \tag{8}$$

其中，$A(\tau) = \left[\frac{2\varphi \times e^{(\varphi+\beta)\times\tau/2}}{2\varphi + (\varphi+\beta)(e^{\varphi\tau}-1)}\right]^{2\beta\mu/\sigma_2^2}$；$B(\tau) = \frac{2(e^{\varphi\tau}-1)}{2\varphi+(\varphi+\beta)(e^{\varphi\tau}-1)}$；$\varphi = \sqrt{\beta^2 - 2\sigma_2^2} > 0$；$\tau = T - t$ 表示 t 时刻距期货到期日 T 的时间。

碳排放权期货一般均衡模型会考虑利率变化的随机性和现货市场价格的波动性，建立线性回归模型，其表达式为：

$$\ln\left(\frac{F_t}{S_t}\right) = L_t = \alpha + \beta r_t + \lambda\sigma_s + \varepsilon_t \tag{9}$$

其中，r_t 表示即时无风险利率，σ_s 表示碳排放权现货价格波动率，ε_t 表示扰动项，α、β、λ 分别为三个变量的参数值。式(9) 可进一步转换为：

$$F_t = S_t \times e^{\alpha} \times e^{\beta r_t} \times e^{\lambda\sigma_s} \times e^{\varepsilon_t} \tag{10}$$

令 $\alpha = \lambda = \varepsilon_t = 0$，由于 $\tau = T - t$，可得：

$$F_t = S_t \times e^{r_t\tau} = S_t \times e^{r_t(T-t)} \tag{11}$$

以上所得模型与持有成本定价模型最终形式一致，持有成本模型是碳排放权一般均衡模型的特殊形式之一。与其他期货定价模型相比,一般均衡定价模型的特点在于不仅考虑了资金的时间价值,而且考虑了现货市场价格波动潜在的价值。

假设市场无摩擦,碳排放权价格服从对数正态过程 $dS_t = \mu S_t dt + \sigma S_t dz$,式中 z 表示标准维纳过程。假设期货价格 $F_{t,T}$ 对时间 t 一阶连续可导,对现货价格 S_t 二阶可微,根据伊藤引理可得:

$$dF_{t,T} = \frac{\partial F_{t,T}}{\partial S_t}dS_t + \frac{\partial F_{t,T}}{\partial t}dt + \frac{1}{2}\frac{\partial^2 F_{t,T}}{\partial S_t^2}(dS_t)^2 \tag{12}$$

即 $dF = [\frac{\sigma^2 S^2 F_{ss}}{2} + \mu SF_s + F_t]dt + (\sigma SF_s)dZ$,令 $\frac{dF}{F} = \mu_f dt + \sigma_f dZ$,式中 $\mu_f = [\frac{\sigma^2 S^2 F_{ss}}{2} + \mu SF_s + F_t]/F$ 表示碳排放权期货的即时收益率,即时收益率的标准差为 $\sigma_f = \sigma SF_s/F$ 。

用碳排放权现货和期货构建投资组合 P,那么有:

$$\frac{dp}{D} = (w_f\mu_f + w_s\mu)dt + (w_f\sigma_f + w_s\sigma)dZ \tag{13}$$

式(13)中,w_s 和 w_f 分别表示现货和期货的投资额比重,$w_s + w_f = 1$ 。完全市场条件下,通过选择 w_f 可使得随机项系数 $w_s\sigma + w_f\sigma_f = 0$ 。在不完全市场条件下,投资组合无法完全避险,收益率也不以无风险利率 r 度量,$w_s\sigma + w_f\sigma_f = 0$ 一定成立。在碳排放权期货市场,期初无现金流流出,那么有 $w_s\mu_p = w_f\mu_f + w_s\mu$,$w_s\sigma_p = w_f\sigma_f + w_s\sigma$,由此得到不完全市场条件下的均衡条件:

$$\frac{\mu_f}{\sigma_f - \sigma_p} = \frac{\mu - \mu_p}{\sigma - \sigma_p} \tag{14}$$

将 μ_f 和 σ_f 的表达式分别代入式(14),并令 $\mu_\alpha = (\mu_p - \mu\sigma_p/\sigma)(1 - \sigma_p)/\sigma$,那么碳排放权期货价格可表示为:

$$\frac{1}{2}\sigma^2 S^2 F_{SS} + \mu_\alpha SF_S - (\mu_\alpha - \mu_P)F = 0 \tag{15}$$

$$F(S,t) = S_T \tag{16}$$

结合式(15) 和式(16) 求解得:

$$F_{t,T} = S_t e^{\mu_p(T-t)} \tag{17}$$

此外,在完全市场条件下,期货价格的二阶偏微分方程和边界条件分别为 $\frac{\sigma^2 S^2 F_{SS}}{2} + rSF_S + F_t = 0$ 和 $F(S,t) = S_T$,求解可得 $F_{t,T} = S_t e^{r(T-t)}$,此即为完全市场条件下的碳期货持有成本定价模型。[2]

3 意义

通过碳排放权的期货定价方法,建立了碳排放权的期货定价模型。该模型表明,完全市场条件下的持有成本定价模型是在严格的假设下,提供了一种根据碳排放权期货市场和现货市场间的均衡关系来研究期货理论价格的方法。放松完全市场条件下的碳排放权期货定价模型将碳排放权期货的直接交易费用、期货交易的保证金、存贷款利率价差等因素加以考虑。不完全市场条件下的期货定价模型,可度量出市场不完全度,与其他模型相比较更接近现实。碳排放权期货定价的三类模型为中国碳排放权期货市场定价提供理论支持。

参考文献

[1] 冯路,何梦舒.碳排放权期货定价模型的构建与比较[J].经济问题,2014,(5):21-25.
[2] 赵平飞.欧盟排放权交易体制下碳金融资产定价研究[D].成都:成都理工大学,2011.

多元投资的联盟模型

1 背景

城镇化是解决三农问题、经济结构不合理以及内需不足等问题的重要手段,是拉动我国未来经济增长的引擎。多元投资主体战略联盟能有效解决城镇化中缺乏长期稳定资金和基础设施投入不足的状况,吸纳农村剩余劳动力,实现小城镇的城市化发展战略。针对城镇化多元投资主体战略联盟的研究,了解城镇化多元投资主体战略联盟模式十分重要。牛东旗[1]阐述了城镇化多元投资主体战略联盟的本质,分析了城镇化多元投资主体战略联盟的运行模式,以帕累托有效协同为基础,构建了多元投资主体战略联盟的动态博弈模型。

2 公式

城镇化多元投资主体战略联盟要求联盟内的各方共担城镇化建设中的风险,共享收益,相互协调,相互合作,共同实现城镇化目标。基于帕累托有效的视角,引入城镇化多元投资主体战略联盟的动态合作博弈模型。

在城镇化的过程中,形成战略联盟必须有两个前提:一是多元化投资主体联盟的效益大于城镇化中各主体单独行动所获得的效益总和;二是满足帕累托改进原则,即各主体合作所获得的效益大于它们不合作所获得的效益。

在此研究目的是分析城镇化过程中各投资方主体的合作行为,其中,A 代表政府部门,B 代表其他投融资方,R 代表实施城镇化带来的共同效益。这里要说明的是城镇化的效益不仅包括经济效益,还包括社会效益,其中 a,b 为政府部门和其他投融资方合作的努力系数,ε 代表外部环境因素对联盟的影响,包括经济、政治、社会等,是一个服从正态分布 $N(0,\sigma^2)$ 的变量,其中方差 σ^2 越大,代表受外部影响越大。

$1-s$ 和 s 代表 A 和 B 二者共享城镇化收益的分配系数,联盟内政府和其他投融资主体城镇化过程中的合作成本为 $C(a)$,$C(b)$,主要有固定成本和努力成本构成,固定成本是实施城镇化必须支付的费用,与努力程度无关,努力成本与努力行为的变化有关,μ,v 代表 A、B 二者的努力成本系数。因此,A 和 B 获得的收益为:

$$Q = (1-s)\cdot R - C(a) \tag{1}$$

$$P = s\cdot R - C(b) \tag{2}$$

A 和 B 的城镇化合作成本为：

$$C(a) = C_A + \frac{1}{2}\mu a^2 \tag{3}$$

$$C(b) = C_B + \frac{1}{2}vb^2 \tag{4}$$

城镇化多元投资主体战略联盟的收益 R 为：

$$R(a,b) = \frac{1}{2}(a+b)^2 + (a+b) + \varepsilon \tag{5}$$

政府部门 A 和其他投融资主体 B 合作的利润 G 为：

$$G(a,b) = R(a,b) - C(a) - C(b) \tag{6}$$

帕累托有效协同视角下的动态合作博弈第一阶段。在第一阶段，通过政府和联盟其他成员的合作，明确联盟内各个成员的利润分配比例，式(2)中努力系数 a,b 的导数为：

$$\frac{\partial G}{\partial a} = \frac{\partial[R(a,b) - C(a) - C(b)]}{\partial a} = a + b + 1 - \mu a \tag{7}$$

$$\frac{\partial G}{\partial b} = \frac{\partial[R(a,b) - C(a) - C(b)]}{\partial b} = a + b + 1 - vb \tag{8}$$

联立式(7) 和式(8) 为：

$$a = \frac{v}{\mu v - (\mu + v)} \tag{9}$$

$$b = \frac{\mu}{\mu v - (\mu + v)} \tag{10}$$

若城镇化建设进程中，政府和其他投融资主体没有形成战略合作联盟，对式(3) 和式(4) 求努力系数 a,b 的导数为：

$$\frac{\partial Q}{\partial a} = \frac{\partial[(1-s)\cdot R - C(a)]}{\partial a} = (1-s)[(a+b)+1] - \mu a \tag{11}$$

$$\frac{\partial p}{\partial b} = \frac{\partial[s\cdot R - C(b)]}{\partial b} = s[(a+b)+1] - vb \tag{12}$$

则有：

$$a' = \frac{(1-s)v}{\mu v - (1-s)v - s\mu} \tag{13}$$

$$b' = \frac{s\mu}{\mu v - (1-s)v - s\mu} \tag{14}$$

比较式(9) 和式(13) 及式(10) 和式(14) 有：

$$a \geqslant a', b \geqslant b' \tag{15}$$

这表明城镇化建设中的各方在战略合作联盟下为了获得较大的联盟收益，付出的努力要比不合作时多。因此，构建战略合作联盟能够促进城镇化进程的推进，并且可以防止在合作中出现“搭便车”的行为。

帕累托有效协同视角下的动态合作博弈第二阶段。在第二阶段,在联盟整体收益最大化的基础上,联盟内各方以谈判的方式确定自己的利润分配比例,称之为 Nash 讨价还价解。

假设 ΔQ 和 ΔP 代表 A 和 B 通过合作获得的相对于不构建联盟时取得的收益的增量,其中 $\Delta Q = Q - Q'$, $\Delta P = P - P'$ (Q' 和 P' 分别政府部门 A 和其他投资主体 B 在不构建联盟获得的收益)。$\prod(s) = \Delta Q \cdot \Delta P$ 为多远投资主体战略联盟整体收益的最大增量,对 s 求导并令其为 0,则有:

$$\frac{\mathrm{d}\prod(s)}{\mathrm{d}s} = [\frac{1}{2}(a+b)^2 + (a+b) + \varepsilon] - 2s[\frac{1}{2}(a+b)^2 + (a+b) + \varepsilon] + [\frac{1}{2}(a+b)^2 + (a+b) + \varepsilon]C_B + \frac{1}{2}[\frac{1}{2}(a+b)^2 + (a+b) + \varepsilon]vb^2 + [\frac{1}{2}(a+b)^2 + (a+b) + \varepsilon]P' - [\frac{1}{2}(a+b)^2 + (a+b) + \varepsilon]C_A - \frac{1}{2}\mu a^2[\frac{1}{2}(a+b)^2 + (a+b) + \varepsilon] - Q'[\frac{1}{2}(a+b)^2 + (a+b) + \varepsilon] = 0 \quad (16)$$

最终解得:

$$s = \frac{1}{2} - \frac{(\mu a^2 - vb^2) + 2(C_A - C_B) + 2(Q' - P')}{2[(a+b)^2 + 2(a+b) + 2\varepsilon]} \quad (17)$$

帕累托有效协同视角下城镇化多元投资主体战略联盟动态合作博弈的均衡解最终为 (a,b,s)。

若多元投资主体战略联盟内的风险都为风险中性,令 $\varepsilon = 0$,代表联盟几乎不受外界环境因素的影响。假设 $C_A = 0.2, \mu = 4, C_B = 0.1, v = 2$,则城镇化多元投资主体战略联盟动态合作博弈的均衡解为(1,2,0.641 3),而不构建联盟策略时的均衡解为(0.111,0.667,0.75);采取合作方式和不构建联盟策略时所获得的收益分别为 6.720 5 和 0.311 1;合作策略下 A 和 B 所获得的收益为 2.465 7 和 4.264 9,而不构建联盟策略时所获得的收益分别为 0.045 5 和 0.265 6。

通过以上博弈结果可以看出[2],在帕累托有效协同的前提下,城镇化建设中各方投资主体采取合作策略即建立战略联盟所获得的收益要高于不构建联盟策略即各自行动时获得的收益。在多元投资主体战略联盟下,各投资方的努力程度也比各自单独动的努力程度要高,从而使联盟的整体收益比不构建联盟时获得的收益高。

3 意义

通过研究城镇化多元投资主体战略联盟的动态博弈,建立了多元投资的联盟模型。该模型表明,战略联盟可以有效解决城镇化资金不足的问题,有效激励各投资主体合作开展城镇化建设，城镇化多元投资主体战略联盟能够有效缓解城镇化进程中资金紧张的状况，降低资金使用风险，加快城镇化进程，提高城镇建设质量。本模型可分析城镇化多元投资主体战略联盟的运行模式，对转变政府职能、激励监督机制、投资合作的渠道和途径、外部风险四方面提出了构建多元投资主体战略联盟的对策建议。

参考文献

[1] 牛东旗．城镇化下多元投资主体战略联盟动态博弈研究——帕累托有效协同视角[J]．经济问题，2014，(6)：20－24.

[2] 刘志勇．利用私募股权投资基金加快城镇化步伐[J]．中国经济导刊，2013，(1)：76.

居民家庭的消费模型

1 背景

居民消费率是指居民消费占 GDP 的比重。近些年来,我国经济快速增长,居民收入不断增加,但是居民消费率却持续下降。针对居民消费率的研究,了解家庭消费行为变迁和经济波动等对居民消费率的影响十分重要。武晓利等[1]在动态随机一般均衡(DSGE)模型的理论框架下,结合转型期中国经济的特征事实,引入不确定性、信贷约束以及习惯形成等居民消费特征,采用贝叶斯估计方法分析 1978—2012 年间信贷约束与消费习惯形成特征对我国宏观经济波动和居民消费率的影响机制。

2 公式

从中国转型期经济发展的事实和居民消费行为特征出发,在不确定性、信贷约束和习惯形成等家庭消费行为特征条件下,研究我国居民消费行为变迁对消费率和经济波动的影响,分析信贷约束和习惯形成特征对我国宏观经济变量波动的影响,引入 DSGE 模型进行研究。

假定经济体包含无数个同质的家庭,每个家庭有相同的偏好,且能够生存无穷期,家庭效用函数采用 CRRA 效用形式,并以相减的形式引入两期消费水平,代表性家庭规划其消费与劳动供给以最大化一生效用,即为:

$$\max_{\{c_t,N_t,s_{t+1}\}} E_0\left\{\sum_{t=0}^{\infty}\beta^t\left[\tau_t\frac{(C_t-\varphi C_{t-1})^{1-\sigma}}{1-\sigma}-\frac{N^{1+1/\theta}}{1+1/\theta}\right]\right\} \tag{1}$$

式中,E_0 为基于 0 期信息形成的条件期望算子;$0<\beta<1$,为主观贴现率;σ 为家庭的相对风险规避弹性;$1/\theta$ 表示家庭劳动供给的跨期替代弹性;$\varphi\in[0,1]$,为习惯形成参数,φ 越大,习惯形成特征越强;C_t 为第 t 期的消费,给定 $C_{-1}>0$;N_t 为第 t 期的劳动供给;τ_t 为第 t 期的家庭受到的消费偏好冲击。

假设市场是不完全的,家庭存在一定程度的信贷约束,所以家庭必须进行储蓄以预防未来的不确定性和信贷约束。因此,家庭面临的预算约束和信贷约束分别为:

$$C_t+S_{t+1}=\xi_t[(1+r_t)S_t+w_tN_t] \tag{2}$$

$$S_t\geqslant a \tag{3}$$

式中，S_{t+1} 为家庭第 t 期的储蓄；r_t 为 t 期的利率水平；w_t 为家庭第 t 期的工资；ξ_t 为家庭在第 t 期受到的总收入冲击；a 为家庭的信贷约束，当 $a \geqslant 0$ 时，说明家庭存在信贷约束，$a < 0$ 时，代表家庭不存在信贷约束。令 $\widehat{S} = S_t - a$，则家庭的约束条件变为：

$$C_t + \widehat{S}_{t+1} = \xi_t[(1 + r_t)\widehat{S}_t + w_t N_t] + [\xi_t(1 + r_t) - 1]a \tag{4}$$

求解代表性家庭的最大化问题，可得一阶条件与横截性条件为：

$$\lambda_t = \tau_t(C_t - \varphi C_{t-1})^{-\sigma} - \beta\varphi\tau_{t+1}(C_{t+1} - \varphi C_t)^{-\sigma} \tag{5}$$

$$N_t^{1/\theta} = \xi_t w_t[\tau_t(C_t - \varphi C_{t-1})^{-\sigma} - \beta\varphi\tau_{t+1}(C_{t+1} - \varphi C_t)^{-\sigma}] \tag{6}$$

$$\tau_t(C_t - \varphi C_{t-1})^{-\sigma} - \beta\varphi\tau_{t+1}(C_{t+1} - \varphi C_t)^{-\sigma} = \beta E_t[\xi_{t+1}\tau_{t+1}(C_{t+1} - \varphi C_{t-1})^{-\sigma} - \beta\varphi\tau_{t+2}(C_{t+2} - \varphi C_t)^{-\sigma}(1 + r_{t+1})] \tag{7}$$

$$lim E_t \beta^{t+j}\lambda_{t+j}\widehat{S}_{t+j} \tag{8}$$

式中，λ_t 为约束条件式(4) 的 Lagrange 乘子，同时，我们假定模型中的收入冲击与偏好冲击均服从 AR(1) 过程，即为：

$$\log\tau_{t+1} = (1 - \rho_\tau)\log\tau^* + \rho_\tau\log\tau_t + \varepsilon_{\tau,t+1}, \varepsilon_{\tau,t+1} \sim N(0, \sigma_\tau^2) \tag{9}$$

$$\log\xi_{t+1} = (1 - \rho_\xi)\log\xi^* + \rho_\tau\log\xi_t + \varepsilon_{\xi,t+1}, \varepsilon_{\xi,t+1} \sim N(0, \sigma_\xi^2) \tag{10}$$

式中，τ^*、ξ^* 分别为变量 τ_t、ξ_t 的稳态值；$\{\varepsilon_{\tau,t+1}\}_{t=0}^{+\infty}$、$\{\varepsilon_{\xi,t+1}\}_{t=0}^{+\infty}$ 分别为相互独立的随机变量。

假定完全竞争市场中的厂商均是同质的，且具有相同的技术条件，其生产过程采用规模报酬不变的 C－D 形式，则有：

$$Y_t = K_t^\alpha(Z_t N_t)^{1-\alpha} \tag{11}$$

$$K_{t+1} = I_t + (1 - \delta)K_t \tag{12}$$

式中，Y_t、K_t 分别为 t 期的产出和资本存量；δ 为资本折旧率；Z_t 为 t 期的外生技术水平，是一个随机变量，假定其服从 AR(1) 过程，即为：

$$\log Z_{t+1} = (1 - \rho_Z)\log Z^* + \rho_z\log Z_t + \varepsilon_{z,t+1}, \varepsilon_{z,t+1} \sim N(0, \sigma_z^2) \tag{13}$$

式中，Z^* 为变量的稳态值；$\{\varepsilon_{z,t+1}\}_{t=0}^{+\infty}$ 是相互独立的随机变量。根据以上设定，代表性厂商雇佣劳动和购买资本以最大化其利润，可得一阶性条件为：

$$r_t = \alpha\frac{Y_t}{K_t} - \delta \tag{14}$$

$$w_t = (1 - \alpha)\frac{Y_t}{N_t} \tag{15}$$

式中，r_t 为 t 期的利率水平；w_t 为厂商第 t 期向代表性家庭支付的工资。

当市场出清时，有：

$$K_t = \widehat{K}_t + v = \widehat{S}_t + v = S_t \tag{16}$$

$$C_t + I_t = Y_t \tag{17}$$

从而，生产函数和厂商利润最大化的一阶条件变为：

$$Y_t = (\hat{K}_t + a)^{\alpha}(Z_t N_t)^{1-\alpha} \tag{18}$$

$$r_t = \alpha(\hat{K}_t + a)^{\alpha-1}(Z_t N_t)^{1-\alpha} - \delta \tag{19}$$

$$w_t = (1-\alpha)(\hat{K}_t + a)^{\alpha} Z_t^{1-\alpha} N_t^{-\alpha} \tag{20}$$ [2~4]

给定经济中代表性家庭的偏好、厂商的技术水平和资源约束、状态变量 $\{K_{t-1}, C_{t-1}, N^*, A_{t-1}\}$ 以及技术冲击、偏好冲击和收入冲击 $\{A_t, \tau_t, \xi_t\}$，当经济达到均衡状态时，代表性家庭实现效用最大化，代表性厂商实现利润最大化，并且消费品市场、资本市场以及劳动力市场均出清。

相关参数，α：资本产出弹性；β：主观贴现因子；δ：资本折旧率的取值；Z^*、N^*：技术水平与劳动供给的均衡值；σ：消费的相对风险规避系数；$1/\theta$：劳动供给的跨期替代弹性；a：信贷约束参数；φ：习惯形成参数。

3 意义

建立了居民家庭的消费模型，通过模型能够分别解释实际产出、消费、投资和就业波动的 94.1%、84.5%、50.7% 和 74.5%；同时探讨家庭消费行为变迁对居民消费率的影响，研究发现，短期内收入冲击与偏好冲击对居民消费率均有刺激作用，但长期内两者对消费率的影响有较大差异，即收入冲击的正向作用有明显的持续性，而偏好冲击使居民消费率更加萎缩；同时，习惯形成特征有效平滑了居民消费，有效减弱了不确定性对居民消费率和储蓄率的影响。本模型可研究我国居民消费行为变迁对消费率和经济波动的影响，分析信贷约束和习惯形成特征对我国宏观经济变量波动的影响，为推进居民的消费信贷体系建设提供参考。

参考文献

[1] 武晓利，龚敏，晁江锋．家庭消费行为变迁、经济波动与居民消费率——基于 Bayes 估计的 DSGE 模型[J]．经济问题，2014，(6)：30－35.

[2] 张军，章元．对中国资本存量 K 的再估计[J]．经济研究，2003，(6)．

[3] 杭斌．城镇居民的平均消费倾向为何持续下降——基于消费习惯形成的实证分析[J]．数量经济技术经济研究，2010，(6)．

[4] 贾男，张亮亮．城镇居民消费的“习惯形成”效应[J]．统计研究，2011，(8)．

科技进步的第三产业模型

1 背景

我国第三产业目前处于发展初期，服务水平及服务能力偏低。随着科技进步以及科技服水平和科技服务能力的提升，第三产业发展与科技进步之间的互动关系将逐渐加强。针对我国第三产业的发展与科技进步关系的研究，了解第三产业发展指标和科技发展指标十分关键。霍晓艳[1]通过对科技进步研究领域和第三产业研究领域的文献研究，采用计量经济的分析方法，建立计量模型，就我国科技进步与我国第三产业发展之间的互动性关系展开实证研究。

2 公式

基于对文献的研究成果，确定科技进步与第三产业发展的指标，以科技进步与第三产业发展间的互动关系作为研究内容，从三个角度出发选择了八项具体指标，采用计量经济分析，通过 ADF 论证、因果论断、最佳滞后期分析，为具体确定科技进步与第三产业之间的关系引入三个单向的 VAR 模型。

基于 ADF 论证、因果论断、最佳滞后期分析，对确定的三对因素之间（第三产业就业人数对专利申请批准数量、第三产业产值对研究与试验发展全时人员、第三产业就业人数对研究与试验发展全时人员）的最佳滞后期形态进行具体的计量模型构建，通过具体的计量分析研究，最终得到分析模型为：

$$Yjysyry_t = 0.000\,7Dscycz_{t-1} + 0.664\,6Yjsyry_{t-1} + 8.010\,3 \tag{1}$$

$$Yjysyry_t = 0.002\,8Dscyjyrs_{t-1} + 1.052\,0Yjysyry_{t-1} - 55.482\,5 \tag{2}$$

$$Zlsqpzsl_t = (36\quad 1)\left(\frac{Zlsqpzsl}{Dscyjyrs}\right)_{t-1} + (-122\quad -1)\left(\frac{Zlsqpzsl}{Dscyjyrs}\right)_{t-2} + (114\quad 2)\left(\frac{Zlsqpzsl}{Dscyjyrs}\right)_{t-3} + (-12\quad -1)\left(\frac{Zlsqpzsl}{Dscyjyrs}\right)_{t-4} - 272\,564 \tag{3}$$

式中，$Yjysyry$ 为研究与试验发展全时人员；$Dscycz$ 为第三产业产值；$Zlsqpzsl$ 为专利申请批准数量；$t-i$ 为第 $t-i$ 个周期。

从式(1)、式(2)、式(3) 中可以看出，研究对象的具体关系是在判定系数和调整后的判定系数均大于 0.98 的基础上成立。因此，上述模型是显著成立的。由于上述模型较为复杂,需通过脉冲分析对上述关系进行探讨。

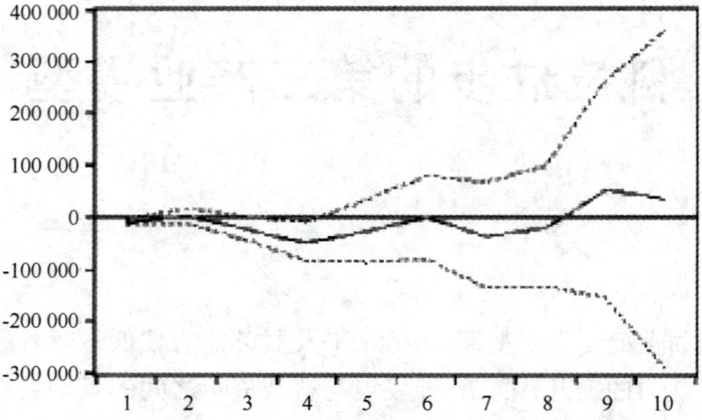

图 1　第三产业就业人数对专利申请批准数量的脉冲响应

从图 1 中可以看出,第三产业就业人数对专利申请批准数量的脉冲影响服从类似正弦函数变化。

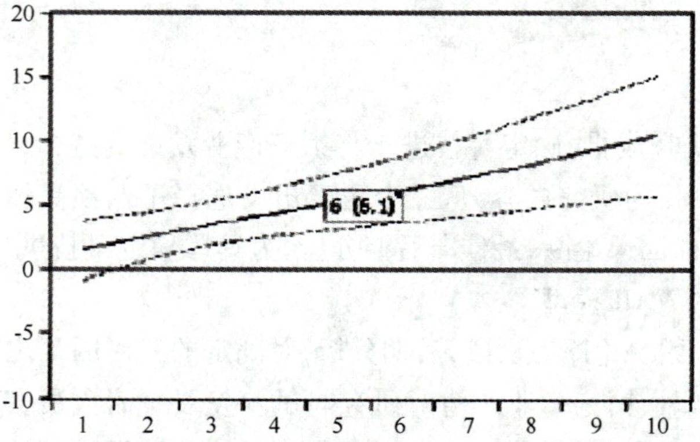

图 2　第三产业产值对研究与试验发展全时人员的脉冲响应

从图 2 中可以看出,第三产业产值对研究与试验发展全时人员的脉冲影响服从线性变化,该线性变化为递增式的变化,且线性变化的斜率在 1 左右。这说明第三产业的整体发展对研究与试验发展全时人员为代表的科技发展具有显著性效果,且这种效果随着周期的顺延效果逐步加强。

从图 3 可以看出[2],第三产业就业人数对研究与试验发展全时人员的脉冲影响是负向的,而第三产业产值对研究与试验发展全时人员的脉冲影响是正向的。

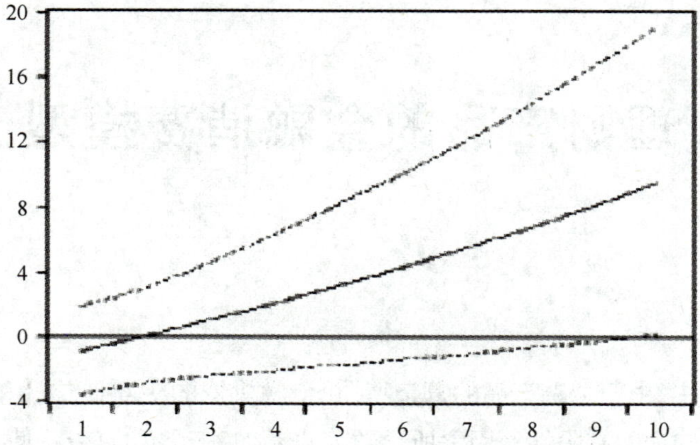

图 3　第三产业就业人数对研究与试验发展全时人员的脉冲响应

3　意义

通过三个单向的 VAR 模型，建立了科技进步的第三产业模型，该模型表明了我国第三产业发展对科技进步存在着单向促进关系的结论，我国第三产业还处于产业发展初期，就业人群的层次较低，服务水平较低，科技进步对第三产业发展的促进作用也不显著，这种不显著性会随着就业人员的文化层次的提高和科技服务水平及科技服务能力的提高逐步将得以提升。本模型可预测科技进步与第三产业发展间的互动关系，为促进第三产业内部产业结构升级与转型提供参考。

参考文献

[1]　霍晓艳．科技进步对第三产业发展的促进作用研究[J]．经济问题，2014，(6)：94－97.

[2]　罗文斌，徐飞雄，贺小荣．旅游发展与经济增长、第三产业增长动态关系——基于中国 1978—2008 数据的实证检验[J]．旅游学刊，2012，(10)：20－26.

理财产品的金融消费模型

1 背景

金融产品交易中,由于金融产品的复杂特质、金融机构的垄断地位、信息披露的不彻底以及消费者自身专业知识的有限性等因素所导致信息不对称现象的存在,使得金融消费者处于严重的弱势地位,其利益极易遭受侵犯,因而需要受到特殊的保护。针对理财产品市场金融消费者保护的研究,了解保护制度的设置十分重要。宋晨晨和叶蜀君[1]对理财产品设计者与产品销售中介的行为选择及金融消费者保护的制度设置构建理论模型。通过模型求解,体现理财产品市场金融消费者保护制度设置的重要性和必要性,分析制度约束下理财产品设计者与销售中介的最优行为选择,得出市场整体福利最大化水平下金融消费者保护最优制度设置。

2 公式

将金融消费者定义为:为了优化个人或家庭的资产配置、满足生活需要而购买金融产品(在此特指理财产品)的个体自然人,不包括机构购买者。基于金融消费者保护视角下理财产品设计者和销售中介的最优行为选择,引入金融消费者保护制度。

假设理财产品设计者和销售中介都是风险中性的,金融消费者是风险厌恶的。金融消费者分为两种类型:一种是对某种理财产品有风险承受能力的“适合”的消费者,记为“Y”;另一种是对某种理财产品没有风险承受能力的“不适合”的消费者,记为“N”。Y 类消费者购买产品的期望收益是 R,即愿意最多付出 R 来获得产品;N 类消费者购买产品的损失是 R',即愿意最多付出 R' 来避免购买产品。面对理财产品时消费者事先并不知道自己属于何种类型,但是清楚两种类型的分布情况,即:$\varepsilon = \begin{cases} Y, prob.\ \gamma \\ N, prob.\ (1-\gamma) \end{cases}$[2],其中 $\gamma \in [0,1]$ 表示适合购买某种理财产品的消费者占全部消费者的一个先验概率。γ 值较大说明该产品较为“大众化”,γ 值较小说明该产品较为“小众化”,即专业性较强。为方便讨论,设定 $\gamma R - (1-\gamma)R' = 0$,即如果没有其他信息(如评估指导建议)时消费者就不会购买该产品。

假设市场上只存在一种理财产品;每位消费者只购买 1 单位的产品;想购买这种产品的全部消费者设为单位 1;消费者必须通过销售中介购买产品,经过评估获得了购买权的消费者会以不超过预期收益的价格 p 去购买产品,被中介评估为不适合的购买者就退出购买，既无收益也无损失。在此过程中，产品设计者只负责产品质量，销售中介负责对消费者进行评估分类，给出有价值的专业建议，阻止 N 类消费者购买产品，并根据销售量获得 s 比例的佣金。产品设计者对产品质量的投入记为 $\alpha \in [0,1]$，并由此产生 $\frac{k_A}{2}\alpha^2$ 的成本。销售中介投入的努力记为 $\beta \in [0,1]$，并由此产生 $\frac{k_B}{2}\beta^2$ 的成本。$\beta = 0$ 表示中介没有获得任何关于消费者的信息，因而不能给出专业建议；$\beta = 1$ 表示中介能够获得每位消费者的信息。

设中介得到消费者的信息为：$\omega = \eta\varepsilon + (1 - \eta)\tau$。其中 τ 是一个噪声项，它与 ε 有相同的分布且相互独立。随机变量 η 的形式为：$\eta = \begin{cases} 1, prob.\ \phi \\ 0, prob.\ 1 - \phi \end{cases}, \phi \in [0,1]$。$\eta = 1$ 表示中介获得了正确的消费者信息，$\eta = 0$ 表示中介获得的是噪声信号即误差信息。

设置保护制度以约束产品设计者与销售中介的行为，补偿那些由于设计者或中介工作不到位而错误购买并遭受损失的消费者，这种制度约束用 I 表示，$I = (\mu_A, \mu_B)$。其中，μ_A 是对理财产品设计者的惩罚，即由于产品质量问题给予购买产品的 N 类消费者的赔偿；μ_B 是对销售中介的惩罚，即由于其工作失误导致购买产品的 N 类消费者受到损失而给予的赔偿。在金融消费者保护制度环境下，消费者得到的总赔偿是 $\mu_T = \mu_A + \mu_B$。

理财产品市场上的总销售量为：

$$n_T = 1 - \beta \Pr\{\omega = N\} = 1 - \beta(1 - \gamma)。$$

由此式可以看出，总销量关于 γ 单调递增，关于 β 单调递减。

$n_T = n_Y + n_N$，其中 n_Y 表示购买了产品并获得期望收益 R 的消费者数量，这也体现了市场中正福利水平的来源；n_N 表示错误购买了产品因而遭受损失 R' 的消费者数量，这也衡量了寻求制度保护和赔偿的消费者范围。$\mu_T n_N$ 表示对受损消费者的全部赔偿，体现了制度对保护力度的一种衡量。

表1　构成 n_Y 的四种情形

	能够给消费者建议	未能给消费者建议
先验分布中的 Y 类消费者	$\beta\Pr\{\omega = Y, \varepsilon = Y\}$	$(1-\beta)\Pr\{\varepsilon = Y\}$
先验分布中的 N 类消费者	$\alpha\beta\Pr\{\omega = Y, \varepsilon = N\}$	$\alpha(1-\beta)\Pr\{\varepsilon = N\}$

表2　构成 n_N 的两种情形

	能够给消费者建议	未能给消费者建议
先验分布中的 N 类消费者	$(1-\alpha)\beta\Pr\{\omega = Y, \varepsilon = N\}$	$(1-\alpha)(1-\beta)\Pr\{\varepsilon = N\}$

推论1:购买理财产品的Y类和N类消费者数量为:

$$n_Y = \gamma[1-\beta(1-\gamma)(1-\phi)] + \alpha(1-\gamma)\{1-\beta[1-\gamma(1-\phi)]\}$$

$$n_N = (1-\alpha)(1-\gamma)\{1-\beta[1-\gamma(1-\phi)]\}$$

根据推论1,购买产品的Y类消费者数量关于α单调递增、关于β单调递减;购买产品的N类消费者数量关于α和β都递减。

销售中介的最优行为策略服从以下目标函数:$\max\limits_{\beta\in[0,1]} n_T s - n_N\mu_B - \frac{k_B}{2}\beta^2$,将有关变量代入,求一阶条件,得到:

$$\beta = \frac{(1-\gamma)[(1-\alpha)\sigma\mu_B - s]}{k_B} \tag{1}$$

其中,$\sigma = 1-\gamma(1-\phi)$。由式(1)可以看出:$\beta$关于$\mu_B$和$\phi$递增,关于$\alpha$递减。这表明,加大制度惩罚的严厉程度会提高中介在评估时投入的努力水平,准确率的提升也能刺激中介加大评估努力,但提升产品质量却会使中介的评估努力水平降低。

理财产品设计者的最优行为策略服从以下目标函数:

$$\max_{\alpha\in[0,1]} n_T(p-s) - n_N\mu_A - \frac{k_A}{2}\alpha^2$$

将有关变量代入,求一阶条件,得到:

$$\alpha = \frac{\mu_A(1-\gamma)(1-\beta\sigma)}{k_A} \tag{2}$$

由式(2)可以看出加大制度惩罚的严厉程度会提高产品设计者对产品质量的投入。

由式(1) 和式(2) 可以解出销售中介和产品设计者的最优行为β^*和α^*,得到推论2。

推论2:销售中介在均衡中的最优行为策略是:

$$\beta^* = \frac{(1-\gamma)\mu_B[(\sigma\mu_A - s)k_A - \sigma\mu_A]}{k_Bk_A - (1-\gamma)^2\sigma^2\mu_B\mu_A} \tag{3}$$

理财产品设计者在均衡中的最优行为策略是:

$$\alpha^* = \frac{(1-\gamma)\mu_A[k_B - (1-\gamma)\sigma^2(\mu_B - s)]}{k_Bk_A - (1-\gamma)^2\sigma^2\mu_B\mu_A} \tag{4}$$ [3]

推论2反映出加大对产品设计者的制度约束会使产品质量提高,但同时会抑制中介的努力水平;加大对中介的制度约束会激励中介增加投入,但同时会使设计者放松产品质量要求。

理财产品市场上的整体福利水平W等于购买了理财产品的Y类消费者获得的收益减去N类消费者遭受的损失,再减去产品设计者和销售中介的努力成本(销售中介的佣金、理财产品的价格、产品设计者和销售中介对消费者的赔偿等变量是在各市场主体之间转移的),即:

$$W = n_Y R - n_N R' - \frac{k_A}{2}\alpha^2 - \frac{k_B}{2}\beta^2 \tag{5}$$

则金融消费者保护制度设置的目标可表示为：

$$\max_{\mu A,\mu B} W = n_Y R - n_N R' - \frac{k_A}{2}\alpha^2 - \frac{k_B}{2}\beta^2 \tag{6}$$

当不存在制度约束即 $\mu_A = 0$、$\mu_B = 0$ 时，代入式(3)与式(4)，得到 $\beta^* = 0, \alpha^* = 0$。将 $\beta = 0, \alpha = 0$ 代入式(5)，再根据模型初试假设 $\gamma R - (1-\gamma)R' = 0$，可得 $W = 0$。由此得到推论3。

推论3：当金融消费者保护制度缺失(即 $I = \{\mu_A, \mu_B\}$ 不存在)时，$\beta^* = 0, \alpha^* = 0$，且 $W = 0$。

由于 μ_A、μ_B 影响 α、β，而 α、β 又影响 n_Y、n_N，因而式(6)等价于：

$$\max_{\alpha,\beta} W = n_Y R - n_N R' - \frac{k_A}{2}\alpha^2 - \frac{k_B}{2}\beta^2$$

将相关变量代入并求一阶条件，可得：

$$\beta^* = \frac{(\gamma\phi k_A - \sigma R)R'}{k_A k_B - \sigma^2 R^2} \tag{7}$$

$$\alpha^* = \frac{(k_B - \gamma\phi\sigma R)R'}{k_A k_B - \sigma^2 R^2} \tag{8}$$

联立式(3)、式(4)、式(7)、式(8)，得到推论4。

推论4：市场整体福利最大化水平下金融消费者保护最优制度设置 $I^* = \{\mu_A^*, \mu_B^*\}$ 为：

$$\mu_A^* = R + R' \tag{9}$$

$$\mu_B^* = \frac{k_B R'(\gamma\phi k_A - \sigma R)}{\sigma(1-\gamma)[k_B(k_A - R) - \sigma R^2(1-\gamma)]} \tag{10}$$ [4]

由于 $\mu_B^* > 0$，所以 $\mu_T^* = \mu_A^* + \mu_B^* > R + R'$，这表明制度的最优设置要求理财产品设计者和销售中介除了赔偿消费者的全部损失(包括 R 和 R')之外，还须做出惩罚性赔偿，这种额外的补偿可以对市场主体不恰当的行为进行震慑。此外，从推论4中还可以看出，μ_B^* 关于评估准确率 ϕ 成正比，即随着评估准确率的提高，一旦出现消费者错误购买产品的情况，中介将会遭到更为严厉的惩罚。

3 意义

根据金融消费者保护制度的理论，建立了理财产品的金融消费模型，该模型表明了理财产品市场中进行金融消费者保护的制度设置是必不可少的，保护制度的缺失会极大地损耗市场整体福利水平；金融消费者保护制度设置应以市场整体福利最大化为目标，采取“惩罚性赔偿”手段对相关主体的不当行为进行有力的震慑，以保障金融消费者的利益和市场整体福利。本模型可分析制度约束下理财产品设计者与销售中介的最优行为选择，为金融消费者保护提供参考。

参考文献

[1] 宋晨晨, 叶蜀君. 理财产品市场金融消费者保护的制度设置[J]. 经济问题, 2014,(6): 69-72.
[2] 彭涛, 魏建. 基金产品零售中的金融消费者保护研究[J]. 金融研究, 2011, (2): 149-159.
[3] 陈文君. 金融消费者保护监管研究[D]. 上海: 上海财经大学, 2011.
[4] 陈屹立. 惩罚性赔偿的根据与适用: 法经济学观点[J]. 思想战线, 2007, 33(2): 67-73.

产业集聚的成本效应模型

1 背景

产业集聚的一大功能在于节约成本,产业集聚是指同一产业在某个特定地理区域内高度集中,产业资本要素在空间范围内不断汇聚的一个过程。食品制造业的聚集水平相对较低,且呈现下降趋势,同时,国家层面上食品制造业的成本呈现上升趋势,不同地区食品制造业变化也存在明显差异。针对基于中国省际食品制造业视角的集聚成本效应的研究,了解食品制造业区域集聚的成本效应十分重要。贺旭辉和田国英[1]以食品制造业为对象,选择2003—2012年除西藏外的30个省(自治区、直辖市)的食品制造业为研究对象,建立变系数模型,以反映集聚对成本影响的地区差异,实证考察了区域产业集聚的成本效应。

2 公式

针对区域食品制造业集聚是否会产生成本节约效应、集聚是否为不同地区食品制造业成本变化差异的一个直接诱因、集聚的成本效应与集聚度的高低及其变化是否密切相关等问题,引入变系数模型,对问题进行实证考察。

从实践看,引致成本变化的原因很多,拟设定以下模型:

$$\ln utc_{it} = c_{it} + \beta_{1it}\ln scale_{it} + \beta_{2it}\ln wage_{it} + \beta_{3it}\ln pm_{it} + \beta_{4it}\ln tech_{it} + \beta_{5it}\ln LQ_{it} + \varepsilon_{it} \quad (1)$$ [2]

式中,i、t 分别表示地区和时间;$c_{it}, \beta_{1it}, \cdots, \beta_{4it}$ 为待估计参数;ε_{it} 为随机扰动项;utc 为成本变量,产业集聚的成本效应体现在多个方面,并最终在总成本上体现出来。

同时,$scale$:规模经济变量;$wage$:工资变量;pm:原材料、燃料及动力购进价格;$tech$:技术进步变量;LQ:区域集聚变量。

$$scale_{ijt} = (emp_{ijt}/emp_{njt})/(est_{ijt}/est_{njt}) \quad (2)$$ [3]

式中,i、t 含义同上;n、j 分别表示全国和产业;emp 表示从业人数;est 为固定资产净值平均余额。预期该变量对成本变量产生负向作用。

$$Tech_{ijt} = \left[\frac{V_{ijt}}{L_{ijt}} / \left(\frac{1}{N}\right) \sum_{i=1}^{N} \frac{V_{ijt}}{L_{ijt}}\right] / \left\{ \sum_{j=1}^{M} \frac{V_{ijt}}{L_{ijt}} / \left[\left(\frac{1}{N}\right) \sum_{i=1}^{N} \sum_{j=1}^{M} \frac{V_{ijt}}{L_{ijt}}\right]\right\} \quad (3)$$

式中,V、L 分别表示工业增加值和就业比重;N、M 分别表示地区数和产业数量。预期该变量对成本的作用方向为负,即技术进步有利于降低成本。

$$LQ_{ijt} = (giov_{ijt}/giov_{it})/(GIOV_{ijt}/GIOV_{it}) \tag{4}$$

式中,$giov_{ijt}$、$giov_{it}$ 分别表示 t 年 i 地区产业和制造业的总产值; $GIOV_{ijt}$、$GIOV_{it}$ 分别表示同期全国(或大区域)j 产业和制造业的总产值。

在此拟采用变系数模型,以反映集聚对成本影响的地区差异,模型为:

$$Y_{it} = \alpha_i + \beta_i x_{it} + \varepsilon_{it} \quad (i = 1,2,\cdots,N;t = 1,2,\cdots,T) \tag{5}$$

式中, Y_{it} 为因变量; x_{it} 为 $1 \times k$ 维解释变量向量;N 为截面成员数;T 为每个截面成员的观测时期总数; α_i 为模型的常数项; β 为对应于解释变量向量 x_{it} 的系数向量;随机误差项 ε_i 相互独立,且满足零均值、等方差的假设。

由于面板模型使用的样本数据包含了个体、指标和时间三个方向上的信息,因此,需要检验样本数据,从而避免模型设定的偏差,改进参数估计的有效性。经常使用的检验方法是协方差分析检验,检验假设为:

$$H_1:\beta_1 = \beta_2 = \cdots = \beta_N$$
$$H_2:\alpha_1 = \alpha_2 = \cdots = \alpha_N; \quad \beta_1 = \beta_2 = \cdots = \beta_N$$

如果拒绝假设 H_2,即根据计算所得到的统计量 F 值不小于给定的置信度下的相应临界值 $[F(N-1)(k+1),N(T-k-1)]$,此时继续检验假设 H_1。反之,则选择无个体影响的不变系数模型。若计算所得到的统计量 F 值不小于给定的置信度下的相应临界值 $[F(N-1)(k+1),N(T-k-1)]$ 则拒绝假设 $H1$,采用变系数模型,反之则采用变截距模型。

检验结果 F 值等于 1.6783,在 5% 的显著性水平下,得到 H_2 的临界值为 $F_2(174,90) = 1.34$, H_1 的临界值为 $F_1(116,120) = 1.36$ 。可以判断采用变系数模型是科学的,因此模型可以简化为:

$$\ln utc_{it} = c + \beta_1 \ln scale_{it} + \beta_2 \ln wage_{it} + \beta_3 \ln pm_{it} + \beta_4 \ln tech_{it} + \beta_5 \ln LQ_{it} + \varepsilon_{it} \tag{6}$$

利用变系数模型对变量进行回归,得到的结果见表 1。

表 1　食品制造业地区专业化对成本影响的回归结果

变量	系数	t 值	变量	系数	t 值
c	−0.023 2**	−2.397 9	ln*LQ* − 江西	0.266 1	3.139 6
ln*scale*	0.107 3***	4.753 7	ln*LQ* − 山东	−0.260 2*	−1.434 7
ln*wage*	0.016 0	0.383 4	ln*LQ* − 河南	−0.113 1**	−1.572 1
ln*pm*	0.399 9***	3.420 9	ln*LQ* − 湖北	0.227 7	1.482 9
ln*tech*	−0.042 9*	−1.920 1	ln*LQ* − 湖南	−0.241 7***	−5.256 1
ln*LQ* − 北京	−0.089 3	−0.532 4	ln*LQ* − 广东	−0.238 6	−2.372 3
ln*LQ* − 天津	0.128 7	1.404 0	ln*LQ* − 广西	0.015 6	0.296 6

续表 1

变量	系数	t 值	变量	系数	t 值
lnLQ－河北	0.009 7	0.075 5	lnLQ－海南	－0.289 0***	－4.964 1
lnLQ－山西	0.224 2*	1.717 0	lnLQ－重庆	0.099 0	0.799 2
lnLQ－内蒙古	－0.095 7***	－2.893 3	lnLQ－四川	0.240 8***	2.817 1
lnLQ－辽宁	－0.289 5	－1.116 0	lnLQ－贵州	0.009 2	0.306 2
lnLQ－吉林	－0.088 4*	－1.717 2	lnLQ－云南	－0.132 2	－1.507 4
lnLQ－黑龙江	－0.247 7***	－2.792 2	lnLQ－陕西	－0.583 7	－2.302 1
lnLQ－上海	0.434 7*	1.664 1	lnLQ－甘肃	－0.291 6**	－2.405 2
lnLQ－江苏	0.039 0	0.670 6	lnLQ－青海	－0.239 2	－0.422 2
lnLQ－浙江	－0.184 2**	－2.332 6	lnLQ－宁夏	－1.063 8***	－4.686 2
lnLQ－安徽	－0.020 2	－0.400 3	lnLQ－新疆	－0.516 2***	－4.590 0
lnLQ－福建	－0.068 2*	－1.280 8			
R^2	0.680 4	F 值	9.997 8	D－W 值	1.987 0

注：***、**、*分别表示在1%、5%、10%的水平上显著。

结果都符合计量经济学的要求，在可以接受的范围内，说明模型的设定基本合理。

3 意义

通过产业集聚的成本效应模型，表明了食品制造业的区域集聚总体上产生了成本节约效应，但不同地区存在一定的差异；食品制造业区域集聚的成本效应不仅与集聚度高低密切相关，而且与集聚度的变化有一定的关系。高集聚和集聚成长地区食品制造业集聚的成本节约效应较为明显，而低集聚和集聚衰退地区食品制造业的集聚则出现成本上升现象。本模型可预测食品制造业区域集聚的成本效应与集聚度和不同地区的关系，为促进我国食品制造业区域集聚的健康持续发展提供决策借鉴。

参考文献

[1] 贺旭辉，田国英．区域产业集聚成本效应的实证分析——中国省际食品制造业视角[J]．经济问题，2014，(6)：89－93.

[2] 张宇，蒋殿春．FDI、产业集聚与产业技术进步：基于中国制造行业数据的实证检验[J]．财经研究，2008，(1)：72－82.

[3] Traistaru I，Martincus C V. Determinants of Manufacturing Concentration Patterns in Mercosur[R]. ERSA Conference Papers，2003. 2－26.

增发上市公司的业绩模型

1 背景

定向增发是指上市公司向符合条件的少数特定投资者非公开发行股份的行为,上市公司在进行定向增发时,在预案公告、增发公告前后有显著正的短期市场效应,向市场传递了积极、有利的信号。针对上市公司定向增发后的长期业绩表现的研究,了解定向增发的两种情形十分重要。王莉婕[1]以2006—2012年A股成功实施定向增发的上市公司为研究样本,选取每股盈余、总资产报酬率、净资产报酬率为长期绩效指标,建立定向增发对上市公司经营绩效影响的实证研究的回归模型,探究上市公司定向增发后的长期业绩表现。

2 公式

以2006年1月1日到2012年12月31日有定向增发新股预案且成功实施的A股上市公司为研究样本,针对大股东认购比例和机构投资者作为有监督能力的外部投资者与长期经营绩效关系提出假设,实证定向增发对上市公司经营绩效影响,引入回归模型。

假设H1:当上市公司原有大股东参与定向增发,其大股东认购比例与长期经营绩效正相关时,支持效应占主导,反之说明存在侵占效应。

假设H2:机构投资者作为有监督能力的外部投资者,其参与定向增发对长期业绩有促进作用。

表1 列出了选取的变量及其定义

变量名		变量定义
pefrormance	*eps*_1	表示公司定向增发前一年末每股收益
	*eps*0	表示公司定向增发当年末每股收益
	*eps*1	表示公司定向增发后第一年末每股收益
	*eps*2	表示公司定向增发后第二年末每股收益
	avgeps	表示公司定向增发当年与发行后第一年末每股收益的均值(*eps*0 + *eps*1)/2

续表 1

变量名		变量定义
performance	opsr	表示增发后第一年末每股收益相对于增发当年的增速(eps1 - eps0)/eps0
	epsri	表示增发后第一年末每股收益相对于行业同期平均值的比率(esp1 - esp0)/espl
	roa_1	表示公司定向增发前一年末总资产报酬率
	roa0	表示公司定向增发当年末总资产报酬率
	roa1	表示公司定向增发后第一年末总资产报酬率
	roa2	表示公司定向增发后第二年末总资产报酬率
	avgroa	表示公司定向增发当年与发行后第一年末总资产报酬率的均值(roa0 + roa1)/2
	roar	表示增发后第一年末 roa 相对于增发当年的增速(roa1 - roa0)/roa0
	roari	表示增发后第一年末 roa 相对于行业同期平均值的比率(roa1 - rori)/roai
	roe_1	表示公司定向增发前一年末净贷产收益率
	roe0	表示公司定向增发后当年末净资产收益率
	roe1	表示公司定向增发后第一年末净资产收益率
	roe2	表示公司定向增发后第二年末净资产收益率
	avgroe	表示公司定向增发当年与发行后第一年末净资产报酬率的均值(roe0 + roe1)/2
	roer	表示增发后第一年末 roe 相对于增发当年的增速(roe1 - roe0)/roe0
	roeri	表示增发后第一年末 roe 相对于行业同期平均值的比率(roe1 - roei)/roei
大股东让购比例	bigbuy	大股东购买定向增发数量占定向增发发行总股数比例
股权集中度指标	sharech	大股东认购比例 > 增发前大股东持股比例时取 1,否则取 0
认购类型	inst	发行对象的虚拟变量,当发行对象包含机构投资者时取 1,否则取 0
发行特征变量	tobinq	公司市场价值与公司总资产的比值
	bm	账市比(book - to - maeket)
	lev	上市公司定向增发前一年年末资产负债率
	lnsize	定向增发前公司总股本的自然对数

由于在我国资本市场上寻找参照或匹配公司主观性太大,加入经行业调整后的相对经营绩效指标予以替代,同时结合定向增发当年及次年的业绩指标、均值与增长率,分别构建所要研究的回归模型,如下所示:

$$eps0 \mid eps1 \mid avgeps \mid epsr \mid spsri = \alpha_0 + \alpha_1 bigbuy \mid sharech + \alpha_2 inst + \sum \alpha_i control + \varepsilon_i \quad (1)$$

$$roa0 \mid roa1 \mid avgroa \mid roar \mid roari = \beta_0 + \beta_1 bigbuy \mid sharech + \beta_2 inst + \sum \beta_i control + \varepsilon_i \quad (2)$$

$$roe0 \mid roe1 \mid avgroe \mid roer \mid roeri = \gamma_0 + \gamma_1 bigbuy \mid sharech + \gamma_2 inst + \sum \gamma_i control + \varepsilon_i \quad (3)$$ [2]

长期业绩变量分别为每股收益 *eps*、总资产报酬率 *roa*、净资产报酬率 *roe*,为使研究结果更全面,更具说服力,对业绩变量又做如下细分:选取增发当年、增发后第一年、发行当年与发行后一年的均值、相对于发行前一年的收益率的相对值以及相对于行业平均收益率的相对值。

以 *roe* 为例,*roe* 收益率变量可以为绝对收益即发行后一年的收益率 *roe*1,也可以为发行当年与发行后一年 *roe* 的平均值以及相对值,计算公式如下:

$$roer = \frac{(roe1 - roe0)}{roe0} \quad (4)$$

roer 主要是定向增发公司针对发行前自身经营绩效计算的相对净资产收益率的增长率。在此还考虑下一种收益率方法,即经行业调整后的经营绩效指标,计算公式为:

$$roeri = \frac{roe1 - roei}{roei} \quad (5)$$

*roe*1 是定向增发后第一年末的净资产收益率指标; *roei* 是定向增发后第一年末公司所在行业的平均净资产收益率指标。

表 2　回归模型中长期业绩变量的描述性统计

raruabke	*N*	*mean*	*median*	*sd*	min	max
*eps*_1	397	0.390	0.305	0.429	−0.740	1.900
*eps*0	398	0.486	0.364	0.468	−0.484	2.440
*eps*1	339	0.396	0.290	0.486	−0.725	2.620
*eps*2	263	0.378	0.310	0.482	−0.966	2.160
*roa*_1	398	0.022	0.043	3.156	−51.298	36.091
*roa*0	398	0.050	0.046	0.043	−0.071	0.200
*roa*1	339	0.044	0.039	0.046	−0.075	0.206
*roa*2	263	0.040	0.032	0.053	−0.098	0.270

续表 2

raruabke	N	mean	median	sd	min	max
roe_1	380	0. 485	0. 102	6. 972	-7. 483	13. 334
roe0	398	0. 111	0. 094	10. 108	-0. 178	0. 662
roe1	339	0. 097	0. 087	0. 103	-0. 267	0. 413
roe2	263	0. 088	0. 083	0. 111	-0. 301	0. 381

由表 2 可知上市公司长期业绩指标在增发前后的 4 年间，均呈先增后降的趋势，除净资产报酬率外，每股收益、总资产报酬率均在增发当年达到最大值，而在增发后第一年末、第二年末，均值略有下降，但下降幅度不大。

表 3　*roe0* 与发行特征的相关系数

	roe0	bigbuy	sharech	inst	tobinq	bm	lev	lnsize
roe0	1							
bigbuy	0. 173 9 * * *	0						
sharech	0. 097 5 *	0. 790 4 * * *	0					
inst	-0. 132 0 * * *	-0. 816 6 * * *	-0. 204 8 * * *	1				
tobinq	0. 283 8 * * *	-0. 010 1	0. 063 9	-0. 052 7	1			
bm	-0. 217 6 * * *	0. 083 3	-0. 049 3	-0. 158 3 * * *	-0. 393 9 * * *	1		
lev	0. 188 1 * * *	0. 167 7 * * *	0. 032 9	-0. 212 3 * * *	0. 026 9	0. 352 2 * * *	1	
lnsize	-0. 066 3	0. 034 7	-0. 057 3	-0. 132 4 * * *	-0. 097 9 *	0. 264 6 * * *	0. 204 9 * * *	0

注：* * * 、* * 、* 分别表示在 1% 、5% 、10% 的水平上显著(后同)。

表 4　*argroe* 与发行特征的相关系数

	avgroe	bigbuy	sharech	inst	tobinq	bm	lev	lnsize
argroe	1							
bigbuy	0. 107 1	1						
sharech	0. 110 0 * * *	0. 790 4 * * *	1					
inst	-0. 034 6	-0. 816 6	-0. 204 8 * * *	1				
tobinq	0. 323 4 * * *	-0. 010 1	0. 063 9	-0. 052 7	1			
bm	-0. 153 6 * * *	0. 083 3	-0. 049 36	-0. 158 3 * * *	-0. 393 9 * * *	1		
lev	0. 125 5 * * *	0. 167 7 * * *	0. 032 9	-0. 212 3 * * *	0. 026 9	0. 352 2 * * *	1	
lnsize	-0. 043 6	0. 034 7	-0. 057 3	-0. 132 4 * * *	-0. 097 9	0. 264 6 * * *	0. 204 9 * * *	1

从上述表3、表4 可以看出,净资产报酬率指标 *roe*0、*avgroe* 与第一大股东认购比例、股权集中度、公司成长性(*tobinq*) 之间显著正相关;衡量长期经营绩效的各指标之间存在的区别仅是显著性水平,相关性的符号基本不存在差异,结果不赘述。

表5　净资产报酬率回归分析

	(1) *roe*0	(2) *roe*1	(3) *avgroe*	(4) *roer*	(5) *roeri*	(6) *roe*0	(7) *roe*1	(8) *avgroe*	(9) *roer*	(10) *roeri*
bigbuy	0.052** (2.55)	0.015 (0.74)	0.017 (1.19)	0.866 (1.56)	0.182 (0.77)					
sharech						0.012 (0.88)	0.020 (1.33)	0.016 (1.53)	0.403 (0.97)	0.160 (0.91)
inst						0.024** (2.16)	0.026** (2.07)	0.002 (0.27)	0.777** (2.23)	0.316** (2.13)
tobinq	0.003** (2.04)	0.004*** (3.37)	0.003*** (4.06)	0.012 (0.38)	0.035** (2.52)	0.003*** (3.27)	0.003*** (3.20)	0.003*** (4.90)	0.007 (0.27)	0.029*** (2.44)
bm	−0.111** (−3.59)	0.064** (2.06)	−0.014 (−0.64)	1.131 (1.33)	0.444 (1.22)	−0.092*** (−4.34)	0.039* (1.67)	0.023 (−1.44)	1.106* (1.71)	0.530* (1.92)
lev	0.179*** (4.06)	0.008 (0.19)	0.079** (2.50)	−1.995* (−1.66)	0.856* (1.67)	0.149*** (5.00)	−0.012 (−0.35)	0.059*** (2.63)	−1.150 (−1.27)	0.314 (0.82)
ln*size*	−0.006 (−0.81)	0.004 (0.47)	−0.001 (−0.11)	0.122 (0.56)	0.067 (0.72)	−0.005 (−1.02)	0.003 (0.46)	−0.001 (−0.29)	0.058 (0.33)	−0.037 (−0.49)
_cons	0.168 (1.16)	−0.031 (−0.20)	0.059 (0.54)	−1.011 (−0.24)	−2.208 (−1.22)	0.198* (1.88)	0.025 (−0.19)	0.088 (1.00)	−1.480 (−0.42)	−0.232 (−0.15)
N	238	199	199	199	199	398	339	339	339	339
F	9.847	2.844	6.552	1.478	2.621	13.342	2.396	8.369	1.483	2.093
R^2	0.175	0.069	0.145	0.037	0.064	0.170	0.041	0.131	0.026	0.036
R^2_*a*	0.157	0.044	0.123	0.012	0.039	0.157	0.024	0.116	0.008	0.019

注:括号中为 *t* 值。

净资产报酬率的各指标与公司在定向增发前公司的成长性显著正相关说明成长性越好的公司未来收益也越好,这与预测一致。

3　意义

通过定向增发对上市公司经营绩效影响的实证研究,建立了增发上市公司的业绩模型,该模型表明了大股东持股比例与长期绩效显著正相关,大股东认购起到了较好的支持作用;机构投资者认购与长期绩效显著正相关,说明机构投资者在定向增发中发挥了很好的监督职能,对上市公司定向增发后的长期业绩有促进作用。本模型可预测大股东持股比例与机构投资者认购与长期绩效的关系，为上市公司后续增发募集资金和我国证券市场健康、稳定的发展提供参考。

参考文献

[1] 王莉婕，马妍妍．上市公司定向增发的财务效应研究[J]．经济问题，2014，(6)：117－120.

[2] 章卫东．股权分置条件下中国上市公司股权再融资行为和绩效研究[D]．武汉：华中科技大学，2005.

金融结构的差异性模型

1 背景

泛北部湾经济合作区作为 CAFTA 框架下的一个次区域合作，随着中国与东盟合作关系的全面展开而迅速发展并向深层次推进，必然引致相应的金融合作需求。由于成员国金融结构差异化是必然的，不同的国家或是一个国家不同的经济发展阶段，其金融结构演绎路径有较大的差异。李健等[1]借鉴技术演进周期的理论，融入区域金融发展梯度推进的学术思想，考察技术演进的不同阶段、不同金融结构模式的优势及其相互合作对于区域经济发展的影响。

2 公式

当新技术只有少数人应用时，即 $1-\gamma<1/2$，多数投资者认为此项技术成功希望不大，设他们的先验概率为 $1-\gamma$；少数投资者认为此项技术成功的希望较大，则他们的先验概率为 γ。因此，成功的真实概率为：

$$\pi_1=\gamma(1-\gamma)+(1-\gamma)\gamma=2\gamma(1-\gamma)$$

同理，当新技术被多数人应用时：

$$\pi_2=(1-\gamma)(1-\gamma)+\gamma\cdot\gamma=(1-\gamma)^2+\gamma^2$$

当新技术推广的过程中，投资者意见分歧的程度也会发生变化，当 $1-\gamma<1/2$ 时，意见一致的概率为：

$$\beta_1=\frac{\gamma(1-\gamma)}{\pi_1}\gamma+\frac{(1-\gamma)\gamma}{\pi_1}(1-\gamma)=\frac{1}{2}$$

而当 $1-\gamma\geqslant 1/2$ 时，则：

$$\beta_2=\frac{(1-\gamma)(1-\gamma)}{\pi_2}(1-\gamma)+\frac{\gamma\times\gamma}{\pi_2}\gamma=\frac{1-3\gamma+3\gamma^2}{(1-\gamma)^2+\gamma^2}$$

少数人参与的技术推广模型

市场导向结构下，资本存量和经济增长率表达式分别为：

$$K^M=\frac{1-\sigma+\alpha\sigma}{(1-\alpha)(1-\sigma)}(1-\gamma)+\frac{\alpha}{1-\alpha}\times\frac{1}{2(h-1)(1-\sigma)\gamma(1-\gamma)}$$

$$g_c^M=R-\rho=\alpha^R(1-\alpha)^{1-\alpha}(h-1)^{1-\alpha}(1-\sigma)^{1-\alpha}[2\gamma(1-\gamma)]^{1-\alpha}-\rho$$

银行导向结构下，资本存量和经济增长率表达式分别为：

$$K^I = \frac{(1+\alpha)(1-\gamma)}{1-\alpha} + \frac{\alpha}{1-\alpha} \times \frac{1}{\gamma(1-\gamma)(h-1)}$$

$$g_C^I = R - \rho = \alpha^\alpha (1-\alpha)^{1-\alpha}(h-1)^{1-\alpha}[\gamma(1-\gamma)]^{1-\alpha} - \rho$$

多数人参与的技术推广模型

市场导向结构下，资本存量和经济增长率表达式分别为：

$$K^M = \frac{\alpha}{1-\alpha} \times \frac{1}{(h-1)(1-\sigma)[(1-\gamma)^2+\gamma^2]} + (1-\gamma) + \frac{\alpha(1-\gamma)}{(1-\alpha)(1-\sigma)}$$

$$g_C = R - \rho = \alpha^\alpha(1-\alpha)^{1-\alpha}(h-1)^{1-\alpha}[(1-\gamma)^2+\gamma^2]^{1-\alpha}(1-\sigma)^{1-\alpha} - \rho$$

银行导向结构下，资本存量和经济增长率表达式分别为：

$$K^I = \frac{\alpha}{(1-\alpha)(h-1)(1-3\gamma+3\gamma^2)} + (1-\gamma) + \frac{\alpha[(1-\gamma)^2+\gamma^2](1-\gamma)}{(1-\alpha)(1-3\gamma+3\gamma^2)}$$

$$g_C = R - \rho = \alpha^\alpha(1-\alpha)^{1-\alpha}(h-1)^{1-\alpha}(1-3\gamma+3\gamma^2)^{1-\alpha} - \rho$$

假设参与中间品技术的融资利率为 r_i。则在一开始，当事人的预期利润为：

$$E_i = \theta_i\{\pi[w_i(h-1) - r_i]\} + (1-\theta_i)N = \pi w_i[(h-z-1)\theta_i + z] - \theta_i \pi r_i$$

根据均衡条件 $R_1 = R$ 以及 R 和 w_i 表达式，可得 $k_i = \dfrac{\alpha}{(1-\alpha)\pi[(h-z-1)\theta+z]}$，偷懒好处使高易变状态下的当事人必然选择偷懒，考虑资本分配可得 $K-(1-\hat{\theta}) = \hat{\theta}k_i + k_i\int_{\hat{\theta}}^{1}[1+\theta_i(E\tilde{l}-1)]\mathrm{d}\theta_i$，进而得到 $k_i = \dfrac{K-(1-\hat{\theta})}{1+(1-\hat{\theta}^2)(E\hat{l}-1)/2}$，于是：

$$K = (1-\hat{\theta}) + \frac{\alpha(1-\hat{\theta}^2)(h-1)}{2(1-\alpha)[(h-z-1)\hat{\theta}+z]} + \frac{\alpha}{(1-\alpha)\pi[(h-z-1)\hat{\theta}+z]}$$

最后得到经济在达到稳态之前的增长速度为：

$$g_C = R - \rho = \alpha^\alpha(1-\alpha)^{1-\alpha}\pi^{1-\alpha}[(h-z-1)\hat{\theta}]^{1-\alpha} - \rho$$

资本存量表达式：

$$K = 1 - \gamma + \frac{K^*}{1-\beta\gamma} + \frac{\alpha}{1-\alpha} \times \frac{1-\gamma}{1-\beta\gamma}$$

经济增长率表达式：

$$g_C = R - \rho = \alpha^\alpha(1-\alpha)^{1-\alpha}(El-1)^{1-\alpha}(1-\beta\gamma)^{1-\alpha} - \rho$$

市场导向结构下，可得资本存量表达式：

$$K = 1 - \hat{\theta} + \frac{\alpha}{1-\alpha} \times \frac{1}{\pi[(h-z-1)\hat{\theta}+z]} + \frac{\alpha}{2(1-\alpha)} \times \frac{(1-\hat{\theta}^2)(h-1)}{(h-z-1)\hat{\theta}+z}$$

经济增长率表达式：

$$g_C = R - \rho = \alpha^\alpha(1-\alpha)^{1-\alpha}\pi^{1-\alpha}[(h-z-1)\hat{\theta}+z]^{1-\alpha} - \rho$$

3 意义

根据金融结构的差异性模型,通过考察不同金融结构模式在不同经济发展阶段下的效果,并在此基础上分析区域合作背景下市场主导型和银行主导型两种金融结构交叉融合的效应,证明在区域市场一体化进程中,两种金融结构的相互渗透及合作能够对区域经济发展起到正的效应。基于金融功能观的视角,不同模式的金融结构"互嵌"式合作有助于提升金融体系的整体功能。基于金融合作在开放性区域经济合作过程的支撑和推动地位,有必要研究不同金融结构在协调发展或融合过程中所产生的效应问题。

参考文献

[1] 李健,范祚军,谢巧燕. 差异性金融结构"互嵌"式"耦合"效应. 经济研究,2012,(12):69-82.

大宗商品价格的预测模型

1　背景

2004 年以来,国际大宗商品价格的快速上涨和剧烈波动引起学术界和业界的高度关注,焦点是实需归因还是投机归因。众多因素相互作用以及大宗商品所具有的战略资源属性和金融属性,使得大宗商品价格形成机制更为复杂,呈现出非线性、动态性以及结构异化等特征。韩立岩和尹力博[1]利用 Bernanke 等[2]提出的因素增强型向量自回归模型,建立大宗商品价格影响因素的广义视角分析框架,并以 2004 年为界对比分析在商品期货金融化和指数化投资深化进程中影响因素的结构异化。

2　公式

大宗商品价格及其影响因素的动态变化可以通过类 VAR 模型来表示。该模型描述如下:

$$\begin{bmatrix} F_t \\ Y_t \end{bmatrix} = \mu + \Phi(L)\begin{bmatrix} F_{t-1} \\ Y_{t-1} \end{bmatrix} + v_{t'} \tag{1}$$

式中,Y_t 为 $M \times 1$ 可观测的大宗商品价格;F_t 为 $K \times 1$ 不可观测的影响大宗商品价格的变量向量。

Bernanke 等[2]假定 F_t 和 Y_t 与大量的经济信息集合 X_t 有关,从而假定 F_t 和 Y_t 共同引起了 X_t 变化。因而引入方程(2) 即:

$$X_t = \Lambda^f F_t + \Lambda^y Y_t + \varepsilon_t \tag{2}$$

式中,Λ^f 和 Λ^y 分别为 $N \times K$ 和 $K \times M$ 因子载荷矩阵;X_t 为 $N \times 1$ 向量;N 为经济变量个数,且 $N \gg K + M$;ε_t 表示均值为零、协方差矩阵为 R 的随机误差项,ε_t 之间可以弱相关。

对于确定的共同因子,代入方程(3) 做回归:

$$\hat{C}_t = \beta_{F^s} \hat{F}_t^s + \beta_Y Y_t + e_t \tag{3}$$

由方程(3)可得到不可观测因子 F_t 的估计值 $\hat{C}_t - \beta_Y Y_t$。将 $\hat{F}_t$ 代入方程(1) 得到一个标准的 VAR 模型即:

$$\Gamma(L)\begin{bmatrix} \hat{F}_t \\ Y_t \end{bmatrix} = u_t \tag{4}$$

根据方程(4) 可以得到 $\hat{F}_t$ 和 Y_t 的脉冲响应函数为：

$$\begin{bmatrix} \hat{F}_t \\ Y_t \end{bmatrix} = \Psi(L)u_t, \Psi(L) = \Gamma(L)^{-1} \tag{5}$$

再结合方程(2) 可以得出 $\hat{X}_t$ 的脉冲响应函数为：

$$\hat{X}_t = [\hat{\Lambda}^f \quad \hat{\Lambda}^y]\begin{bmatrix} \hat{F}_t \\ Y_t \end{bmatrix} = [\hat{\Lambda}^f \quad \hat{\Lambda}^y]\Psi(L)u_t \tag{6}$$

为了挖掘各主因素的经济学含义，我们将各主因素对信息集内所有变量进行回归分析，并报告 R^2 值最高的前五个变量指标(表1)。

表1　所提取主因素的前5个主要指标及 R^2 值(1999年1月至2011年12月)

因素1	R^2	因素2	R^2
美国工业生产指数:制造业	0.653 9	美国耐用品行业员工数	0.752 3
美国芝加哥联邦储备银行全国活动指数	0.639 3	美国制造业员工数	0.741 3
美国工业生产指数:耐用材料	0.631 8	美国轻工业员工数	0.702 7
美国产能利用率:制造业	0.627 5	美国非农业员工数	0.645 6
美国工业生产指数:耐用消费品	0.610 6	美国制造业平均每周小时工资	0.644 8
因素3	R^2	因素4	R^2
中国外资企业实际利用外资累计额	0.735 1	全球豆油产量	0.837 8
中国实际利用外商直接投资累计额	0.735 1	全球大豆压榨量	0.831 9
中国合作经营企业实际利用外资累计额	0.733 1	全球豆粕产量	0.829 5
中国合资经营企业实际利用外资累计额	0.732 5	大豆国内消费总计	0.812 3
中国进口累计额	0.729 6	豆粕国内消费总计	0.810 9

3　意义

选择涵盖美国与中国实体经济、国际投机因素、商品期货市场供需与库存状态的532个经济指标，对国际大宗商品价格影响因素进行多视角实证研究，通过因素增强型向量自回归方程体系，建立了大宗商品价格的预测模型。根据该模型的计算，结果表明：在长期，实体经济因素是大宗商品价格上涨的主要动力；在短期，国际投机因素导致了大宗商品期货的金融化；中国因素的作用是间接的，不是主要的。因此，问题的关键在于监控大宗商品期货指数化投资中的短期投机势力。

参考文献

[1] 韩立岩,尹力博. 投机行为还是实际需求. 经济研究,2012,(12):83－96.

[2] Bernanke B, Boivin J, Eliasz P. Measuring Monetary Policy: A Factor Augmented Vector Autoregressive (FAVAR) Approach, Quarterly Journal of Economics, 2005, 120, 387－422.

央行信息的通胀预期模型

1 背景

2009年10月21日,国务院召开常务会议,提出把正确处理好保持经济平稳较快发展、调整经济结构和管理好通货膨胀预期的关系作为宏观调控的重点。2010年3月,温家宝总理在《政府工作报告》中再次重申“管理好通胀预期”的要求。然而,由于通胀预期是人们的心理活动,具有不易观测性,通胀预期的形成机制也很神秘,所以解决预期的衡量和形成问题是管理好通胀预期的必要前提。卞志村和张义[1]对通胀预期和央行信息披露分别使用C－P概率转换法和措辞提取法进行分析。

2 公式

假设经济主体均匀分布在[0,1]之间,经济主体 i 选择一个具体行为 $a_i \in R$,用 a 代表所有参与者的行动,则参与者 i 的效用函数为:

$$u_i(a,\theta) = -(1-r)(a_i-\theta)^2 - r(L_i - \bar{L}) \tag{1}$$

式中,θ 是经济的基本状态参数;r 为外部性对效用影响的权重,$0 \leqslant r \leqslant 1$,$L_i = \int_0^1 (a_j - a_i)^2 \mathrm{d}j$,$\bar{L} = \int_0^1 L_j \mathrm{d}j$。

r 度量的是协调群体行为、追随大众风潮的从众动机,r 越大表明经济个体越看重与大众协调一致,r 越小则表明经济个体更为看重与经济基本面保持一致[2]。整个社会福利函数定义为个人效用的平均值,因此有(经标准化处理):

$$W(a,\theta) = \frac{1}{1-r}\int_0^1 u_i(a,\theta)\mathrm{d}i = -\int_0^1 (a_i - \theta)^2 \mathrm{d}i \tag{2}$$

从经济主体 i 自身来看,其最优行为由下式决定:

$$a_i = (1-r)E_i(\theta) + rE_i(\bar{a}) \tag{3}$$

式(3)由对式(1)求一阶导数所得,其中 $\bar{a}$ 为所有经济主体的平均行动,即 $\bar{a} = \int_0^1 a_j \mathrm{d}j$,$E_i(\cdot)$ 为经济主体 i 根据其信息集所得出的期望。

假设行为人的决策函数是:

$$a_i = kx_i + (1-k)f(\sigma_\eta^2)y \tag{4}$$

式中，k 为常数；σ_η^2 是公共信息的不精确程度；央行信息披露信任度 $f(\sigma_\eta^2)$ 是披露误差 σ_η^2 的单调递减函数，定义 $0 \leqslant f(\sigma_\eta^2) \leqslant 1$；M－S 模型描述的是未加 $f(\sigma_\eta^2)$ 项的情况，而此处考虑了央行信息披露不完全被公众所信任的情况。全体行为人平均行动的条件均值为：

$$\begin{aligned} E_i[\bar{a}|x_i, f(\sigma_\eta^2)y] &= kE[x_j|x_i, f(\sigma_\eta^2)y] + (1-k)f(\sigma_\eta^2)y \\ &= (1-k)f(\sigma_\eta^2)y + k\frac{\beta x_i + \alpha f(\sigma_\eta^2)y}{\alpha+\beta} \end{aligned} \tag{5}$$

将式(5) 代入式(3)，行为人 i 的最优决策行动为：

$$\alpha_i = \frac{\beta[1 - r(1-k)]}{\alpha+\beta}x_i + \frac{\alpha + \beta r(1-k)}{\alpha+\beta}f(\sigma_\eta^2)y \tag{6}$$

比较式(4) 和式(6) 的系数，可得 $k = \dfrac{\beta(1-r)}{\alpha+\beta(1-r)}$，因此：

$$\alpha_i = \frac{\beta(1-r)}{\alpha+\beta(1-r)}x_i + \frac{\alpha}{\alpha+\beta(1-r)}f(\sigma_\eta^2)y \tag{7}$$

x_t^e 大于 a_t 的概率是"认为 t 期物价上升"人数的比例 R_t；x_t^e 小于 $-a_t$ 的概率是"认为 t 期物价下降"的人数比例 F_t；x_t^e 在区间$(-a_t, a_t]$之间的概率是"认为 t 期物价基本不变"人数的比例 N_t，即：

$$P(x_t^e > a_t) = R_t \tag{8}$$

$$P(x_t^e \leqslant -a_t) = F_t \tag{9}$$

$$P(-a_t < x_t^e \leqslant a_t) = N_t \tag{10}$$

假设预期通胀率服从正态分布，均值则为 π_t^e，式(8)、式(9) 可改写为：

$$P\left(\frac{x_t^e - \pi_t^e}{\sigma_t^e} > \frac{a_t - \pi_t^e}{\sigma_t^e}\right) = P\left(Z_t > \frac{a_t - \pi_t^e}{\sigma_t^e}\right) = R_t \tag{11}$$

$$P\left(\frac{x_t^e - \pi_t^e}{\sigma_t^e} \leqslant \frac{-a_t - \pi_t^e}{\sigma_t^e}\right) = P\left(Z_t \leqslant \frac{-a_t - \pi_t^e}{\sigma_t^e}\right) = F_t \tag{12}$$

式中，σ_t^e 为 x_t^e 的方差；$Z_t = \dfrac{x_t^e - \pi_t^e}{\sigma_t^e}$ 是标准正态分布的随机变量。设 $\Phi(\cdot)$是标准正态分布的累积分布函数，令 $z_1(t) = \Phi^{-1}(F_t)$，$z_2(t) = \Phi^{-1}(1-R_t)$，则 $\dfrac{-a_t - \pi_t^e}{\sigma_t^e} = z_1(t)$，$\dfrac{a_t - \pi_t^e}{\sigma_t^e} = z_2(t)$，可解得：

$$\pi_t^e = \frac{a_t[z_1(t) + z_2(t)]}{z_1(t) - z_2(t)} \tag{13}$$

从表 1 可以看出，通缩措辞、扩大内需在 10% 的显著性水平下不显著，其余措辞均在 10% 的显著性水平下显著，我们将显著的 6 种措辞保留并将其作为构建央行信息披露指数的备选措辞。

表1　各措辞的方差分析

措辞类型	F 统计值	显著度	η^2
通胀	11.608 0	0.000 0	0.361 5
通缩	0.768 0	0.470 5	0.036 1
不确定性	11.062 3	0.000 1	0.350 5
政策从紧	6.111 1	0.004 8	0.229 6
稳健	5.084 8	0.010 6	0.198 7
上调(利率或准备金)	3.881 6	0.028 6	0.159 2
下调(利率或准备金)	3.178 6	0.052 1	0.134 2
扩大内需	2.071 5	0.139 0	0.091 8

以 η^2 作为各项措辞的权重,并将各期措辞出现频率进行标准化处理,然后对加权、确定正负后的每一期的各个措辞次数求和,得出央行信息披露指数时间序列。指数的构建如下:

$$WI_t = \sum_{i=1}^{k} \frac{nobs(x_{i,t}) - meanobs(x_i)}{stdv(x_i)} \cdot sign(x_i) \cdot \eta^2(x_i) \tag{14}$$

式中,WI 为央行信息披露指数;$nobs(x_{i,t})$ 代表措辞 i 在 t 期的出现频率;$meanobs(x_i)$ 为措辞 i 在各期出现频率的均值;$stdv(x_i)$ 表示措辞 i 在各期出现频率的标准差;$sign(x_i)$ 为措辞 i 的符号,显然措辞为"通胀"、"下调(利率或准备金)"时取负值,措辞为"政策从紧"、"上调(利率或准备金)"时取正值;$\eta^2(x_i)$ 为措辞 i 所占的权重。通过式(14)我们可以清楚地看出,越高的 WI 意味着央行披露的通胀预期越低,央行披露的不同通胀预期水平势必会对居民的通胀预期产生重要影响。

面考虑 k 个变量的 SVAR 模型,p 阶结构向量自回归模型 SVAR(p)表示为:

$$By_t = A_1 y_{t-1} + A_2 y_{t-2} + \cdots + A_p y_{t-p} + \Lambda x_t + \mu_t, t = 1,2,\cdots,T \tag{15}$$

式中,B 是一个 $k \times k$ 的方阵,其主对角线元素为 1,反映了内生变量在当期的相互作用;x_t 是外生变量,Λ 是 x_t 的系数矩阵;$\mu_t = (\mu_{1t}, \mu_{2t}, \cdots, \mu)\ k_t'$ 是白噪声向量。在矩阵 B 可逆的情况下,在式(15) 两边同时乘以 B^{-1} 可以将结构式 VAR 转化为无约束 VAR:

$$\begin{aligned} y_t &= B^{-1}A_1 y_{t-1} + B^{-1}A_2 y_{t-2} + \cdots + B^{-1}A_p y_{t-p} + B^{-1}\Lambda x_t + B^{-1}\mu_t \\ &= C_1 y_{t-1} + C_2 y_{t-2} + \cdots + C_p y_{t-p} + \Omega x_t + \varepsilon_t, t = 1,2,\cdots,T \end{aligned} \tag{16}$$

其中,$C_i = B^{-1}A_i$, $i = 1,2,\cdots,p$;$\Omega = B^{-1}\Lambda$;$\varepsilon_t = B^{-1}\mu_t = (\varepsilon_{1t}, \varepsilon_{2t}, \cdots, \varepsilon_{kt})'$。

3 意义

采用2001—2011年的季度数据,利用央行信息的通胀预期模型,研究了央行信息披露与实际干预在引导居民通胀预期中的作用和效果。根据此模型可知,央行信息披露比传统货币政策工具在引导居民预期方面时滞更短,但利率工具对通胀预期的影响程度从长期来看大于信息披露。因此,此处认为央行在管理通胀预期时,应综合运用信息披露和实际干预工具,进一步提高信息披露的精确性,树立央行良好声誉,使通胀预期在短期和长期内都能得到良好锚定。

参考文献

[1] 卞志村,张义. 央行信息披露、实际干预与通胀预期管理. 经济研究,2012,(12):15-28.
[2] 谢杰斌. 中央银行沟通:理论与实践. 厦门大学博士论文,2009.

居民消费者价格的宏观模型

1 背景

2001 年以来,中国通货膨胀的动态演变可以概述为:紧缩、通胀、紧缩、再通胀;2002 年第二季度的通胀为 -1.1 个百分点,标志着我国 2002 年前后经历了一次紧缩过程;随着投资与货币的扩张,2004 第三季度的通胀同比高达 5.3 个百分点,意味着当年经历了一轮温和的通胀;而 2006 第一季度同比仅上升 1.2 个百分点,经过 8 个季度的攀升,于 2008 第一季度形成峰值 8 个百分点。王少平等[1] 从我国的宏观信息集中提取因子,并根据 FAVAR 模型的估计结果将居民消费者价格指数(CPI) 分解为宏观成分和特质冲击。

2 公式

Sims[2] 所发展的 VAR 模型为:

$$Y_t = \Psi(L) Y_{t-1} + v_t \tag{1}$$

式中,Y_t 为 $M \times 1$ 的可观测变量;L 为滞后算子;$\Psi(L)$ 为滞后多项式矩阵。

从 X_t 中提取共同因子的模型为:

$$X_t = \Lambda C_t + e_t \tag{2}$$

式中,Λ 是 $N \times k$ 的因子载荷矩阵;C_t 为 k 维的共同因子并且 $k = N$;e_t 为 $N \times 1$ 的特质冲击。于是,共同因子的 VAR 模型设定为:

$$C_t = \Phi(L) C_{t-1} + v_t \tag{3}$$

式(2)和式(3) 构成了因子增广的向量自回归模型(FAVAR)。

应用 FAVAR 模型的估计结果,确定 *CPI* 及其各大类(记为 π_{it})的宏观成分与特质冲击的模型为:

$$\pi_{it} = \lambda'_i C_t + e_{it} \tag{4}$$

式中,λ'_i 是 Λ 中对应 *CPI* 及其各大类的行。

为定量地说明因子能否解释主要宏观经济变量的变化,我们参考 Bernanke 等的做法,应用:

$$R_i^2 = \frac{\operatorname{var}(\hat{\lambda}'_i \hat{C}_t)}{\operatorname{var}(x_{it})} = \frac{\sum_t (\hat{\lambda}'_t \hat{C}_t)^2}{\sum_t (x_{it})^2} \tag{5}$$

计算宏观因子对主要宏观经济变量的方差的解释程度,其中 *var* 表示方差。其计算结果由表 1 给出(左栏)。

表 1 宏观因子对主要宏观变量的解释程度 R^2 与拟合优度 r^2

工业增加值		社会消费品零售总额		批发零售总额		固定资产投资总额		房地产开发综合指数		*CPI*		*PPI*	
	0.03		0.02		0.03		0.001		0.43		0.15		0.17
0.82	0.55	0.61	0.17	0.80	0.2	0.87	0.05	0.76	0.05	0.71	0.001	0.71	0.22
	0.001		0.001		0.01		0.08		0.13		0.001		0.02
上证 A 股综合指数		深证 A 股综合指数		7 天内同业拆借利率		*M*1		*M*2		出口额		进口额	
	0.14		0.18		0.61		0.24		0.24		0.001		0.01
0.86	0.01	0.86	0.01	0.90	0.01	0.42	0.07	0.39	0.03	0.54	0.02	0.54	0.28
	0.03		0.06		0.06		0.01		0.03		0.02		0

为了描述宏观成分和特质冲击的动态调整特征,参考 Boivin 等的研究思路,基于自回归过程:

$$w_t = \rho(L) w_{t-1} + \varepsilon_t \tag{6}$$

3 意义

构建我国的宏观经济信息集并从中提取宏观共同因子,建立因子增广的向量自回归模型(FAVAR),产生了居民消费者价格的宏观模型,该模型估计计算结果,表明了我国 *CPI* 的宏观成分并且揭示宏观冲击效应。中国的宏观信息集存在 8 个宏观因子,它们基本准确地刻画了我国宏观经济运行的动态特征。样本期 5 个不同的通胀(通缩)期,宏观成分的均值占通胀均值的比值度量了通胀的程度,揭示了通胀的来源。典型的是 2010—2011 年的通胀期,其宏观成分占比达到 134%,证实了这是一轮由宏观因素驱动的严重通胀。宏观冲击效应显示,针对宏观因素驱动的通胀,紧缩货币和需求而不是单纯地紧缩货币,将有效地抑制通胀的上涨和反复。

参考文献

[1] 王少平,朱满洲,胡朔商. 中国 CPI 的宏观成分与宏观冲击. 经济研究,2012,(12):29 - 42.

[2] Sims C A. Macroeconomics and Reality, Econometrica, 1980. Vol. 48, 1 - 48.

户籍分割的工资效应模型

1 背景

中国改革开放启动的大范围变迁,使劳动力市场逐渐成为配置就业机会和工资福利的主要机制,其运转的效率和公平性,日益成为影响和谐发展的关键。就业机会平等、同工同酬,是市场经济对劳动力市场的基本要求。但由于各种非竞争性因素,现实劳动力市场存在诸多形式的二元分割。余向华和陈雪娟[1]基于1993—2009年CHNS微观数据,从工资差异和机会差异双重视角,进行了综合异质性的揭示以及内生性处理的计量和分解。

2 公式

Koenker和Bassett[2]提出的分位数回归,可在考虑个体异质性的基础上识别出差异分布,获得户籍效应分布的更多结构性认识,同时不依赖于OLS的正态性、同方差性要求。借此来初步揭示工资效应的分布情况。有关回归方程形式如下:

$$\ln Y_i^{\tau} = X_i\beta^{\tau} + H_i\delta^{\tau} + \varepsilon_i \tag{1}$$

$$Q_{\varepsilon i}^{\tau} = 0 \tag{2}$$

式中,$\ln Y_i$ 为对数化小时工资;H_i 为户籍(虚拟变量,1为城镇);因素向量 X_i 选取了教育程度、性别、年龄、部门性质、岗位性质、所在地区等。上标 τ 表示 τ 分位;ε_i 是可观察到的特征和户籍变量相同的个体间的残差项,代表隐藏的个人能力或偏好;$Q_{\varepsilon_i}^{\tau}$ 指残差变量 ε 的 τ 分位数。给定随机样本 $(Y_n)_{n=1,\cdots,N}$,对应的分位数回归系数可通过求解Koenker Bassett提出的方程获得:

$$(\hat{\beta}^{\tau}\ \hat{\delta}^{\tau}) = \arg\min_{\delta\in R} K\sum_{i=1}^{N}\rho_{\tau}(\ln Y_i - H_i\delta - X_i\beta) \tag{3}$$

式中,$\rho_{\tau}(u) = \tau_u I_{[0,\infty)}(u) - (1-\tau)_i I_{(-\infty,0]}(u)$ 为检验函数;$I(\cdot)$ 为示性函数。

采用TE模型来校正变量内生性导致的偏差。模型在基准的Mincer方程基础上,添加了一个内生变量 D_i 的决定方程[又称机会方程,见式(5)]:

$$\ln Y_i = X_i\beta + D_i\delta + \varepsilon_i \tag{4}$$

$$D_i^{*} = M_i\gamma + Z_i\phi + \mu_i \tag{5}$$

$$D_i = \begin{cases} 1, D_i^{*} > 0 \\ 0, \text{其他} \end{cases} \tag{6}$$

式中，D_i 为内生虚拟变量，分别代表就业的部门性质、岗位性质等；X 为户籍以外的因素。

为了在内生性问题处理的同时考虑异质性揭示，可在标准分位数回归的框架下，引入TE 模型思想，这就是 Frlich 和 Melly 提出的 QTE 模型。我们的结构方程为：

$$\ln Y_i^{\tau d} = X_i\beta^\tau + D_i\delta^\tau + \varepsilon_i \tag{7}$$

$$D_i = X_i\gamma^\tau + z_i\phi^\tau + v_i \tag{8}$$

方程(7)是工资决定的主方程，方程(8)是内生变量 D_i(部门性质变量和岗位性质变量)的决定方程。

通过该估计，再构造反事实的工资条件分布下 τ 分位数，借此可对城乡各个分位点上的工资差异进行如下分解：

$$q(\tau,X^{city},\beta^{city}) - q(\tau,X^{rual},\beta^{rual}) = [q(\tau,X^{city},\beta^{city}) - q(\tau,X^{city},\beta^{rual})] + [q(\tau,X^{city},\beta^{rual}) - q(\tau,X^{rual},\beta^{rual})] \tag{9}$$

户籍对技术岗进入的影响在2006 年前也非常显著，而之后开始减小且显著性变弱，说明技术岗早期也有较强城镇户籍偏向，但其对农村户籍的开放性在不断提高。这一点最终体现为表1 中民工在管理岗的比例较低，但技术岗的比例较高。

表1　样本数据的描述性统计情况

	农村户籍均值数据的描述性统计						城镇户籍均值数据的描述性统计					
	1993 年	1997 年	2000 年	2004 年	2006 年	2009 年	1993 年	1997 年	2000 年	2004 年	2006 年	2009 年
月均工资	191.1	447.1	529.4	685.5	837.1	1 268.8	152.8	417.1	556.9	864.5	1 008.9	1 620.9
月均工时	200.49	195.59	194.33	211.91	209.11	201.02	190.24	171.5	172.62	176.29	176.31	178.21
国有部门	0.65	0.5	0.34	0.13	0.12	0.1	0.95	0.89	0.83	0.64	0.59	0.57
管理岗	0.11	0.13	0.08	0.08	0.09	0.08	0.22	0.27	0.28	0.3	0.29	0.27
技术岗	0.21	0.21	0.23	0.24	0.24	0.27	0.38	0.38	0.43	0.43	0.41	0.42
年龄	32.92	33.89	34.81	37.64	38.9	39.44	36.64	37.05	38.4	40.35	41.43	42.19
性别	0.66	0.64	0.67	0.64	0.65	0.65	0.56	0.57	0.57	0.58	0.58	0.59
教育程度	1.72	1.78	1.89	2.03	2.08	1.97	2.42	2.66	3.01	3.19	3.3	3.29
东部	0.53	0.45	0.43	0.46	0.51	0.46	0.58	0.44	0.53	0.53	0.53	0.54
西部	0.24	0.26	0.3	0.28	0.23	0.25	0.2	0.19	0.16	0.16	0.16	0.16
样本量	777	786	941	526	667	914	1 823	1 859	1 685	13.04	1 317	1 366

3　意义

根据户籍分割的工资效应模型，可知改革中岗位进入方面的机会歧视有所减弱，但部门进入方面的机会歧视依然较大;户籍分割与其他分割的结合,使城乡户籍劳动力面临不同的工资决定机制,而机会差异与工资差异内在关联,使户籍分割的工资效应被部分隐藏在部门差异、岗位差异等分割形式之下;分位数分解后发现,城乡工资差异各分位点都未能缩小,甚至屡显扩大迹象,其主要根源就在于户籍工资歧视。因此,切断户籍与部门和岗位进入等的联系,加快缩小城乡教育差距,是消除机会差异,促进城乡就业平等,实现同工同酬的关键。

参考文献

[1] 余向华,陈雪娟. 中国劳动力市场的户籍分割效应及其变迁. 经济研究,2012,(12):97 - 110.

[2] Koenker R, Bassett G W. Regression Quantiles, Econometrica, 1978, 46: 33 - 50.

居民经济的区域分布模型

1 背景

尽管我国经济在21世纪以来一直保持令世界瞩目的高速增长，但同期居民收入差距不断扩大和居民消费水平持续下降的问题凸显出来，引起了社会各界的关注。韩立岩和杜春越[1]拟从收入不平等指标入手，将泰尔指数作为衡量收入差距的自变量，再考虑收入、借贷水平等因素，利用面板数据模型探讨以上因素对居民消费的影响，进一步揭示消费金融的作用，并为政策制定者提供参考。

2 公式

基尼系数是按收入水平的高低对总人口进行分组，它虽能度量收入差距，但不能准确度量城乡收入差距。其后，Theil[2-3]提出并扩展了另一个衡量不平等的常用指标广义熵指数。该指数可用下式表达：

$$GE = \frac{1}{a(1-a)}\sum_{j=1}^{N} f_j\left[1-\left(\frac{Z_j}{\mu}\right)^{a}\right]$$

这里 Z_j 代表收入观察值，μ 代表收入平均值，N 代表样本容量，f_j 代表人口比例，常数 a 代表厌恶不平等程度，a 取0时，得到的是第二泰尔指数 T_0；a 取1时，则得到第一泰尔指数 T_1，即：

$$T_0 = \sum_{j=1}^{N} f_j \ln\left(\frac{\mu}{Z_j}\right), T_i = \sum_{j=1}^{N} f_j \frac{Z_j}{\mu}\ln\left(\frac{\mu}{Z_j}\right)$$

与基尼系数不同，泰尔指数能较好地直接度量城乡收入差距。泰尔指数的定义和计算公式为：

$$T_{i,t} = \sum_{j=1}^{2}\left(\frac{P_{ij,t}}{P_{i,t}}\right)\ln\left(\frac{P_{ij,t}}{P_{i,t}}/\frac{Z_{ij,t}}{Z_{i,t}}\right) \tag{1}$$

这里 $i=1,2,\cdots,30$ 代表我国30个省级地区，j 代表城乡，取值1代表城镇，取值2代表农村，P_{ij} 代表某地区所有城镇或农村的居民总收入，P_i 表示该地区所有居民的总收入，Z_{ij} 代表某地区城镇或农村人口数量，Z_i 则代表该地区总人口数。

此处模型中所使用的部分变量的描述性统计值如表1所示。

表1　描述性统计值单

项目	城镇消费支出	城镇可支配收入	农村消费支出	农村纯收入	城镇借贷收入	农村人均贷款额	泰尔指数
均值	8 638.703	11 597.10	3 176.063	4 438.175	3 435.123	4 846.719	0.128 0
最大值	22 107.83	30 401.46	11 128.49	14 168.81	12 623.18	54 128.88	0.279 9
最小值	4 461.960	5 944.080	760.194 2	1 489.910	802.27	395.254	0.020 9
标准差	3 194.118	4 631.422	1 851.677	2 344.488	2 141.086	8 024.978	0.057 3
样本量	210	210	240	240	210	240	240

采用CSW截面加权估计法,并将收入、借贷收入和消费支出数据进行了自然对数变换,建立模型(2)如下:

$$LC_{i,t} = c + \alpha_1 \cdot LI_{i,t} + \alpha_2 \cdot T_{i,t} + \alpha_3 \cdot LDI_{i,t} + P_i + \mu_{i,t} \tag{2}$$

这里,$LC_{i,t}$、$LI_{i,t}$和$LDI_{i,t}$分别代表消费支出、可支配收入和借贷收入经过CPI平减后取自然对数,$T_{i,t}$代表泰尔指数,c为常数项,P_i为截距项,$\mu_{i,t}$为误差项,i、t代表横截面和时间单元。

2006年取消农业税政策的出台对农业发展和农民种植的积极性等产生了深远影响,因而加入了时间虚拟变量来对比考察这一事件的影响。类似的,建立模型(3)、模型(4):

$$LRC_{i,t} = c + \alpha_1 \cdot LRI_{i,t} + \alpha_2 \cdot T_{i,t} + \alpha_3 \cdot LRD_{i,t} + P_i + \mu_{i,t} \tag{3}$$

$$LRC_{i,t} = c + \alpha_1 \cdot LRI_{i,t} + \alpha_2 \cdot T_{i,t} + \alpha_3 \cdot LRD_{i,t} + P_i + \alpha_4 \cdot Y06_t + \mu_{i,t} \tag{4}$$

这里,$LRC_{i,t}$和$LRI_{i,t}$分别代表取自然对数的消费支出和纯收入,$LRD_{i,t}$代表取自然对数的农村信用社人均贷款额,$T_{i,t}$代表泰尔指数,c为常数项,P_i为截距项,$Y06_t$代表时间虚拟变量,$\mu_{i,t}$为误差项,i、t代表横截面和时间单元。

统计分析得到的城镇居民消费支出与人均可支配收入、泰尔指数、借贷收入关系的静态面板模型估计结果如表2所示。

表2　城镇居民模型(2)估计结果

	全国	东部	中部	西部
常数项	0.630 3 17.16***	0.726 6 11.98***	0.351 1 0.47***	0.806 9 10.75***
可支配收入	0.889 6 116.62***	0.872 4 72.14***	0.885 7 58.61***	0.891 7 55.97***
借贷收入	0.014 9 2.09**	0.024 5 2.27**	0.054 9 3.29**	-0.008 6 -0.6

续表 2

	全国	东部	中部	西部
泰尔指数	-0.069 1 -1.67	-0.232 8 -1.22	-0.184 9 -2.06	-0.008 7 -0.16
adjusted R^2	0.997 3	0.997 6	0.998	0.995
F 统计值	2 376.79	2 463.83	2 709.4	1 156.85
Hausman p 值	0	0	0	0

注：* * *、* * 分别表示在 1%、5% 的水平上显著。

3 意义

构建泰尔指数和家庭借贷指标，利用静态和动态面板数据对收入差距、借贷水平对居民消费影响的地区及城乡差异进行了实证研究。根据居民经济的区域分布模型，计算可知，收入与消费的正向关系显著，但城乡和地区间仅存在微弱差异；借贷水平、收入差距与消费间分别呈现出显著正向和负向关系，且这两种关系均存在较强的城乡和地区差异；2006 年全面取消农业税的政策对农村居民消费产生了显著利好影响，这种影响程度取决于农业在经济中的重要度。

参考文献

[1] 韩立岩，杜春越．收入差距、借贷水平与居民消费的地区及城乡差异．经济研究，2012，(S1)：15-27.

[2] Theil H. Economics and Information Theory, Amsterdam: North-Holland. Publishing Co. 1967.

[3] Theil H. Statistical Decomposition Analysis, Amsterdam: North-Holland Publishing Co. 1972.

收入和消费的唯象模型

1 背景

自从经济发展的引擎开始启动,反贫富差距的呼声就没有停止过。而对贫富差距的诊断和治疗,某种程度取决于对经济这个系统的连续跟踪、观察以及实验,而经济数据则是这个系统内在机制产生的外在唯象表观。对城乡收入、消费以及其间交互的唯象研究,更多还停留于假设与唯理的形式逻辑和思辨阶段,真正基于逻辑实证主义展开的工作,虽存在但还不完备。杨华磊和周晓波[1]通过调查对中国城乡及省际人均收入、人均消费数据中凸显的唯象法则展开了探讨。

2 公式

图1是在任给一人均可支配收入和一浮动区间,看落在这个区间内的省份个数。在此选取人均可支配收入的左右浮动值为500元,但是初末点根据城乡情况而定,绘出PDF密度函数。

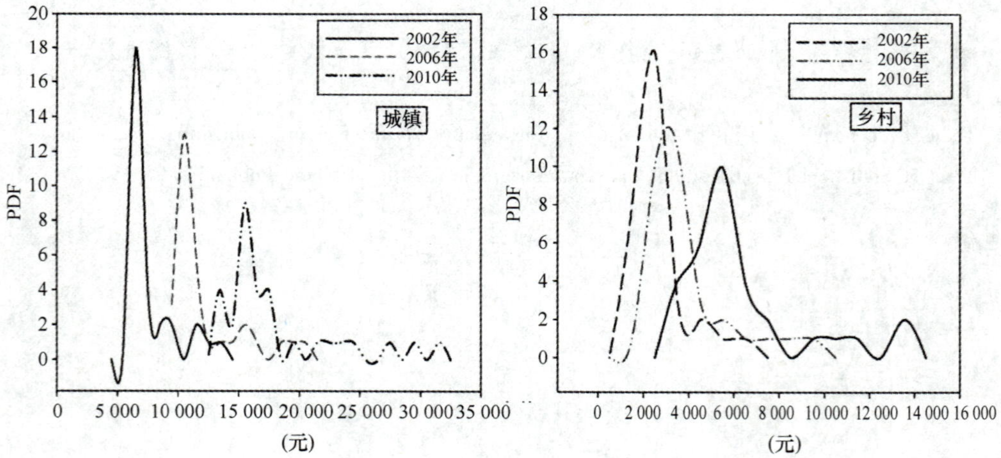

图1 城乡人均可支配收入的省份分布

从图1中可看出无论是城镇还是乡村,人均可支配收入下的省份个数的密度函数的峰部都呈现向大值的右方移动,这说明城乡人均可支配收入都在增加;密度函数的峰部逐渐降低,尾部逐渐变胖,其中的主峰逐渐从正态分布向截尾列维分布收敛。

$$\log Normal \to 截尾\ Levy, t \to 2010 \tag{1}$$

如今城镇的人均消费集中在 10 000 元左右,而乡村的集中在 4 000 元左右。

$$Exponent\ pdf \to Normal\ pdf, t \to 2010 \tag{2}$$

上述仅是直接从城乡人均收入和人均消费的时间和空间数据中整理的法则,还是比较显性的。而消费率等于人均消费与人均纯收入的比,即:

$$人均消费率\ i(t) = 人均消费\ i(t) / 人均纯收入\ i(t) \tag{3}$$

乡村消费率的趋势刚好符合方程(4)Parameter 的 log *Normal* 分布,通过用历史数据拟合,估计出这种函数中的参数,则其基本方程如下:

$$f = 0.737 + 0.051 \cdot \exp\{-0.5 \cdot [\ln(x/2006.6)/0.000\,9]^2\} \tag{4}$$

为进一步挖掘城乡消费率数据在时空上所蕴含的经济法则,同样做省份个数的密度函数,即每一消费率区间内的省份个数的密度函数,如任给一消费率 75% 和一浮动比例 2.5%,其基本密度函数表征为:

$$pdf(it) = 省份个数\ it([x - 2.5\%, x + 2.5\%]) \tag{5}$$

密度函数的峰部又向左移动,说明乡村消费率在经历变大之后,再次出现变小,而城乡这两种分布基本演化表现为:

$$double\ peak \to single\ peak \to double\ peak(交替演化) \tag{6}$$

同样设计一指标衡量城乡人均收入和城乡人均消费比:

$$Ratio(it) = 城镇人均收入(消费)\ it / 乡村人均收入(消费)\ it \tag{7}$$

任给一个收入比(或消费比)和一个浮动值,在此选择浮动值为 0.5,然后计算在此区间内城市个数,然后绘出密度函数。

$$PDF(it) = 城市个数\ it([x - 0.5, x + 0.5]) \tag{8}$$

3 意义

利用 2002—2010 年的数据,根据收入和消费的唯象模型,计算可知人均年收入大于 30 000元的省份,其城乡差距在低差距的水平上轻微上升;人均收入大于 20 000 元且小于 30 000 元的省份,其城乡差距在中等差距上轻微上升;人均收入低于 20 000 元的省份在一个高差距的水平上,先上升后下降;在城乡贫富差距拉大的同时,城乡消费差距却呈现收敛趋同的趋势,并且越发达的区域,贫富差距越小,越落后的区域,贫富差距越大。

参考文献

[1] 杨华磊,周晓波. 中国城乡及省际人均收入、人均消费数据中凸显的唯象法则. 经济研究,2012,(S1):38-52.

货币政策的优化模型

1 背景

对货币政策的福利效应进行了研究,结果表明,在封闭经济中追求福利最大化的货币政策应该稳定消费者价格指数;而对于开放经济,货币政策的最优目标则应该针对生产者价格指数。这样,福利水平就仅仅取决于价格水平的波动,而和汇率波动没有直接关系。王胜[1]深入考察不完全汇率传递对最优货币政策的影响以及进行相应的福利分析。

2 公式

每一位有代表性的本国居民都只生产一种贸易品,同时提供劳动,这样生产贸易品 i 的居民就会最大化下面的效用函数:

$$U_0(i) = E_0\left\{\sum_{t=0}^{\infty}\beta^t\left[\ln C_t(i) + \frac{\chi}{1-\varepsilon}\left(\frac{M_t(i)}{P_t}\right)^{1-\varepsilon}V_t - kL_t(i)\right]\right\} \tag{1}$$

式中,M 是居民持有的国内名义货币量;V 代表货币需求的外生冲击;$1/\varepsilon$ 是货币需求对消费的弹性;L 为劳动供给量;主观贴现率是 $\beta\in[0,1]$。居民消费指数 C 取决于本国和外国生产的商品:

$$C = \frac{C_H^{1-\gamma}C_H^{\gamma}}{\gamma^{\gamma}(1-\gamma)^{1-\gamma}}$$

式中,γ 衡量了本国居民消费篮子中外国进口商品的份额,因为两国经济规模相同,所以 $\gamma\in\left[0,\frac{1}{2}\right]$。

C_H 和 C_F 分别代表本国居民对本国生产的贸易品和外国生产的贸易品的消费,它们都是常替代弹性(CES)函数:

$$C_H = \left[\int_0^1 C_H(h)^{\frac{\theta-1}{\theta}}\mathrm{d}h\right]^{\frac{\theta}{\theta-1}}, C_F = \left[\int_0^1 C_F(f)^{\frac{\theta-1}{\theta}}\mathrm{d}f\right]^{\frac{\theta}{\theta-1}}$$

式中,$\theta>1$,代表一国国内不同商品之间的替代弹性;$C_H(h)$ 代表本国代表性居民对国内商品 h 的消费,而 $C_F(f)$ 代表对外国商品 f 的消费。

本国的消费价格指数为:

$$P = P_H^{1-\gamma}P_H^{\gamma}$$

本国和外国生产的商品价格指数分别为：

$$P_H = [\int_0^1 P_H(h)^{1-\theta}dh]^{\frac{1}{1-\theta}}, \quad P_F = [\int_0^1 P_F(f)^{1-\theta}df]^{\frac{1}{1-\theta}}$$

本国有代表性居民的预算约束为：

$$P_{H,t}Y_{H,t}(i) + S_tP_{H,t}^*Y_{H,t}^*(i) + M_{t-1}(i) + (1+i_{t+1})B_t(i) - T_t(i) = P_tC_t(i) + M_t(i) + B_{t+1}(i)$$

式中，$M_t(i)$代表t期持有的名义货币余额；$T_t(i)$代表政府一次性转移支付；S_t是双边名义汇率，代表一单位外币的本国货币价格；$Y_{H,t}(i)$和$Y_{H,t}^*(i)$代表本国居民生产的在本国和外国销售的商品；$P_{H,t}(i)$和$P_{H,t}^*(i)$分别表示在本国的销售价格（本币标价）和在外国的销售价格（外币标价）。

在对称均衡的情况下，本国所有居民的消费决策都是一致的。基于上述的假定，我们可以得到居民i对不同商品的需求函数：

$$C_H(i) = (1-\gamma)(\frac{P_H(i)}{P_H})^{-\theta}(\frac{P_H}{P})^{-1}C, \quad C_H^*(\mathrm{i}) = \gamma(\frac{P_H^*(i)}{P_H^*})^{-\theta}(\frac{P_H^*}{P^*})^{-1}C^*$$

利用上述的关系，很容易验证金融市场的结构不影响此模型结果。因为根据经常账户平衡可以得到$SP_H^*C_H^* = P_FC_F$，所以：

$$(\frac{C_t^*}{C_t})^{-1} = \frac{S_tP_t^*}{P_t} \tag{2}$$

假定本国生产者对外国消费者的本币售价为$\breve{P}_{H,t}(i)$，这样以外币标价的售价可以表示成：

$$P_H^*(i) = \frac{\breve{P}_H(i)}{S}(\frac{S}{S_E})^{1-\eta_1}$$

式中，S_E为是事前的预期汇率；$\eta_1 \in [0,1]$表示本国出口商品的汇率传递程度。$\eta_1 = 1$代表生产者货币定价，此时为汇率完全传递；$\eta_1 = 0$代表当地货币定价，此时为零汇率传递。外国生产者同样要在两国市场上设定不同的价格，假定外国生产者在本国市场上设定的以外币标价的价格是$\breve{P}_{F,t}^*(i)$，这样以本币标价的外国商品价格就是：

$$P_F(i) = S\breve{P}_F^*(i)(\frac{S}{S_E})^{-(1-\eta_2)}$$

式中，$\eta_2 \in [0,1]$，表示外国出口商品的汇率传递程度，这时允许各种不同程度的汇率传递情况。

两国产品的生产函数形式如下：

$$Y_H = AL_H, \quad Y_F = A^*L_F$$

式中，变量A和A^*表示本国和外国的总体技术水平，它们的变动就代表外生的技术冲击。

利用消费和劳动供给的最优替代关系：

$$\frac{W}{P}C^{-1} = k = \frac{W^*}{P^*}(C^*)^{-1} \tag{3}$$

式中,W 和 W^* 分别为本国和外国的名义工资水平。再结合价格指数的定义,我们可以得到弹性价格均衡下两国的消费水平:

$$C = (\frac{\theta-1}{\theta k})A^{1-\gamma}(A^*)^{\gamma}, \quad C^* = (\frac{\theta-1}{\theta k})(A^*)^{1-\gamma}A^{\gamma}$$

以小写字母代表对应大写字母所表示变量的对数值(其中 e 表示名义汇率的对数值)。利用价格指数的定义和最优价格的设定,可以得到:

$$E_{t-1}c_t = -\ln\frac{\theta k}{\theta-1} + [(1-\gamma)a_{t-1} + \gamma a_{t-1}^*] - \frac{1}{2}\sigma_c^2 - \frac{1}{2}[(1-\gamma)\sigma_u^2 + \gamma\sigma_{u*}^2] + [(1-\gamma)\sigma_{cu} + \gamma\sigma_{cu*}] - \frac{1}{2}(\eta_2)^2\gamma(1-\gamma)\sigma_e^2 + \eta_2\gamma(1-\gamma)(\sigma_{eu} - \sigma_{eu*}) \tag{4}$$

$$E_{t-1}c_t^* = -\ln\frac{\theta k}{\theta-1} + [\gamma a_{t-1} + (1-\gamma)a_{t-1}^*] - \frac{1}{2}\sigma_{c*}^2 - \frac{1}{2}[\gamma\sigma_u^2 + (1-\gamma)\sigma_{u*}^2] + [\gamma\sigma_{c*u} + (1-\gamma)\sigma_{c*u*}] - \frac{1}{2}(\eta_1)^2\gamma(1-\gamma)\sigma_e^2 + \eta_1\gamma(1-\gamma)(\sigma_{eu} - \sigma_{eu*}) \tag{5}$$

结合两国的货币需求方程,我们可以得到未预期的消费波动(新息):

$$c_t - E_{t-1}c_t = \frac{1+i\varepsilon}{1+i}[\mu_t - \frac{1}{\varepsilon}v_t - \eta_2\gamma(e_t - E_{t-1}e_t)] + \frac{\varepsilon-1}{\varepsilon(1+i)}[(1-\gamma)u_t + \gamma u_t^*] \tag{6}$$

$$c_t^* - E_{t-1}c_t^* = \frac{1+i\varepsilon}{1+i}[\mu_t^* - \frac{1}{\varepsilon}v_t^* + \eta_1\gamma(e_t - E_{t-1}e_t)] + \frac{\varepsilon-1}{\varepsilon(1+i)}[\gamma u_t + (1-\gamma)u_t^*] \tag{7}$$

式中,i 表示稳态时的名义利率水平。

为了求解本国消费和汇率的新息,我们还需要利用经常账户均衡条件的式(2),同时结合式(6)和式(7),可以得到:

$$e_t - E_{t-1}e_t = \frac{1}{\lambda}\left\{\frac{1+i\varepsilon}{1+i}[(\mu_t - \mu_t^*) - \frac{1}{\varepsilon}(v_t - v_t^*)] + \frac{\varepsilon-1}{\varepsilon(1+i)}[(1-2\gamma)(\mu_t - \mu_t^*)]\right\} \tag{8}$$

式中,$\lambda = 1 + \frac{i(\varepsilon-1)}{1+i}(\eta_1 + \eta_2)\gamma$。

两国货币当局都是以调控名义货币供给增长率来实施自己的货币政策:

$$\mu_t = a_1u_t + a_2u_t^* + a_3v_t + a_4v_t^*$$
$$\mu_t^* = b_1u_t^* + b_2u_t + b_3v_t^* + b_4v_t \tag{9}$$

利用劳动力市场出清条件和最优定价公式,可以得到下面的实际效应函数:

$$E_{t-1}\hat{U}_t = E_{t-1}c_t - \frac{\theta-1}{\theta} \tag{10}$$

$$E_{t-1}\hat{U}_t^* = E_{t-1}c_t^* - \frac{\theta - 1}{\theta} \tag{11}$$

为使最优货币政策的结果更具有直观性,我们在后面的分析中都假定两国汇率传递程度相等($\eta_1 = \eta_2 = \eta$),均衡名义利率为零($i = 0$),具体求解结果见表1。

表1　最优货币政策的纳什均衡解

$a_1 = b_1 \frac{1}{2}\left[\frac{1}{\varepsilon} + M - \frac{\varepsilon - 1}{\varepsilon}(1 - 2\gamma)\right]$
$a_2 = b_2 \frac{1}{2}\left[\frac{1}{\varepsilon} - M + \frac{\varepsilon - 1}{\varepsilon}(1 - 2\gamma)\right]$
$a_3 = b_3 = \frac{1}{\varepsilon}$(即使 $\eta_1 \neq \eta_2$,也成立)
$a_4 = b_4 = \frac{1}{\varepsilon}$(即使 $\eta_1 \neq \eta_2$,也成立)

显然当货币需求弹性减小(ε 变大)时,最优货币政策对货币冲击的反应也随之减弱,这与 Devereux 和 Engel[2] 的结论完全一致。

根据式(8),我们容易得到最优货币政策条件下汇率波动的条件概率:

$$\text{var}_{t-1}(e_t) = M^2(\sigma_u^2 + \sigma_{u*}^2) \tag{12}$$

在不完全汇率传递的情况下,最优货币政策不能使经济重新达到弹性价格均衡的水平,所以两国福利水平遭到了类似的损失,具体如下:

$$E_{t-1}\hat{U}_t = E_{t-1}c_t - \frac{\theta - 1}{\theta} = -\frac{\theta - 1}{\theta} - \ln\frac{\theta\eta}{\theta - 1} + [(1 - \gamma)a_{t-1} + \gamma a_{t-1}^*] + Loss(\sigma_u^2 + \sigma_{u*}^2)$$

$$E_{t-1}\hat{U}_t^* = E_{t-1}c_t^* - \frac{\theta - 1}{\theta} = -\frac{\theta - 1}{\theta} - \ln\frac{\theta\eta}{\theta - 1} + [(1 - \gamma)a_{t-1}^* + \gamma a_{t-1}] + Loss(\sigma_u^2 + \sigma_{u*}^2)$$

$$Loss = \left\{-\frac{1}{2}\left(K^2 + \frac{1}{4}\right) + \left(\frac{1}{2} - \gamma\right)K - \frac{1}{2}\left(\frac{1}{2} - \gamma\right)\gamma[(\eta M)^2 - 2\eta M]\right\} \tag{13}$$

3　意义

拓展了开放经济中的货币政策,重点分析了不完全汇率传递情况下的最优货币政策问题。根据货币政策的优化模型计算可得,最优货币政策不仅取决于汇率传递的程度,而且还受到经济开放度、货币需求弹性等因素的影响。随着汇率传递程度的增加,最优货币政策对国内生产冲击的反应逐渐增强,汇率的波动幅度也逐渐加大。不完全汇率传递决定了两国相对价格对一价法则的偏离程度,因此福利损失随着汇率传递程度的增加而减少。

参考文献

[1] 王胜,郭汝飞. 不完全汇率传递与最优货币政策. 经济研究,2012,(S2):131 - 143.

[2] Devereux M B, Engel C. Monetary Policy in the Open Economy Revisited: Price Setting and Exchange - rateFlexibility, Review of Economic Studies, 2003, 70 (4): 765 - 783.

技能分化的工资水平模型

1　背景

收入分配问题实为经济发展过程中一个重要的伴生问题。在我国经济转型背景下，它既体现为经济成果的分配方式和公平性，又直接或间接地影响经济增长的动力、持续性与社会和谐。由于其涉及主体广泛、来源多样、数量差异以及发展失衡，一直是经济社会发展过程中的核心问题之一。赵颖[1]在劳动者供给决策的基础之上，分别引入工资黏性和技能分化，从而获得相应的基本分析模型。

2　公式

参照 Smets 等对劳动力供给的设定，可以得出个体劳动者和社会全部劳动力供给数量及相对工资水平的关系：

$$H_{t,j} = L_t\left[\frac{W_{t,j}}{W_t}\right]^{\frac{\lambda_j}{1-\lambda_j}} \tag{1}$$

式中，$H_{t,j}$ 和 L_t 分别为既定技能层次和社会上全部的劳动力，其中 $j = s$ 或 u，分别代表高技能劳动者和低技能劳动者。$W_{t,j}$ 和 W_t 则是其相应的工资水平。

在这里，给出一个 CD－CES 生产函数，用以刻画经济活动中资本和高低技能劳动者对总产出的贡献：

$$Y_t = A_t K_t^{1-\alpha}[\gamma(A_t^{\xi_s}H_s)^{\rho} + (1-\gamma)(A_t^{\xi_s}H_u)^{\rho}]^{\alpha/\rho} \tag{2}$$

式中，A 是技术进步系数；K 为生产过程中使用的资本；ζ_s 和 ζ_u 是高技能劳动者和低技能劳动者的劳动效率参数；ρ 为高低技能劳动者之间的替代弹性；α 为两类劳动者共同占有的劳动收入份额；γ 为高技能劳动者收入在全部劳动收入份额中所占的比重。在此生产函数形式下，我们容易得出高低技能劳动者的工资溢价水平：

$$w = \frac{w_s}{w_u} = \frac{\gamma}{1-\gamma} z_t^{\rho(\xi_s-\xi_u)}\left(\frac{H_u}{H_s}\right)^{1-\rho} \tag{3}$$

式中，w 是两类劳动者的工资溢价水平；w_s 和 w_u 分别是高技能劳动者和低技能劳动者的工资水平。

按照如下方式设定工资的决定方程：

$$W_t = [\int_0^1 (W_{t,j})^{\frac{1}{1-\lambda_j}} dj]^{1-\lambda_j} \tag{4}$$

式中，W_t 和 $W_{t,j}$ 分别为社会加总后的工资和个体劳动者的工资。

在此假设下，如果工资中具有 ξ 的黏性，那么 $1-\xi$ 的工资可以实现灵活调整。经过一定的等式变化，那么可以得到如下的工资决定方式：

$$w_{t,j} = [\frac{1-\xi_{t,j}(1+\dot{\pi}_{t,j})^{\frac{1}{1-\lambda_j}}}{1-\xi_{t,j}}]^{1-\lambda_j} \tag{5}$$

这里的 $w_{t,j}$ 是劳动者工资相对社会工资的水平，也即相对工资率水平。

将式(1)、式(5)代入式(3)，我们可以得到：

$$w = \frac{\gamma}{1-\gamma} z_t^{\rho(\xi_s-\xi_u)} \left\{ \frac{(1-\xi_s)^{\lambda_s}}{(1-\xi_u)^{\lambda_u}} \frac{[1-\xi_u(1+\dot{\pi}_u)^{\frac{1}{1-\lambda_u}}]^{\lambda_u}}{[1-\xi_s(1+\dot{\pi}_s)^{\frac{1}{1-\lambda_s}}]^{\lambda_s}} \right\}^{1-\rho} \tag{6}$$

式(6)即为包含劳动者技能和工资黏性的工资溢价决定方程。

如表1所示，细分技能层次，缺乏技能和技师层次劳动者收入分化对总体劳动者工资分配格局的恶化具有重要的影响。

表1　2006年分技能职工月工资分解

	$GE(0)$	$A(1)$	*Gini*
总收入差距	0.390 7	0.323 4	0.460 8
组间差距	0.007 6	0.013 3	
组内差距	0.383 0	0.314 2	
缺乏技能	0.438 5	0.355 0	0.488 1
初级	0.175 5	0.160 9	0.313 8
中级	0.216 1	0.194 3	0.343 5
高级	0.304 5	0.262 5	0.416 0
技师	0.659 6	0.482 9	0.588 7
高级技师	0.113 9	0.107 7	0.252 1

3　意义

根据技能分化的工资水平模型，确定了劳动者工资差异的决定方式。计算结果可知，工资黏性在不同技能劳动力之间确实存在较大差异，劳动力市场上工资黏性的存在显著降低了劳动者工资收入的数量，且各技能层次劳动者技能报酬和工资黏性的交叉影响在一定程度上使得劳动者工资收入分配格局出现了恶化的趋势。通过采用CGSS 2006年的调查数据,这里分别对工资黏性、技能分化以及各技能层次差异化的工资黏性对劳动者工资的特征事实进行了归纳。逐步提升劳动者的技能水平和完善劳动力市场的供求机制,是提高劳动者工资收入并改善劳动者工资分化局面的题中之意。

参考文献

[1] 赵颖. 工资黏性、技能分化与劳动者工资的决定. 经济研究,2012,(S2):56-68.

[2] Smets F, Wouters R. An Estimated Dynamic Stochastic General Equilibrium Model of the Euro Area, Journal of the European Economic Association, 2003, 1(5), 1123-1175.

生产率的工资分布方程

1 背景

工资是收入的重要组成部分,缩小工资差距对于解决中国收入差距问题具有重要意义。影响工人工资差距(不平等)的因素有很多,在实证研究中,通常把影响工资的因素概括为:宏观经济周期(失业率)、企业因素(利润、规模、技术)、个人因素(性别、年龄、教育等)、劳动力市场特征(工人与企业匹配程度) 和制度力量(如最低工资、歧视、管制等)。杨继东和江艇[1]试图把中国企业生产率变动与工资变动结合起来,考察生产率分布对工资分布的影响。

2 公式

基于总量数据和微观数据的研究都表明,全要素生产率对劳动边际产出增长的贡献超过50%[2-4]。

作为初步的分析,先来考察企业层面的生产率水平与人均工资水平之间的关系。假定企业的生产函数具有柯布—道格拉斯形式:

$$Y_{si} = A_{si}K_{si}^{\alpha_s}M_{si}^{\beta_s}L_{si}^{\gamma_s} \tag{1}$$

式中,A_{si}为 s 行业 i 企业的全要素生产率;K_{si},M_{si},L_{si}分别为资本投入、中间品投入和劳动力投入;α_s,β_s,γ_s 分别为对应要素的产出弹性。

计量方程设定如下:

$$Wage_{it} = \alpha + \beta TFP_{it} + \gamma X_{it} + u_i + \mathrm{v}_t + \varepsilon_{it} \tag{2}$$

式中,X 是控制变量的集合,包括人均资本投入、人均中间品投入、企业规模、企业利润率、企业出口比重以及所有制结构等;u_i 和 v_t 分别为不随时间变化的个体固定效应和不随个体变化的时间固定效应。

假定二位数行业的产出为行业内单个企业产出的 CES 加总:

$$Y_s = \left(\sum_{i=1}^{M_s} Y_{si}^{\frac{\sigma_s}{\sigma_s-1}}\right)^{\frac{\sigma_s}{\sigma_s-1}}$$

式中,Y_s 为行业总产出;Y_{si}为行业内单个企业产出;M_s 为行业内企业数目;σ_s 为行业内各企业产出的替代弹性。

由企业的利润最大化生产决策可推知,企业的利润为:

$$\Pi_{si} = \frac{1}{\sigma_s} P_s Y_s^{\frac{1}{\sigma_s}} Y_{si}^{1-\frac{1}{\sigma_s}} \tag{3}$$

企业的劳动力应付报酬总额为:

$$W_{si}^0 = \gamma_s (1 - \frac{1}{\sigma_s}) P_s Y_s^{\frac{1}{\sigma_s}} Y_{si}^{1-\frac{1}{\sigma_s}} \tag{4}$$

由式(3)可知:

$$\sigma_s = \frac{(\sum_{i=1}^{M_s} Y_{si}^{\frac{\sigma_s - 1}{\sigma_s}})^{\frac{\sigma_s}{\sigma_s - 1}}}{\sum_{i=1}^{M_s} \pi_{si}}$$

经过迭代计算,可以得到各行业产出替代弹性的保守估算值。

计量方程设定如下:

$$SD[Wage]_{st} = \alpha + \beta SD[TFP]_{st} + \gamma X + u_s + v_t + \varepsilon_{st} \tag{5}$$

或

$$\left[\frac{Wage_{90}}{Wage_{10}}\right]_{st} = \alpha + \beta \left[\frac{TFP_{90}}{TFP_{10}}\right]_{st} + \gamma X + u_s + v_t + \varepsilon_{st} \tag{6}$$

以标准差衡量的劳动生产率和全要素生产率的企业间差距,中国均要高于美国和英国的同期水平,但以90—10分位比衡量的劳动生产率差距,中国却显著低于美国和英国,以90—10分位比衡量的全要素生产率差距,中国与美国和英国差异不大(表1)。

表1　制造业企业生产率差距的国际比较

	样本	指标	标准差	90—10 分位比
Syverson(2004)	美国,1997 年	劳动生产率	0.40	4.12
		全要素生产率	0.34	2.68
Criscuala 等(2003)	英国,2000 年	劳动生产率	0.87	5.21
		全要素生产率	0.18	1.57
本文计算	中国,1999 年	劳动生产率	1.20	2.01
		全要素生产率	0.49	2.89
	中国,2007	劳动生产率	0.96	1.54
		全要素生产率	0.34	1.81

3　意义

利用1999—2007年工业企业数据,考察了企业生产率水平对工资水平以及生产率差距对工资差距的影响。根据生产率的工资分布方程,企业层面的计量结果显示:企业生产率水平是决定工资水平的重要因素;越是人均工资水平高的企业,生产率对工资的影响越大;企业生产率越高,应付工资与实付工资之间的缺口越大,但随着时间的推移,生产率对工资缺口变动的效应逐渐减小。行业层面的计量结果表明:随着生产率差距的缩小,企业间工资差距也在缩小,生产率差距对工资差距具有很强的解释力。

参考文献

[1] 杨继东,江艇.中国企业生产率差距与工资差距.经济研究,2012,(S2):81-93.

[2] Bosworth B,Collins S M. Accounting for Growth: Comparing China and India,Journal of Economic Perspectives,2008,22,45-66.

[3] Perkins D H,Rawski T G. Forecasting China's Economic Growth,Brandt,L.,Rawski,T. G.(Eds.),China's GreatEconomic Transformation,Cambridge University Press,NY. 2008.

[4] Brandt,Loren,Johannes V B,Zhang Yifan. Creative Accounting or Creative Destruction? Firm-level ProductivityGrowth in Chinese Manufacturing,Journal of Development Economics,2012,97,339-351.

转售价格的纵向约束模型

1 背景

两部收费和转售价格维持(RPM)都是典型的纵向约束方式。所谓两部收费是指生产商向零售商收取一次性的固定费用,并且选择固定的批发价格向零售商供货。所谓 RPM 是指生产商直接控制或限制零售商向最终消费者出售其产品或服务的价格。刘志成[1]试图在一个垄断生产商和多零售商的纵向约束模型中引入销售努力的横向外部性,分析信息不对称对两部收费和 RPM 纵向约束的影响,然后进一步分析 RPM 会如何影响消费者福利。

2 公式

当实际需求类型为 θ,而零售商 i 向生产商报告的需求类型为 θ' 时,该零售商的利润最大化问题为:

$$\max_{e_i,p_i}(\theta + e_i + \gamma e_j - p_i)[p_i - w(\theta')] - \frac{\mu}{2}e_i^2 - F(\theta')$$

上述问题的一阶条件为:

$$p_i - \mu e_i = w(\theta')$$

$$\theta + e_i + \gamma e_j - p_i = p_i - w(\theta')$$

给定批发价格和另一家零售商的努力水平,零售商 i 选择的最优价格和努力水平为:

$$p_i = \frac{\mu[\theta + \gamma e_j + w(\theta')] - w(\theta')}{2\mu - 1}, \quad e = \frac{\theta + \gamma e_j - w(\theta')}{2\mu - 1}$$

对称均衡中零售商选择的价格和努力水平分别为:

$$p_i = p_j = \frac{(\mu - 1 - \gamma)w(\theta') + \mu\theta}{2\mu - 1 - \gamma}, \quad e_i = e_j = \frac{\theta - w(\theta')}{2\mu - 1 - \gamma} \tag{1}$$

一阶条件可表示为:

$$(\mu - 1 - \gamma)w + \gamma p + w - Ah(\theta) = 0 \tag{2}$$

实际需求类型为 θ,而零售商 i 向生产商报告的需求类型为 θ' 时,零售商选择销售努力来最大化其利润:

$$\max_{e_i}[\theta + e_i + \gamma e_j - p(\theta')][p(\theta') - w(\theta')] - \frac{\mu}{2}e_i^2 - F(\theta')$$

零售商 i 的最优努力水平为：$e_i = \dfrac{p(\theta') - w(\theta')}{\mu}$。

生产商的利润最大化问题可化简为：

$$\max_{p(\theta),w(\theta)} \int_{\underline{\theta}}^{\bar{\theta}} [q(\theta)p(\theta) - \frac{\mu}{2}e^2(\theta) - \mu h(\theta)e(\theta) - \pi(\underline{\theta})]\mathrm{d}G(\theta) \quad (3)$$

式中，$q(\theta) = \theta + (1+\gamma)e(\theta) - p(\theta)$；$e(\theta) = \dfrac{p(\theta) - w(\theta)}{\mu}$。一阶条件可表示为：

$$\mu\theta + (1+\gamma)(p - w) - 2\mu p = 0 \Leftrightarrow p = \frac{\mu\theta - (1+\gamma)w}{2\mu - 1 - \gamma} \quad (4)$$

$$\gamma p + w - \mu h(\theta) = 0 \quad (5)$$

对生产商而言，式(3)与如下问题得到的最大化利润相等：

$$\max_{p(\theta),e(\theta)} \int_{\theta}^{\bar{\theta}} [q(\theta)p(\theta) - \frac{\mu}{2}e^2(\theta) - \mu h(\theta)e(\theta) - \pi(\theta)]\mathrm{d}G(\theta)$$

考虑对于某一确定的需求，参数 μ 和 γ 变化如何影响两种合同下努力程度的比较。由 $e^{TT}(\theta)$ 和 $e^{RPM}(\theta)$ 的表达式可知，对于给定的需求参数 θ，当 θ 满足如下条件时，有 $e^{TT}(\theta) = e^{RPM}(\theta)$。

$$\theta/h(\theta) = f_e(\mu,\gamma) = \frac{(2\mu - 1 - \gamma)^3 - \gamma(2\mu - 1 - \gamma) + \gamma^2 + \gamma^3}{\gamma(2\mu - 1 - \gamma)^2}$$

所以，趋势如图 1 所示。

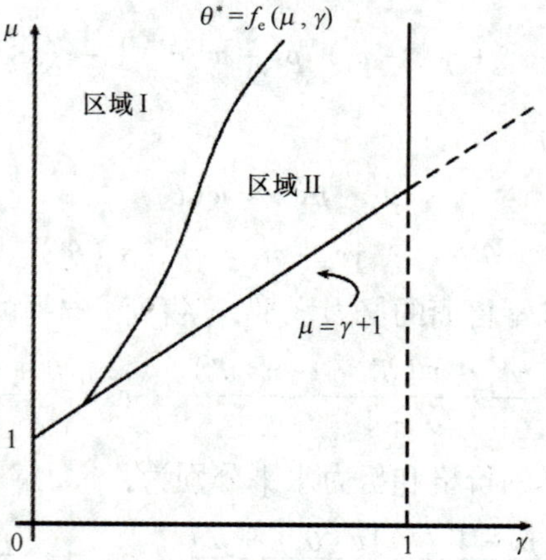

图 1　努力程度的比较

由 $q^{TT}(\theta)$ 和 $q^{RPM}(\theta)$ 的表达式可知，对于给定的需求参数 θ，当 θ 满足如下条件时，有 $q^{TT}(\theta) = q^{RPM}(\theta)$。

$$\theta/h(\theta) = f_q(\mu,\gamma) = \frac{(2\mu - 1 - \gamma)^2 - \gamma(2\mu - 1 - \gamma) + \gamma + \gamma^2}{\gamma(2\mu - 1 - \gamma)}$$

关于 RPM 相关的反垄断政策，Gal - Or[2] 认为只有当 RPM 提高生产效率时，它才会提升消费者福利。

3 意义

根据一个单生产商多零售商的纵向约束模型，确定销售努力的横向外部性和信息不对称，得到了最优的两部收费和转售价格维持（RPM）合同的特征，给出了两种纵向约束合同的福利影响及其对反垄断执法的政策含义。在信息不对称情况下，RPM 总能给上游企业带来更高的利润。但从社会福利的角度看，两种纵向约束方式下努力水平和最终产品销量的比较取决于横向外部性的大小和信息不对称的程度。当横向外部性问题更严重时，RPM 下努力程度更高，产品销量更高；当信息不对称问题更严重时，两部收费下努力程度更高，产品销量更高。

参考文献

[1] 刘志成．转售价格维持、不对称信息与反垄断执法．经济研究，2012，(S2)：94 - 105.

[2] Gal - Or E. Vertical Restraints with Incomplete Information，Journal of Industrial Economics，1991，39(5)，503 - 516.

小额信贷公司的最优决策模型

1 背景

过去几十年来，全球债权融资市场上最激动人心的事情之一就是小额信贷在发展中国家的蓬勃发展。在发展中国家，大量缺乏抵押品的借款人无法获取正规金融部门的贷款，而小额信贷恰好能够满足这部分人的借款需求。小额信贷公司虽成功解决了数以百万计的借款人融资难的问题，但自身的经营稳健性较差。陈文[1]构造基本模型，分析小额信贷公司与借款人的决策与收益函数。

2 公式

构造二值变量 s，若借款人还款，$s=1$；若借款人逃债，$s=0$。借款人的最优决策为：

$$s^* = \arg\max_{w\in\{0,1\}} \{sV\cdot \Pr(d=1|x_i,y) + (1-s)[F - W\cdot \Pr(d=1|x_i,y)]\}$$

给定 θ，借款人的还款率为 $\lambda(\theta)$，小额信贷公司收到的总还款额为 $\lambda(\theta)\ F$。

股权方的净收益可以表述为：

$$\pi = d[\theta + \lambda(\theta)F - (1-k)r - C(W)] + (1-d)\mathrm{Max}\{\lambda(\theta)F - (1-k)r, 0\} - k\rho \tag{1}$$

股权方根据自身净收益最大化选择维持经营与否，即：

$$d^* = \arg\max_{d\in\{0,1\}} \pi$$

对于 s 与 d 的内生化处理以 Angeletos 等[2]与 Angeletos 和 Werning[3]的包含情景变化的全局博弈分析框架为基础。

给定私人信号 x_i 与公共信号 y，对于借款人 i，$\theta|x_i,y \sim N(\frac{ay+bx_i}{a+b},\frac{1}{a+b})$。在借款人 i 看来，小额信贷公司维持经营的概率为：

$$\Pr(d=1|x_i,y) = \Pr(\theta \geqslant \tilde{\theta}|x_i,y) = 1 - \Phi[\sqrt{a+b}(\tilde{\theta} - \frac{ay+bx_i}{a+b})] \tag{2}$$

当私人信号 $x_i = \tilde{x}$ 时，还款与违约给借款人 i 带来的期望收益相同，即：

$$V\cdot \Pr(d=1|\tilde{x},y) = F - W\cdot \Pr(d=1|\tilde{x},y) \tag{3}$$

由式(2)与式(3)，可得：

$$\tilde{x} = \frac{a+b}{b}\tilde{\theta} - \frac{a}{b}\gamma - \frac{\sqrt{a+b}}{b}\Phi^{-1}\left(\frac{V+W-F}{V+W}\right) \tag{4}$$

当 $\theta = \tilde{\theta}$ 时,维持经营与否给小额信贷公司带来的净收益相同,即:

$$\tilde{\theta} + \lambda(\tilde{\theta})F - (1-k)r - C(W) = Max\{\lambda(\tilde{\theta})F - (1-k)r, 0\} \tag{5}$$

式(5)成立要求 $\tilde{\theta} \geqslant C(W)$ 、$\lambda(\tilde{\theta})F - (1-k)r \leqslant 0$ 。这说明只有在后续收益高于执行惩罚的成本情形下小额信贷公司才会选择维持经营,只有在资不抵债情形下小额信贷公司才会停止经营,式(5)简化可得:

$$\tilde{\theta} = (1-k)r + C(W) - \lambda(\tilde{\theta})F \tag{6}$$

由于小额信贷公司知道 θ 的真实值,在小额信贷公司看来,借款人的私人信号的分布为:

$$x|\theta \sim N(\theta, \frac{1}{b})$$

小额信贷公司对还款率的估计为:

$$\lambda(\theta) = Pr(x \geqslant \tilde{x}|\theta) = 1 - \Phi[\sqrt{b}(\tilde{x} - \theta)] \tag{7}$$

结合式(4)、式(6)与式(7),可得:

$$\tilde{\theta} = C(W) + (1-k)r - F + F\Phi\left[a\sqrt{\frac{1}{b}}(\tilde{\theta} - \gamma) - \sqrt{1 + \frac{a}{b}}\Phi^{-1}\left(\frac{V+W-F}{V+W}\right)\right] \tag{8}$$

期初,股权方的期望净收益为:

$$E\pi(k,w) = \int_{\tilde{\theta}}^{+\infty}[\theta + \lambda(\theta)F - (1-k)r - C(W)]f(\theta)\mathrm{d}\theta - k\rho \tag{9}$$

社会福利函数可以表达为:

$$SW = G - k\rho - 1 + k + \int_{\tilde{\theta}}^{+\infty}\{\theta + \lambda(\theta)V - C(W) - [1 - \lambda(\theta)]W\}f(\theta)\mathrm{d}\theta \tag{10}$$

给定 k、W,如果小额信贷公司事先约定的惩罚在期末始终能够得到执行,小额信贷公司的无效破产区间为 $[0,\theta^*)$,其中:

$$\theta^* = (1-k)r - F + F\Phi\left[a\sqrt{\frac{1}{b}}(\theta^* - \gamma) - \sqrt{1 + \frac{a}{b}}\Phi^{-1}\left(\frac{V+W-F}{V+W}\right)\right] \tag{11}$$

3 意义

在全局博弈的框架下,根据小额信贷公司的最优决策模型的计算结果可知,小额信贷公司存在约定过高的惩罚力度的激励,而过高的惩罚承诺会降低小额信贷公司实际执行惩罚承诺的可信度,加剧恐慌性逃债;小额信贷公司私人最优的资本充足率低于社会最优水平,政府对小额信贷公司的资本充足率进行监管有其存在必要性;资本充足率的提高,可以降低小额信贷公司约定的惩罚力度,从而增强惩罚承诺的可信度,缓解恐慌性逃债。

参考文献

[1] 陈文,杨云红,龚六堂. 资本充足率、惩罚承诺与恐慌性逃债. 经济研究,2012,(S2):106 - 143.

[2] Angeletos GM, Hellwig C, Pavan A. Signaling in a Global Game: Coordination and Policy Traps, Journal of Political Economics, 2006, 114(3) : 452 - 484.

[3] Angeletos G M, Werning I. Crises and Prices: Information Aggregation, Multiplicity, and Volatility, AmericanEconomic Review, 2006, 96(5) : 1720 - 1736

政府财政的规则模型

1 背景

政府行为规则对经济均衡状况和政策目标实现能力有重要影响。例如，当政府为刺激经济而将购买性支出偏离稳态时，税收的变化要遵循一定的规则，否则可能导致政府债务无限扩大或刺激效果的事与愿违。当政府通过转移支付机制来稳定经济时，转移支付规则对经济波动反应要适度，不然不仅不能起到稳定作用，反而会加剧经济波动。张佐敏[1]通过调查分析，以期构建一个包含政府购买性支出规则、税收规则和转移支付规则的动态随机一般均衡(DSGE)模型。

2 公式

假设居民是同质的、具有无限期寿命，通过选择消费、劳动供给、实物资产和金融资产以实现期望效用最大化。

$$E_0 \sum_{t=0}^{\infty} \beta^t u(c_t, l_t)$$

居民面临两个约束：

$$c_t + l_t + \frac{B_t}{p_t} = r_t k_{t-1}(1 - \tau_t) + w_t l_t (1 - \tau_t) + \frac{(1 + Rb) B_{t-1}}{P_t} + F_t + Tr_t$$

$$k_t = I_t \left[1 - s\left(\frac{I_t}{I_{t-1}}\right)\right] + (1 + d) k_{t-1}$$

其中，第一个为预算约束，第二个为实物资本积累形式。c_t、l_t、k_t、I_t、B_t、F_t、Tr_t、p_t、w_t、r_t和 R_b 分别代表消费、劳动供给、实物资本、实物投资、居民持有的政府债券、企业利润、政府转移支付、价格水平、实际工资、实物资本回报率和政府债券的回报率。

假设居民效用形式为 $u(c_t, l_t) = \delta \ln c_t + (1 - \delta) \ln(1 - l_t)$，将居民问题写成 Lagrange 函数形式：

$$E_0 \sum_{t=0}^{\infty} \beta^t \{ [\delta \ln c_t + (1 - \delta) \ln(1 - l_t)] - \lambda_t [c_t + I_t + \frac{B_t}{p_t} - r_t k_{t-1}(1 - \tau_t) - w_t l_t (1 - \tau_t) - \frac{(1 + Rb) B_{t-1}}{p_t} - F_t - Tr_t] - Q_t [k_t - I_s(1 - s(\frac{I_t}{I_{t-1}})) - (1 - d) k_{t-1}] \}$$

一阶条件为：

$$\frac{\delta}{c_t} = \lambda_t$$

$$\frac{1-\delta}{1-l_t} = \lambda_t w_t(1-\tau_t)$$

$$\beta E_t \frac{\lambda_{t+1}}{\lambda_t}[r_{t+1}(1-\tau_{t+1}) + q_{t+1}(1-d)] = q_t$$

$$1 = q_t[1 - \frac{k}{2}(\frac{I_t}{I_{t-1}-1})^2 - k(\frac{I_t}{I_{t-1}-1})\frac{I_t}{I_{t-1}}] + \beta E_t q_{t+1}\frac{\lambda_{t+1}}{\lambda_t}(\frac{I_{t+1}}{I_t})^2 k(\frac{I_{t+1}}{I_t}-1)$$

$$\beta E_t \frac{\lambda_{t+1}}{\lambda_t}\frac{(1+Rb)}{\pi_{t+1}} = 1$$

式中，$q_t = Q_t/\lambda_t$；$\pi_t = p_t/p_{t-1}$，则 q_t 为托宾 q，表示一单位实物资产的价格。

最终产品利用中间产品 y_i 来生产，生产函数为：

$$y_t = \left(\int_0^1 y_{it}^{\frac{\theta-1}{\theta}} \mathrm{d}i\right)^{\frac{\theta}{\theta-1}}$$

中间产品生产商采用 Calvo[2] 定价策略，每期只有 $1-\zeta$ 概率将价格最优化，而有 ζ 概率根据规则 $p_{it} = p_{it} - 1$ 调整价格，则最终产品生产者利润最大化问题为：

$$\max_{y_{it}} p_t y_t - \int_0^1 y_{it} p_{it} \mathrm{d}i$$

$$s.t.\ y_t = [\int_0^1 y_{it}^{\frac{\theta-1}{\theta}} \mathrm{d}i]^{\frac{\theta}{\theta-1}}$$

则对中间产品 y_i 的需求为 $y_i = \left(\frac{p_{it}}{p_t}\right)_{y_t}^{-\theta}$。

政府通过债务或税收进行融资以确保跨期预算约束：

$$g_t + Tr_t + \frac{(1+Rb)b_{t-1}}{\pi_t} = w_t l_t \tau_t + r_t K_{t-1}\tau_t + b_t$$

式中，g_t 为政府购买性支出；$b_t = B_t/p_t$。

以下假定政府购买性支出 g_t、扭曲税率 τ_t 和转移支付 Tr_t 的变化遵从一定的财政规则：

$$\mathrm{g}_t = f_g(g_{t-1})$$

$$\tau_t = f_\tau(b_{t+1}, b_t, b_{t-1})$$

$$\tau_t = f_{Tr}(y_t)$$

假定模型的外生冲击来自两个方面，一个是技术冲击 e_{At}，另一个是政府购买冲击 e_{gt}。前者代表所有经济主体都不可控制的因素，后者代表非预期到的但政府可控制的因素。技术冲击对生产技术的影响具有如下形式：

$$\ln(A_t) = \rho_A \ln(A_{t-1}) + e_{At}$$

在资本市场，资本总供给就是代表居民的资本供给，资本总需求为中间产品生产商个别资本需求之和,即 $k_{t-1} = \int_0^1 k_{it-1}\mathrm{d}i = \frac{amc_t}{r_t}\int_0^1 y_{it}\mathrm{d}i$,则整个市场资本与劳动的比率为:

$$\frac{k_{t-1}}{l_t} = \frac{\alpha w_t}{(1-\alpha)r_t}$$

资本积累形式为:

$$k_t = I_t\left[1 - s\left(\frac{I_t}{I_{t-1}}\right)\right] + (1-d)k_{t-1}$$

在最终产品市场,总需求由居民消费需求、居民投资需求和政府购买性支出组成:

$$y_t = c_t + I_t + g_t$$

总供给由加总中间产品的供给决定:

$$y_t = A_t k_{t-1}^{\alpha} l_t^{1-\alpha}$$

一般价格水平的动态方程为:

$$1 = (1-\zeta)(P_t^*)^{1-\theta} + \zeta\left(\frac{1}{\pi_t}\right)^{1-\theta}$$

其中, $P_{it}^* = \frac{P_{it}^*}{P_t}$ 是中间厂商在 t 期设定的最优实际价格,由最优定价的一阶条件决定:

$$E_t\sum_{l=0}^{\infty}(\beta\zeta)^l\lambda_{t+l}\left(\frac{P_t^*}{P_{t+l}}\right)^{-\theta}y_{t+l}\left(\frac{P_t^*}{P_{t+l}}(1-\theta) + \theta mc_{t+l}\right) = 0$$

边际成本对于每个厂商是相同的:

$$mc_t = \frac{w_t^{1-\alpha}r_t^{\alpha}(1-\alpha)^{-(1-\alpha)}\alpha^{-\alpha}}{A_t}$$

参数校准结果列在表 1。

表 1　参数校准

参数	α	β	d	ζ	θ	κ	ρ_A	σ_A	b_y	g_y	Tr_y
校准值	0. 476	0. 995	0. 014	0. 609	17. 7	2. 395	0. 694	0. 004 6	0181	0. 145	0. 052

假设政府转移支付、购买性支出和税收规则为:

$$\begin{cases}\hat{T}r_t = 0\\ \hat{g}_t = \rho_g\hat{g}_{t-1} + e_{gt}\\ \hat{\tau}_t/\tau = \varphi_\tau\hat{b}_t\end{cases}$$

式中, $\hat{x}_t = \ln x_t - \ln x$,表示变量偏离稳态值的百分比。

3　意义

在动态随机一般均衡(DSGE)框架下,研究了政府购买规则、融资规则和自动稳定规则之间的相互影响。根据政府财政的规则模型计算可知,首先,当扭曲税率依据上期债务规模调整时,经济具有唯一均衡的税率弹性空间最大;其次,自动稳定规则可以拓宽税率的弹性空间;最后,具有唯一均衡的财政规则组合中,盯住税率与弱自动稳定规则组合最有利于政府购买实现刺激目标,盯住税率与强自动稳定规则组合最有利于实现稳定产出目标,盯住债务与弱自动稳定规则组合最有利于实现稳定就业和稳定价格目标。

参考文献

[1] 张佐敏. 财政规则与政策效果. 经济研究,2013,(1):41 - 53.

[2] Calvo G A. Staggered Prices in Autility - maximizing Framework, Journal of Monetary Economics, 1983, Vol. 12(3),383 - 398.

居民收入的分配效应模型

1 背景

随着中国经济的长期快速增长,以居民收入差距扩大为代表的收入分配问题近年来引起经济学界的广泛关注。根据世界银行对中国的测算,反映居民收入不平等的主要指标基尼系数已由 20 世纪 80 年代的 0.21 ~ 0.27 上升到了 2005 年的 0.42 并且还在持续增加。刘元生等[1]采用 Croix 和 Lubrano[2]的能力异质性假定,建立了一个针对个人劳动收入和资产收入征税的经济增长模型,主要讨论个人所得税对收入分布、财富分布和经济增长的影响。

2 公式

采用 Croix 和 Lubrano[2]的异质性假定,个体出生时拥有两种差异能力:体能和学习能力。假设人力资本生产函数为:

$$\psi(\delta) = b\left(\frac{1}{\gamma}\delta^{\gamma} - \delta\right) \tag{1}$$

式中,δ 为年长者在青年时期的受教育时间;b 和 γ 是正的参数。$t+1$ 期年长者的人力资本存量为:

$$h_{\mathrm{it}+1}^{0} = \varepsilon_{\mathrm{it}}^{0}\Psi(\delta_{it})\,\bar{h}_{t} \tag{2}$$

式中,$\varepsilon_{\mathrm{it}}^{0}$ 为年长者在 t 期出生时被赋予的学习能力;δ_{it} 为 $t+1$ 期的年长者在 t 期的教育时间;$\bar{h}_{t}$ 是 t 期的平均人力资本水平:

$$\bar{h}_{t} = \frac{1}{N_{t}}\sum_{i=1}^{N_{t}^{0}} h_{it}^{0} \tag{3}$$

$t+1$ 期的年轻人拥有的人力资本为:

$$h_{it+1}^{Y} = \varepsilon_{it+1}^{Y}\,\bar{h}_{t+1} \tag{4}$$

式中,ε_{it+1}^{Y} 为 $t+1$ 期年轻人出生时被赋予的体能。由此我们定义系统均衡增长时的人力资本增长因子:

$$G = \frac{\bar{h}_{t+1}}{\bar{h}_{t}} = \frac{1}{N}\sum_{i=1}^{N_{i}} \varepsilon_{it}^{0}\psi(\delta_{it}) \tag{5}$$

生产技术由常规的 CES 生产函数描述：

$$Y_t = A[\alpha K_t^{-\theta} + (1-\alpha)L_t^{-\theta}]^{-1/\theta} \tag{6}$$

式中，K_t 是物质资本存量；L_t 是劳动力投入；A 表示全要素生产率；$\alpha \in (0,1)$ 为资本贡献率，$1/(1+\theta)$ 是两种生产要素的替代弹性。定义人均产出和人均物质资本存量为 $y_t = Y_t/L_t$，$\kappa_t = K_t/L_t$，则有：

$$y_t = f(k_t) = A(\alpha k_t^{-\theta} + 1 - \alpha)^{-1/\theta} \tag{7}$$

假定资本折旧率为1，资本当期全部消耗。在完全竞争市场下资本回报率和工资率分别为：

$$R_t = A^{-\theta}\alpha(y_t/k_t)^{(\theta+1)} \tag{8}$$

$$w_t = A^{-\theta}(1-\alpha)(y_t)^{(\theta+1)} \tag{9}$$

当期的储蓄形成下一期的资本存量，用 s_{it} 表示 t 期第 i 位个体的储蓄：

$$K_{t+1} = \sum_{i=1}^{N_l^Y} s_{it} \tag{10}$$

劳动市场出清时，我们定义有效劳动供给为：

$$L_t = \sum_{i=1}^{N_l^Y}(1-\delta_{it})\varepsilon_{it}^Y \bar{h}_t + \sum_{j=1}^{N_l^O}\varepsilon_{jt-1}^O\psi(\delta_{jt-1})\bar{h}_t \tag{11}$$

年轻人的税前收入取决于劳动时间、体能和工资率：

$$\omega_{o,it}^Y = (1-\delta_{it})\varepsilon_{it}^Y w_t \bar{h}_t \tag{12}$$

式中，$\omega_{o,it}^Y$ 表示 t 期第 i 位年轻人的税前工资。假定收入所得税免征额为 t_0，对于收入高于免征额的个体，其收入高于免征额的部分以税率 k 征收所得税。当年轻人的税前收入高于免征额时，征收的税额为：

$$t_{it}^Y = k[(1-\delta_{it})\varepsilon_{it}^Y w_t \bar{h}_t - t_0] \tag{13}$$

年长者在 t 期除利息收入之外的税前收入为：

$$w_{0,it}^0 = \varepsilon_{it-1}^0\psi(\delta_{it-1})w_t\bar{h}_t \tag{14}$$

当年长者的税前收入高于免征额，对其征收的税额为：

$$t_{it}^0 = k[\varepsilon_{it-1}^0\psi(\delta_{it-1})w_t\bar{h}_t - t_0] \tag{15}$$

同时，政府还对资本收益征税，税率为 τ_k。模型中利率为：

$$r_t = R_t - 1 \tag{16}$$

因为本期的资本由上期的储蓄形成，对资本征税就是对储蓄收益征税，t 期第 i 位年长个体缴纳的资本税为：

$$t_{it}^K = \tau \cdot r_t \cdot s_{it-1} \tag{17}$$

假定 Ω_1 为 t 期收入高于免征额的年轻人的集合，Ω_2 为 t 期收入高于免征额的年长者的集合，Ω_3 为 t 期需要缴纳资本税的个体的集合，则 t 期政府的所得税税收总额为：

$$T_t^L = \sum_{i\in\Omega_1}k[(1-\delta_{it})\varepsilon_{it}^Y w\bar{h}_t - t_0] + \sum_{i\in\Omega_2}k[\varepsilon_{jt-1}^O\psi(\delta_{jt-1})w\bar{h}_t - t_0] \tag{18}$$

资本税税收总额为：

$$T_t^K = \sum_{i \in \Omega_3} \tau \cdot r_t \cdot s_{it-1} \tag{19}$$

政府总税收为：

$$T_t = T_t^L + T_t^K \tag{20}$$

假定总税收中比例为 $\eta \in (0,1)$ 的部分用于转移支付，以平均方式分配给所有社会成员，则经济系统中每位个体得到的转移支付收入为：

$$d_t = \eta T_t / N_t \tag{21}$$

则在 t 期，年轻人和年长者的可支配收入分别为：

$$\omega_{it}^Y = \begin{cases} \omega_{0,it}^Y + d_t & \text{if} \omega_{0,it}^Y \leqslant t_0 \\ \omega_{0,it}^Y - t_{it}^Y + d_t & \text{if} \omega_{0,it}^Y > t_0 \end{cases} \tag{22}$$

$$\omega_{it}^O = \begin{cases} \omega_{0,it}^O + (1 + r_t) s_{it-1} - t_{it}^K + d_t & \text{if} \omega_{0,it}^Y \leqslant t_0 \\ \omega_{0,it}^O + (1 + r_t) s_{it-1} - t_{it}^O - t_{it}^K + d_t & \text{if} \omega_{0,it}^Y > t_0 \end{cases} \tag{23}$$

在 t 期，年轻人的可支配收入为 ω_{it}^Y，预期 $t+1$ 期不包括储蓄和利息收入在内的可支配收入为 ω_{t+1}^{Oe}，即：

$$\omega_{it-1}^{O\epsilon} = \begin{cases} \omega_{0,it+1}^O - t_{it+1}^K + d_{t+1}^e & \text{if} \omega_{0,it}^O \leqslant t_0 \\ \omega_{0,it+1}^O - t_{it+1}^K - t_{it+1}^O + d_{t+1}^e & \text{if} \omega_{0,it}^O > t_0 \end{cases} \tag{24}$$

不妨设：

$$d_{t+1}^e = d_t \tag{25}$$

t 期年轻人的消费为 $c_{it}^Y = \omega_{it}^Y - s_{it}$，$t+1$ 期的预期消费为 $c_{it+1}^{Oe} = \omega_{it+1}^{Oe}$，则最优化问题可以写成：

$$\max_{\delta_{it}, s_{it}} \log(\omega_{it}^Y - s_{it}) + \beta \log[\omega_{it+1}^{Oe} + (1 + r_t) s_{it}] \tag{26}$$

根据公式(26)的一阶条件解得：

$$\begin{cases} \psi'(\delta_{it-1}) = \dfrac{\varepsilon_{it}^Y (1 + r_t - \tau r_t)}{\varepsilon_{it}^Y} \\ s_{it} = \dfrac{\beta}{1+\beta} \omega_{it}^Y - \dfrac{1}{1 + r_t - \tau r_t} \cdot \dfrac{1}{1+\beta} \omega_{it+1}^{Oe} \end{cases} \tag{27}$$

将公式(1)代入式(27)中的上式，可得到最优的教育时间 δ_{it}：

$$\delta_{it} = \left[\frac{\varepsilon_{it}^Y (1 + r_t - \tau r_t)}{b \varepsilon_{it}^O} + 1 \right]^{1/(\gamma - 1)} \tag{28}$$

在给定人口比例、异质性分布和参数设置下，模型中将达到稳定均衡值。为方便起见，不妨设：$\hat{t}_0 = t_0 / \bar{h}_t$，$\hat{\omega}_i^Y = \omega_{it}^Y / \bar{h}_t$，$\hat{\omega}_i^O = \omega_{it}^O / \bar{h}_t$，$\hat{s}_i = s_{it} / \bar{h}$，$\hat{K} = K_t / \bar{h}_t$，$\hat{K} = L_t / \bar{h}_t$，等等，$\hat{d}$ 为均衡时的人均转移支付，则稳定均衡时年轻人的个体优化变量取值为：

$$\delta_i = [\frac{\varepsilon_i^Y(1 + r - \tau r)}{b\varepsilon_i^O} + 1]^{1/(\gamma-1)} \tag{29}$$

$$\hat{\omega}_i^Y = \begin{cases} (1 - \delta_i)\varepsilon_i^Y w + \hat{d} & \text{if } \hat{\omega}_{0,i}^Y \leqslant \hat{t}_0 \\ (1 - \delta_i)\varepsilon_i^Y w - k[(1 - \delta_i)\varepsilon_i^Y w - \hat{t}_0] + \hat{d} & \text{if } \hat{\omega}_{0,i}^Y > \hat{t}_0 \end{cases} \tag{30}$$

$$\hat{\omega}_i^O = \begin{cases} \varepsilon_i^O \psi(\delta_i)w + (1 + r - \tau r)\hat{s}_i + \hat{d} & \text{if } \hat{\omega}_{0,i}^O \leqslant \hat{t}_0 \\ \varepsilon_i^O \psi(\delta_i)w + (1 + r - \tau r)\hat{s}_i - k[\varepsilon_i^O \psi(\delta_i)w - \hat{t}_0] + \hat{d} & \text{if } \hat{\omega}_{0,i}^O > \hat{t}_0 \end{cases} \tag{31a}$$

$$\omega'_i = \begin{cases} \varepsilon_i^O \psi(\delta_i)w + \hat{d} & \text{if } \hat{\omega}_{0,i}^O \leqslant \hat{t}_0 \\ \varepsilon_i^O \psi(\delta_i)w - k[\varepsilon_i^O \psi(\delta_i)w - \hat{t}_0] + \hat{d} & \text{if } \hat{\omega}_{0,i}^O > \hat{t}_0 \end{cases} \tag{31b}$$

$$\hat{s}_i = \frac{\beta}{1 + \beta}\hat{\omega}_i^Y - \frac{1}{1 + r - \tau r} \cdot \frac{1}{1 + \beta}\omega'_i \tag{32}$$

$$G = \frac{1}{N}\sum_{i=1}^{NY} \varepsilon_i^O \psi(\delta_i) \tag{33}$$

$$\hat{K} = \sum_{i=1}^{NY} s_i / G \tag{34}$$

$$\hat{L} = \sum_{i=1}^{NY}(1 - \delta_i)\varepsilon_i^Y + \sum_{j=1}^{NO} \varepsilon_j^O \psi(\delta_j) \tag{35}$$

$$\hat{T} = \sum_{i \in \Omega_1} k[(1 - \delta_i)\varepsilon_i^Y w - \hat{t}_0] + \sum_{j \in \Omega_2} k[\varepsilon_i^O \psi(\delta_j)w - \hat{t}_0] + \sum_{j \in \Omega_3} \tau \cdot r \cdot s_l \tag{36}$$

$$k = \hat{K}/\hat{L} \tag{37}$$

图1显示了收入分布的样式,横轴为收入,纵轴为该收入段占总人口比例。实线表示税率为0时的收入分布,虚线表示设定所得税税率为30%、对收入位于人口30%以上的个体征税、资本税率设为10%后的收入分布。

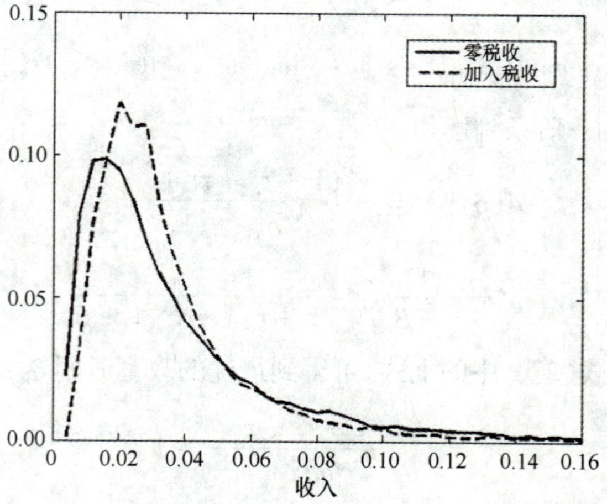

图1 收入分布的变化

3 意义

根据一个包含人力资本投资和政府税收的两阶段世代交替模型,建立了居民收入的分配效应模型,确定了个人所得税免征额与税率对收入和财富分配以及经济增长的影响。在模型中引入了两种能力异质性,即体能和学习能力的差异;能力的不同会影响个人的收入和教育选择,进而影响收入分配和人力资本积累。模型中的主要参数依据中国数据进行了校准。数值模拟发现,个人所得税免征额与收入的基尼系数呈"U"形曲线关系。对于给定的税率,存在一个使基尼系数最小化的免征额,此后进一步提高免征额会使基尼系数上升,但对经济增长有一定的促进作用。为减少收入分配的差距,免征额应随收入分布的变化进行调整。

参考文献

[1] 刘元生,杨澄宇,袁强. 个人所得税的收入分配效应. 经济研究,2013,(1):99-109.

[2] Croix D, Lubrano M. The Tradeoff between Growth and Redistribution: ELIE in an Overlapping Generations Model, in Macrojustice: A Pluridisciplinary Appraisal of Kolm's Theory, eds. by Claude Gamel and Michel Lubrano, Springer, 2009, pp. 307-339.

经济结构的转型模型

1 背景

结构转型是当前世界经济面临的主要问题,也是经济发展过程中重要的特征事实之一。经济发展的历史表明,发达国家的结构转型具有类似的路径:农业部门在经济中的比例逐渐下降,工业部门在经济中的比例先上升后下降,服务业的比例会逐渐上升。这种产业间的不平衡增长与 Kaldor 事实不一致,而且并不能被传统的平衡增长理论很好地解释。王勋和 Anders[1] 在非平衡增长模型的框架内,研究金融体系的扭曲政策,即金融抑制对经济结构转型的影响,并为理论假说,此处采用跨国面板数据进行了实证分析。

2 公式

假设经济中有两个部门。借鉴 Baumol[2] 的做法,假设部门 1 为工业,部门 2 为服务业。

劳动为唯一的要素投入,两部门的生产函数为:

$$Y_{1t} = aL_{1t}^{\gamma}$$

$$Y_{2t} = \phi(b)L_{2t}^{\gamma}e^{rt}$$

式中,$0 < \gamma < 1$。

根据一阶条件,t 期劳动力在两部门的分配以及均衡工资分别为:

$$L_{1t} = \frac{1}{1 + X_t}$$

$$L_{2t} = \frac{X_t}{1 + X_t}$$

$$W_t = \alpha\gamma(1 + X_t)^{1-\gamma}$$

式中,$X_t = [a^{-1}\phi(b)e^{rt}]^{\frac{1}{1-\gamma}}$。

两个部门的产出比等于就业比,其动态路径为:

$$Y_2/Y_1 = L_2/L_1 = [a^{-1}\phi(b)e^{rt}]^{\frac{1}{1-\gamma}}$$

为保护和支持制造业的发展,政府可以采取金融抑制的手段,通过设定金融抑制程度,使经济中两个产业保持在一个固定的比例上:

$$\phi(b) = ae^{-rt}K^{\frac{1}{1-\gamma}}$$

式中，K 为常数。

根据理论模型中的公式，设定我们的计量模型如下：

$$STRUCTURE_{it} = \beta_0 + \beta_1 FREP_{it} + \beta_2 X_{it} + \alpha_i + \lambda_t + \xi_{it}$$

式中，$STRUCTURE_{it}$为国家 i 在时间 t 内 GDP 中服务业份额与 GDP 中工业部门份额的比例；$FREP_{it}$为国家 i 在时间 t 的金融抑制程度指标；X_{it}为一组与偏好有关的影响结构转型的控制变量；α_i 是未观测到的国家特定效应；λ_t 是未观测到的时间特定效应；ξ_{it}是未观测到的既随国家又随时间改变的误差项。

表 1 列出了各变量的描述性统计指标。

表 1　主要变量的统计性描述（1981—2005 年）

变量	全样本（所有国家）					发达国家均值	发展中国家均值
	观测值	均值	标准差	最小值	最大值		
工业占 GDP 份额	1 450	0. 308	0. 08	0. 072	0. 613	0. 311	0. 306
服务业占 GDP 份额	1 450	0. 556	0. 107	0. 218	0. 772	0. 648	0. 500
服务业/工业	1 450	1. 943	0. 617	0. 477	4. 086	2. 166	1. 807
金融抑制指标	1 450	0. 432	0. 289	0	1	0. 223	0. 559
取对数实际 GDP	1 450	8. 052	1. 618	4. 625	10. 612	0. 098	0. 070
贸易开放度	1 450	0. 643	0. 49	0. 108	4. 31	0. 776	0. 562
老年人口抚养比	1 450	0. 121	0. 071	0. 042	0. 299	0. 201	0. 072
少年人口抚养比	1 450	0. 538	0. 231	0. 208	1. 06	0. 297	0. 685
实际利率	1 075	0. 004	0. 096	−1. 278	0. 387	0. 020	−0. 009
工业就业份额	750	0. 258	0. 058	0. 082	0. 388	0. 285	0. 219
服务业就业份额	750	0. 564	0. 145	0. 134	0. 778	0. 638	0. 468
服务业/工业	750	2. 245	0. 633	0. 728	4. 451	2. 329	2. 191

3　意义

根据经济结构的转型模型，研究了金融抑制对产业结构变化的影响。模型表明经济资源会随着经济增长从工业部门不断流入服务业部门，从而使得服务业的比重不断上升。而政府可以采取金融抑制政策阻碍结构转型过程。通过抑制服务业，保护和促进工业部门的发展，从而造成服务业占比偏低，导致国内产业结构失衡。跨国面板数据的实证表明，金融抑制显著阻碍了结构转型。金融抑制程度越高，经济中服务业相对于制造业的比例会越低。基于不同收入水平的国家分组数据、不同的结构变量衡量以及不同的金融抑制指标的稳健性检验支持了这一结论。

参考文献

[1] 王勋,Anders Johansson. 金融抑制与经济结构转型. 经济研究,2013,(1):54-67.
[2] Baumol WJ. Macroeconomics of Unbalanced Growth: The Anatomy of Urban Crisis, American Economic Review, 1967, 57, 415-426.

养老金的生命周期模型

1 背景

近年来,有关公务员与城镇企业职工养老金待遇差别过大的现象引起了社会的广泛关注。2011 年与 2012 年两会期间,养老金制度改革更成为媒体与群众讨论的焦点。虽然自 2005 年起,国家已连续六年七次提高企业退休人员基本养老金,但城镇企业职工与公务员间的退休金差距并没有因此而减少。徐舒和赵绍阳[1]在生命周期模型框架下考察养老金"双轨制"对公务员与企业职工生命周期消费差距的影响。

2 公式

劳动者在 t 时期的效用最大化问题可以表示为:

$$V_{\mathrm{t}} = \max_{\{C_t\}}\left(u(C_t) + E_t\left\{\sum_{j=t+1}^{T}\beta^{j-t}\Omega_{t+1,j}[s_j u(C_j) + (1-s_j)B(A_j)]\right\}\right), \Omega_{t,j} \equiv (1/s_t)\cdot\prod_{k=t}^{j}s_k \tag{1}$$

类似于 Carroll 及 Gourinchas 和 Parker,家庭的动态财富约束方程为:

$$W_{t+1} = R(W_t - C_t) + Y_{t+1} \quad W_t \geqslant 0, \forall t \tag{2}$$

式中,R 是无风险利率;W_t 表示 t 时期劳动者可用于消费的全部财富资源。

根据 Carroll,假定劳动者在退休前($t \leqslant T_w$),其收入 Y_t 服从如下随机过程:

$$Y_t = P_t \cdot U_t, P_{t+1} = G_{t+1} \cdot P_t \cdot N_{t+1} \tag{3}$$

式中,P_t 是持久性收入;G_{t+1} 是 $t+1$ 时期劳动者持久性收入的增长率;U_t、N_t 分别是收入的暂时性冲击与持续性冲击,并且满足:

$$\ln U \sim N(0,\sigma_U^2), \quad \ln N \sim N(0,\sigma_N^2)$$

式中,σ_U 与 σ_N 分别是暂时性与持久性收入冲击的标准差,是收入风险大小的测度。

在退休后($T_w < t \leqslant T$),劳动者的收入过程为:

$$Y_t = \eta P_{T_w}, P_t = P_{t-1} \tag{4}$$

式中,P_{Tw}是劳动者退休前最后一个工作时期的持久性收入;η 为养老金替代率,定义为退休金收入占劳动者退休前工资收入的比重。

类似于 French[2],效用最大化问题的 Bellman 方程形式可以表示为:

$$V_t(W_t) = \max_{C_t}(u(C_t) + \beta\{s_{t+1}E_t[V_{t+1}(W_{t+1})] + (1 - s_{t+1})B(W_{t+1})\}) \tag{5}$$

结合约束条件式(2),容易求得上述动态规划问题的一阶条件(即欧拉方程)为:

$$u'_t(C_t) = \beta R \cdot E_t[s_{t+1}u'_{t+1}(C_{t+1}) + (1 - s_{t+1})B'(W_{t+1})] \tag{6}$$

根据 French 以及 DeNardi 等,遗赠效用 $B(W_t)$ 的函数形式设定为:

$$B(W_t) = \theta \cdot \frac{(W_t + k \cdot P_t)^{1-\rho}}{1 - \rho}$$

将上述效用函数代入欧拉方程(6),可以得到:

$$C_t^{-\rho}(W_t) = \beta R \cdot E_t[s_{t+1}C_{t+1}^{-\rho}(W_{t+1}) + (1 - s_{t+1})\theta(W_{t+1} + k \cdot P_{t+1})^{-\rho}] \tag{7}$$

预算约束式(2) 两边同除以 P_{t+1},并将收入决定式(3) 代入,得到:

$$w_{t+1} = R(w_t - c_t)/(G_{t+1}N_{t+1}) + U_{t+1} \tag{8}$$

同理,式(7) 两边同除以 $P_{t+1}^{-\rho}$,将收入决定式(3)代入可得:

$$c_t^{-\rho}(w_t) = \beta R \cdot E_t\{s_{t+1}[c_{t+1}(w_{t+1}) \cdot G_{t+1}N_{t+1}]^{-\rho} + (1 - s_{t+1})\theta[(w_{t+1} + k) \cdot G_{t+1}N_{t+1}]^{-\rho}\} \tag{9}$$

进一步将式(8)代入式(9)得到:

$$c_t^{-\rho}(w_t) = \beta R \cdot E_t(s_{t+1}\{c_{t+1}[R(w_t - c_t)/(G_{t+1}N_{t+1}) + U_{t+1}] \cdot G_{t+1}N_{t+1}\}^{-\rho}) + \beta R \cdot E_t[(1 - s_{t+1})\theta\{[R(w_t - c_t)/(G_{t+1}N_{t+1}) + U_{t+1} + k] \cdot G_{t+1}N_{t+1}\}^{-\rho}] \tag{10}$$

注意到在 t 时期,由于 $s_{t+1} = 0$,因此 $U_{t+1} = 0$。由于此时劳动者已经退休,因此式(10)可以简化为:

$$c_t^{-\rho} = \beta R \cdot \theta\{[R(w_t - c_t) + k]\}^{-\rho}$$

上式两边同开$(-1/\rho)$次方,整理得到:

$$c_t = \frac{(\beta R\theta)^{-1/\rho} \cdot k}{1 + (\beta R\theta)^{-1/\rho}R} + \frac{(\beta R\theta)^{-1/\rho}r}{1 + (\beta R\theta)^{-1/\rho}R}w_T \tag{11}$$

显然,在 t 时期,最优消费 c_t 是财富 w_t 的线性函数,其截距和斜率取决于模型参数。

表 1 列出了根据上述标准,利用《中国劳动统计年鉴》数据计算出的公务员与企业职工在 2004—2008 年间的养老金替代率。

表 1 公务员与企业职工养老金替代率

年份	2004	2005	2006	2007	2008	平均(2004—2008 年)
公务员	100%	91.2%	94.6%	83.6%	78.4%	81.1%
企业职工	56.1%	56.7%	55.2%	55.6%	52.0%	54.1%

在等式(3) 的设定下,对收入取对数可得:

$$\ln Y_{it} = \ln G_t + \ln Y_{i,t-1} + \ln N_{it} + \ln U_{it} - \ln U_{i,t-1}$$

上式等号两边同时在截面上取平均,有:

$$\frac{1}{I}\sum_{i=1}^{I}\ln Y_{it}-\frac{1}{I}\sum_{i=1}^{I}\ln Y_{i,t-1}=\ln G_t+\frac{1}{I}\sum_{i=1}^{I}\ln N_{it}+\frac{1}{I}\sum_{i=1}^{I}\ln U_{it}-\frac{1}{I}\sum_{i=1}^{I}\ln U_{i,t-1}$$

式中，I 是截面上劳动者的数量。由于 $\ln N$ 与 $\ln U$ 都服从均值为零的正态分布，根据大数定律，上式中后三项在 I 足够大时均趋于零，因此得到：

$$G_t=\exp\left(\frac{1}{I}\sum_{i=1}^{I}\ln Y_{it}-\frac{1}{I}\sum_{i=1}^{I}\ln Y_{i,t-1}\right)\tag{12}$$

记 $\ln\bar{C}_t$ 为根据实际数据计算得到的 t 时期劳动者的平均对数消费，令 $g_{i,t}(\chi)\equiv\ln\hat{C}_{i,t}(\chi)-\ln\bar{C}_t$，则参数 χ 的 MSM 估计值由如下等式得到：

$$\hat{\chi}=\arg\min\bar{g}'(\chi)W\bar{g}(\chi)=\arg\min[g_1,g_2,\cdots,g_T]W[g_1,g_2,\cdots,g_T]'\tag{13}$$

其中，

$$g_t=\frac{1}{N_t}\sum_{i=1}^{N_t}\ln\hat{C}_{i,t}(\chi)-\ln\bar{C}_t$$

式中，W 是 $T\times T$ 的权重矩阵。

根据 MSM 估计原理，French 证明了上述估计得到的参数 $\hat{\chi}$ 服从正态分布，并有如下方差—协方差矩阵：

$$\mathrm{var}(\hat{\chi})=\frac{1+\tau}{N}(G'WG)^{-1}G'WVWG(G'WG)^{-1}\tag{14}$$

式中，τ 是实际样本数与模拟样本数的比值，反映了模拟误差对参数估计值准确性的影响；$G=\partial\bar{g}/\partial\chi\,|_{\chi=\hat{\chi}}$ 是 $\bar{g}$ 关于 χ 的雅克比矩阵；V 是矩条件 g_t 的方差—协方差矩阵。

Gourinchas 和 Parker 的分析表明，V 是一对角矩阵，且主对角线上元素为：

$$V_t=(1/N_t)\sum\nolimits_{i=1}^{N_t}(\ln C_{i,t}-\ln\bar{C}_t)^2$$

在参数估计中，当取 $W=V^{-1}$（最优权重）时，$\hat{\chi}$ 的方差最小：

$$\mathrm{var}(\hat{\chi})=\frac{1+\tau}{N}(G'WG)^{-1}$$

对公务员及非公务员家庭分别拟合如下回归方程：

$$\ln Q=f(age)+X\beta+\varepsilon\tag{15}$$

式中，Q 是家庭的收入或消费支出；变量 X 中包括了户主的受教育程度、性别虚拟变量、家庭规模、家庭有工作人口比例、儿童比例以及地区和时间虚拟变量；$f(age)$ 是关于户主年龄的平滑函数。

3 意义

根据一个异质性经济人的生命周期，建立了养老金的生命周期模型，以刻画经济个体的动态消费决策，进而采用似然矩方法估计出模型的结构参数。在此基础上，通过反事实模拟考察当前养老金“双轨制”对公务员和城镇企业职工生命周期消费差距的影响。从而可知,在考虑了公务员与企业职工不同的收入增速、收入风险以及异质性偏好后,养老金“双轨制”引起的替代率差异能解释公务员与企业职工生命周期中24.3%的消费差距。享有与公务员相同的养老金替代率水平将促使企业职工生命周期的平均消费增加4.84%,并且对于财富水平越低的企业职工,该促进效应越明显。

参考文献

[1] 徐舒,赵绍阳.养老金“双轨制”对城镇居民生命周期消费差距的影响.经济研究,2013,(1):83-98.

[2] French E. The Effects of Health, Wealth, and Wages on Labour Supply and Retirement Behavior, Review of Economic Studies, 2005, Vol. 72(2), p. 395-427.

出口的边际变化模型

1 背景

最近一次的全球经济危机对国际贸易造成了严重的冲击，全球贸易量在2009年下降了12%。随着我国经济与世界经济一体化程度的加深，我国的出口也在这一次衰退中遭受了巨大的打击。我国2009年的总出口额相对2008年下降了16%。陈波和荆然[1]进一步对理论结果进行数值模拟，发现其结果能够较好地拟合我国在2009年的出口边际变化，同时也讨论了诸如出口退税、补贴等贸易政策的影响。

2 公式

表1列出了中国月度出口额。从中可以看到从2009年1月开始，月度出口额较前一年同期降低了大约16%。这一情形一直持续到2009年11月。从2009年末，中国出口开始走出低谷。自2010年2月开始，中国的出口恢复到或是超过了其在危机之前的水平。

表1　中国总出口额的比较

月份	1	2	3	4	5	6	7	8	9	10	11	12	总计
2007年	86	82	83	97	93	103	107	111	112	107	117	114	1 212
2008年	109	87	108	118	120	120	136	134	135	127	114	110	1 418
2009年	88	63	88	89	86	95	105	103	116	111	113	130	1 187
2010年	83	91	109	117	128	133	145	139	145	136	153		

与 Melitz[2]不同，我们假设一个代表性消费者有一个“两层”(two - tier) 的效用函数。其中，外层的效用函数为对所有复合商品 C_i 的 Cobb - Douglas 函数：

$$U = \prod_{i \in I_i} C_i^{\alpha_i}$$

式中，$\alpha_i > 0$ 且 $\sum_i \alpha_i = 1$ 。

内层的复合商品 C_i 是由此种商品的所有不同品种(variety) 所组成的 CES 函数：

$$C_i = [\int_{\omega_{ij}\in\Omega_i} q(\omega_{ij})^{\rho_i}\mathrm{d}\omega_{ij}]^{1/\rho_i}$$

式中,ω_{ij}是商品 i(共有 Ω_i 种可能的品种) 的一个品种;$q(\omega_{ij})$表示对于品种 ω_{ij}的消费量;$0<\rho_i=1-1/\sigma_i<1$ 是商品 i(任意品种)的市场溢价(markup)的倒数,$\sigma_i>1$ 表示商品 i 的不同品种间的替代弹性。根据效用方程,给定商品品种的价格(p_{ij})消费者面临的价格指数:

$$P_i = [\int_{\omega_{ij}\in\Omega_i} p(\omega_{ij})^{1-\sigma_i}d\omega_{ij}]^{\frac{1}{1-\sigma_i}}$$

如 Dixit 和 Stiglitz 所示,利用效用与数量的对偶性,即 $C_i\equiv Q_i$,可以进一步将 ω_{ij}的需求 $q(\omega_{ij})$、支出 $rv(\omega_{ij})$(对生产产品 ij 的厂商而言,$rv(\omega_{ij})$为其销售收益)表示为:

$$q(\omega_{ij}) = Q_i[p(\omega_{ij})/P_i]^{-\sigma_i}$$

$$rv(\omega_{ij}) = RV_i[p(\omega_{ij})/P_i]^{1-\sigma_i}$$

式中,$RV_i=P_iQ_i$。

假设一个厂商的劳动力需求函数(或一条生产线)如下:

$$l_{ij} = f + q_{ij}/\varphi_{ij}$$

式中,f是每期的固定成本,通过以下取得:工资标准化至单位工资(即 $w=1$),一个经营中的企业在国内销售的边际成本是$(r+1)$,而在出口时,企业需要对每个目的地市场支付一个固定的市场进入成本 f_X,同时对每单位商品支付一个贸易成本 $\tau_m>1$($m=1,\cdots,M$ 代表某一出口市场)。

那么垄断竞争厂商的价格为:

$$p(\varphi_{ij}) = \frac{1+r}{\rho_i\varphi_{ij}}(\text{国内})\text{或}\frac{\tau_m(1+r)}{\rho_i\varphi_{ij}}(\text{在 } m \text{ 国})$$

给定替代弹性 σ_i,国内销售额 $rv_d(\varphi_{ij})$和对 m 国的出口额 $rv_m(\varphi_{ij})$分别为:

$$rv_d(\varphi_{ij}) = RV_i(\frac{P_i\rho_i\varphi_{ij}}{1+r})^{\sigma_i-1}$$

$$rv_m(\varphi_{ij}) = RV_i^m(\frac{P_i^m\rho_i\varphi_{ij}}{\tau_m(1+r)})^{\sigma_i-1}$$

厂商的利润为:

$$\pi_d(\varphi_{ij}) = \frac{rv_d(\varphi_{ij})}{\sigma_{ij}} - (1+r)f = \frac{RV_i}{\sigma_i}(\frac{P_i\rho_i\varphi_{ij}}{1+r})^{\sigma_i-1} - (1+r)f$$

$$\pi_m(\varphi_{ij}) = \frac{rv_m(\varphi_{ij})}{\sigma_{ij}} - (1+r)f_m = \frac{RV_i^m}{\sigma_i}(\frac{P_i^m\rho_i\varphi_{ij}}{1+r})^{\sigma_i-1} - (1+r)f_x$$

维持生产的临界生产力水平(ZCP,其中仅在国内销售的厂商的 ZCP 为 φ^*,出口厂商的 ZCP 为 φ^{m*})使得 $\pi_d(\varphi_d^*)=0,\pi_x^m(\varphi_x^{m*})=0$。

$$\pi_d(\varphi_{ij}^*) = \frac{\alpha_i Y}{\sigma_i}\left(\frac{P_i\rho_i\varphi_{ij}^*}{1+r}\right)^{\sigma_i-1} - (1+r)f = 0$$

$$\pi_m(\varphi_{ij}^{m*}) = \frac{\alpha_i Y^m}{\sigma_i}\left(\frac{P_i^m \rho_i \varphi_{ij}^{m*}}{\tau_m(1+r)}\right)^{\sigma_i-1} - (1+r)f_x = 0$$

在讨论自由进入条件之前,我们先引入行业平均生产力($\bar{\varphi}_i$)的概念。设均衡条件下行业 i 有 N_i 个企业,则该行业的加总变量,如价格、产量、总收入、总利润(即 P、Q、R、Π)可表示为:

$$P_i = N_i^{\frac{1}{\sigma_i-1}} p(\bar{\varphi}_i), Q_i = N_i^{\frac{1}{\rho_i}} p(\bar{\varphi}_i), PV_i = N_i rv(\bar{\varphi}_i),$$

$$\Pi_i = N_i \pi(\bar{\varphi}_i),$$

自由进入条件(FE)表明企业期望的终生收益要等于进入成本,即:

$$V_i = \pi(\bar{\varphi}_i)/r = f_E$$

其中国内平均生产力为 $\bar{\varphi}_i(\varphi_{ij}^*) = [\frac{1}{1-U(\varphi_{ij}^*)}\int_{\varphi_{ij}^*}^{\infty} \varphi_i^{1-\sigma_i}\mu(\varphi_{ij})d\varphi_{ij}]^{\frac{1}{1-\sigma_i}}$。此外,为与现实相符,假设相对内销成本低于相对出口成本,即:

$$\frac{f}{Y}\left(\frac{1}{P_i}\right)^{\sigma_i-1} < \frac{f_x^m}{Y^m}\left(\frac{P_i^m}{\tau_m}\right)^{\sigma_i-1} \quad (m = 1,\cdots,M)$$

需要注意的是由于 $\varphi_x^* > \varphi_d^*$,所以 φ_x^* 只被零利润条件所限制。

$$\varphi_i^{m*} = [\frac{(1+r)f_x\sigma_i}{\alpha Y^m}]^{\frac{1}{\sigma_i-1}} \frac{\tau_m(1+r)}{P_i^m \rho_i}$$

均衡中每个行业用于国内消费和出口的产品的种类(即企业的数量)为:

$$N_{di} = RV_i/rv(\bar{\varphi}(\varphi_{di}^*)) = \alpha_i Y/rv[\bar{\varphi}(\varphi_{di}^*)]$$

$$N_{xi} = \sum_m RV_i^m/rv(\bar{\varphi}(\varphi_{di}^*) = \alpha_i^m \sum_m Y_i^m/rv[\bar{\varphi}(\varphi_i^{m*})]$$

其中,

$$\bar{\varphi}(\varphi_{di}^*) = [\int_{\varphi_{di}^*}^{\infty} \varphi_i^{1-\sigma_i}\mu(\varphi_i)d\varphi_i]^{\frac{1}{1-\sigma_i}}, \bar{\varphi}(\varphi_i^{m*}) = [\int_{\varphi_i^{m*}}^{\infty} \varphi_i^{1-\sigma_i}\mu(\varphi_i)d\varphi_i]^{\frac{1}{1-\sigma_i}}$$

由上可知,在均衡中每个行业中的品种数(或企业数)N 是临界生产力 φ^* 的单调减函数。因此,为了研究出口的广延边际的变化,只需关注出口的临界生产力的变化。

3 意义

通过我国出口在2009年间的变动,根据出口的边际变化模型,发现经济危机对我国出口的冲击主要表现在出口的集约边际上,而广延边际反而还出现增长。通过允许出口企业依赖外部融资来支付其生产成本,并加入了对商品异质性需求,对 Melitz 的模型进行了拓展。拓展后的模型表明,即使每个厂商的出口收益由于受到外部需求的减弱而降低,出口厂商的数量仍可能会由于出口国利率的降低(如量化宽松的货币政策等危机应对措施)而上升。进一步对理论结果进行数值模拟,发现其能够较好地拟合我国在2009年的出口边际变化。

参考文献

[1] 陈波,荆然. 金融危机、融资成本与我国出口贸易变动. 经济研究,2013,(2):30-41.

[2] Melitz M J. The Impact of Trade on Intra-industry Reallocations and Aggregate Industry Productivity, Econometrica, 2003, 71(6), pp. 1695-1725.

社会财富的分配公式

1 背景

社会稳定问题是世界各国关心的问题,社会的稳定依赖于社会的公平公正。而社会的公平公正很大程度上取决于社会财富分配的公平合理性。这里,社会财富分配包括了盈利或资源的分配、成本的分摊和经济体之间对某些感兴趣内容的匹配等。因此,分配公平合理性的合作博弈理论引起了世界各国的管理工作者和经济学家的极大兴趣,并且越来越受到经济学界和管理学界的重视。施锡铨和孙修勇[1]通过调查对绩效因素的社会财富分配展开了探讨。

2 公式

任何子联盟 S 的 n 维特征向量记作 e^S,它的第 i 个元素为:

$$(e^S)_i = \begin{cases} 1 & \text{如果 } i \in S \\ 0 & \text{如果 } i \in N/S \end{cases}$$

观察任意一个绩效联盟 $s = \{s_1, s_2, \cdots, s_n\} = e_s$,向量中的元素可以等于0,也可能不等于0。若 s_i 不等于0,我们称局中人 i"真"的在这个绩效子联盟内,或者说,局中人 i 属于 s 的载体。所谓载体,其数学定义简单地为:

$$car(s) = \{i \in N \mid i_i > 0\}$$

如果除了有效性和个人理性的条件之外,把稳定性的考虑限制于所有的真子绩效联盟全体,这样得到的核称为"真核",记作 $c^P(v)$。毫无疑问,它们的定义决定了 $C(v)$ 包含在 $c^P(v)$ 内。即:

$$C(v) \subset c^P(v)$$

对于一般的模糊博弈,"占优核"是包含"真核"的:

$$c^P(v) \subset DC(v)$$

总结上述讨论,得到"核"、"真核"和"占优核"之间的关系式:

$$C(v) \subset c^P(v) \subset DC(v)$$

原来的博弈 v 经过这样简单化处理以后得到的新博弈记作 $cr(v)$。定义为:

$$cr(v)(S) = v(e^S) \qquad \forall S \in 2^N$$

简单化处理的博弈的"核"干脆就称为博弈 v 的"简单化核",记作 $C^{cr}(v)$。"简单化核"要求稳定的范围仅限于 $S\in 2^N$,比起"真子绩效联盟"要小得多,因此,"简单化核"包含"真核"是毫无疑问的。由此,得到又一个关系式:

$$C(v) \subset c^p(v) \subset c^{cr}(v)$$

在处理的社会财富分配问题中,虽然可以知道不少有关问题的知识,但是想知道博弈的特征函数却是几乎不可能的,理论上构造一个凸博弈不成问题,譬如"模糊一致同意博弈"[2],而在实际生活中去确定博弈的特征函数很可能是毫无办法;其次,即使知道了特征函数,要去验证几乎无穷多个不等式也是不可能的。

对于每个 $i\in N\backslash C$,和所有的 $s,t\in 0,1^{N\backslash C}\times\{1_C\}$ 以及所有的 $\varepsilon_1>0,\varepsilon_2>0$,如果满足 $s\leqslant t$,和 $0\leqslant s-\varepsilon_1 e^i\leqslant t-\varepsilon_2 e^i$,我们有:

$$\varepsilon_1^{-1}[v(s)-v(s-\varepsilon_1 e^i)]\geqslant\varepsilon_2^{-1}[v(s)-v(t-\varepsilon_2 e^i)]$$

那么,称 v 为绩效"集团"博弈。

如果对任意的 $t\in[0,1]^{N\backslash C}\times\{1_C\}$ 以及任意两个非"集团"成员 $i,j\notin t$,有:

$$v(v+s_1 e^i)=v(t+s_1 e^j)$$

那么,$DC(v)=C^p(v)$。

3 意义

根据社会财富的分配公式,研究"考虑绩效因素"的合作博弈中的核分配问题,提出"简单化核—占优核—真核—Aubin 核"的探索途径。对于具有广泛实用意义的绩效"集团"博弈,在此利用纠正国外同行在他们专著中的致命错误从而证明的"真核"与"占优核"等价的重要结论,为寻求公平合理的分配方案提供了理论基础和实际操作方法。合作博弈理论中,稳定的财富分配方案是维系大联盟的根本,所以一直是经济学家和管理工作者极感兴趣的焦点之一。

参考文献

[1] 施锡铨,孙修勇.考虑绩效因素的社会财富分配.经济研究,2013,(2):21-29.

[2] Branzei R,Dimitrov D,Tijs S. Convex Fuzzy Games and Participation Monotonic Allocation Schemes,Fuzzy Sets and Systems,2003,139:267-281.

能源的回弹效应模型

1 背景

通常认为,能源效率的提高有助于节约能源而降低能源消费总量,因此,各国均将改进能源效率视为缓解经济快速发展与能源供给日益紧缺矛盾以及应对气候变化挑战的有效途径。然而,既有研究表明,提高能效与节能目标可能并不一致,政府通过提高能效政策而获得的节能效果往往要小于预期。邵帅等[1]放松了以往研究的严格假设,在能源效率内生、规模报酬递增以及要素产出弹性可变的条件下,对能源回弹效应进行了理论探讨和经验测算,并据此提出了限制回弹效应的政策思路。

2 公式

采用了 Saunders[2] 所设定的 CD 生产函数形式来开展研究:

$$Y = aK^{\alpha}L^{\beta}(\tau E)^{1-\alpha-\beta} \tag{1}$$

式中,Y、K、L 和 E 分别表示产出、资本、劳动和能源;α、β 和 $1-\alpha-\beta$($\alpha+\beta<1$)分别表示资本、劳动和能源的理论产出弹性;τ 为能源增进型技术进步,即能源效率;$a>0$ 为生产效率参数。

类似于"干中学"模型中技术与资本关系的通常设定形式,假定能源效率与能源使用量存在如下关系:

$$\tau = GE^{\gamma} \tag{2}$$

式中,$\gamma>0$ 为能源效率对能源使用量的弹性,反映了能源使用对能源效率提高的有效程度;$G>0$ 为"干中学"过程提高能效的效率参数。

式(2)表明能源效率是能源使用量的一个增函数。将式(2)代入式(1)可得:

$$Y = \mathrm{a}K^{\alpha}L^{\beta}(GE^{\gamma+1})^{1-\alpha-\beta} \tag{3}$$

在资本固定不变、劳动和能源可变的短期条件下可得短期回弹效应 R^S 为:

$$R^S = 1 + \frac{(1-\alpha-\beta)^2(1+\gamma)}{[1-\beta-(1-\alpha-\beta)(1+\gamma)]S_E} \tag{4}$$

式中,S_E 为实际生产过程中产出 Y 对能源消费 E 的真实弹性。

对能源效率内生情形下的短期回弹效应 $R^{S'}$ 进行了推导:

$$R^{S'} = 1 + \frac{(1-\alpha-\beta)^2(1+\gamma)}{[1-(1-\alpha-\beta)(1+\gamma)]S_E} \quad (5)$$

对式(4)和式(5)进行比较容易发现,劳动供给内生较劳动供给外生条件下的短期回弹效应分母项中增加了劳动产出弹性β,这体现了劳动要素变动对回弹效应的影响。如表1所示,如果不考虑劳动供给的变化,那么得到的短期回弹效应测算结果将在不同情况下存在不同方向的偏差。

表1　劳动供给外生条件下的短期回弹效应偏差情况讨论

一级条件	二级条件	三级条件	偏差方向
$S_E>0$	$\beta+(1-\alpha-\beta)(1+\gamma)<1$	—	偏低
	$\beta+(1-\alpha-\beta)(1+\gamma)>0$	$(1-\alpha-\beta)(1+\gamma)<1$	偏高
		$(1-\alpha-\beta)(1+\gamma)>1$	偏低
$S_E<0$	$\beta+(1-\alpha-\beta)(1+\gamma)<1$	—	偏高
	$\beta+(1-\alpha-\beta)(1+\gamma)>0$	$(1-\alpha-\beta)(1+\gamma)<1$	偏低
		$(1-\alpha-\beta)(1+\gamma)>1$	偏高

在资本、劳动和能源均自由变动的长期条件下可得长期回弹效应R^L为:

$$R^L = 1 + \frac{(1-\alpha-\beta)^2(1+\gamma)}{[1-\alpha-\beta-(1-\alpha-\beta)(1+\gamma)]S_E} \quad (6)$$

同样未进行比较,在不考虑相应假设的条件下对能源效率内生情形下的长期回弹效应$R^{L'}$也进行了推导:

$$R^{L'} = 1 + \frac{(1-\alpha-\beta)^2(1+\gamma)}{[1-\alpha-\beta-(1-\alpha-\beta)(1+\gamma)]S_E} \quad (7)$$

根据式(4)和式(6),如果能将α、β和γ的值估算出来,并利用统计数据计算得到SE,就可以测算出长、短期回弹效应的大小。为此,可将式(3)两边同时取自然对数将其变形为:

$$\ln Y = \alpha \ln X + \beta \ln Y + \theta \ln E + C \quad (8)$$

式中,$\theta = (1-\alpha-\beta)(\gamma+1)$,$C = \ln a + (1-\alpha-\beta)\ln G$。

在式(8)基础上进一步分别构建以下信号方程式(9)和状态方程式(10):

$$\ln T_t = \alpha_t \ln K_t + \beta_t \ln L_t + \theta_t \ln E_t + C_t + u_t \quad (9)$$

$$\alpha_t = \lambda_1 \alpha_{t-1} + \varepsilon_{1t};\beta_t = \lambda_2 \beta_{t-1} + \varepsilon_{2t};\theta_t = \lambda_3 \theta_{t-1} + \varepsilon_{3t};C_t = \lambda_4 C_{t-1} + \varepsilon_{4t} \quad (10)$$

式中,t表示年份;待估时变参数α_t、β_t、θ_t和C_t为不可观测变量,可表示为一阶马尔可夫过程,因此状态方程采用递归形式进行定义;u_t、ε_{1t}、ε_{2t}、ε_{3t}和ε_{4t}均为独立同分布的随机扰动项。

利用卡尔曼滤波算法得到的信号方程和状态方程的参数估计结果如式(11)和式(12)

所示：

$$\ln Y_t = 0.394\,650\ln K_t + 0.357\,982\ln L_t + 0.774\,682\ln E_t - 21.678\,58 \quad (11)$$

$$\alpha_t = 0.998\,90\alpha_{t-1};\beta_t = 0.999\,210\beta_{t-1};\theta_t = 0.999\,68\theta_{t-1};C_t = 0.999\,078C_{t-1} \quad (12)$$

3 意义

根据“干中学”思想，构建了能源的回弹效应理论模型，并利用时变参数状态空间模型测算了我国宏观经济层面的长、短期回弹效应，最后结合实际国情和测算结果对我国的节能政策思路进行了探讨。从而可知，在能源效率内生化条件下，CD 生产函数对于研究回弹效应具有足够的灵活性和解释力；改革开放前回弹效应总体上表现为逆反效应，而改革开放期间则表现为部分回弹效应，且呈曲折下降趋势；单纯依靠改进能效的节能政策只能解决部分问题，还必须引入价格、税收等一系列市场导向型的辅助性政策组合对回弹效应加以限制，以促使能效提高所获得的潜在节能效果最大程度地实现。

参考文献

[1] 邵帅，杨莉莉，黄涛. 能源回弹效应的理论模型与中国经验. 经济研究，2013，(2)：96－109.

[2] Saunders H. AView from the Mareo – side: Rebound, Backfire and Khazzoom – Brookes, Energy Policy, 2000, 28(6 – 7).

政府补贴的分布模型

1 背景

政府补贴是财政支出的一个重要组成部分，是政府根据一定时期的政治、经济方针和政策，按照特定目的，直接或间接向微观经济主体提供的无偿资金转移，正如 Frye 和 Shleifer 所指出的，在转型经济中，补贴是政府扮演"扶持之手"最直接的手段。孔东民等[1]为中国政府和监管部门提供了及时、明晰的政策含义。这对于找出国有和民营企业补贴差距的根本原因，解决中国面临的来自国内外关于政府补贴的严重挑战，都提供了经验证据。

2 公式

为验证将公司按照盈余管理动机分组的合理性，并为后文的分组研究提供支持，我们对 EMM 组与 NonEMM 组公司的盈余管理进行衡量，若 EMM 组的盈余管理程度高，则意味着分组方式是合理的。我们采用了修正的 Jones 模型和 Kothari 等[2] ROA 匹配模型衡量盈余操纵。

在企业面临盈余管理需求时，企业产权、行业进入壁垒以及地方政府关系是否显著影响了政府补贴，因此构造模型(1)如下：

$$Subsidy = f(SOE, EMM, Loss, PC, Barrier, SOE \cdot EMM,$$
$$Loss \cdot EMM, PC \cdot EMM, Barrier \cdot EMM, Control)$$

在回归中，所有的自变量均滞后一期，为简洁起见，省略了时间下标。

基于盈余管理动机分组，验证在不同的盈余管理动机分组下，企业亏损规模如何影响政府补贴，检验模型(2)构造如下：

$$Subsidy = f(SOE, Loss, PC, SOE \cdot Loss, Control)$$

对于模型(2)，当企业有盈余管理动机时，若交叉项显著，则意味企业亏损时企业产权会在边际上影响政府补贴；若不显著，则表明无论国有或是民营企业，只要企业面临强烈的盈余管理需求时，政府都会补贴而出手相助。

具体的估计模型(3)如下：

$$Subsidy = f(SOE, MktCom, SOE \cdot MktCom, Control)$$

表 1 报告了固定效应回归结果，由 $Reg-1$ 可知，随着企业亏损规模增加，国有企业会比

民营企业获得更高的政府补贴。

表1　市场竞争与政府补贴:基于中国工业企业数据库

变量	Reg-1	Reg-2 竞争:HHI2	Reg-3 竞争:HHI3	Reg-4 竞争:Mkinx	Reg-5 竞争:SubMlainx
SOE	0.000 2*** (8.482 0)	0.000 3*** (10.670 4)	0.000 4*** (11.607 3)	0.000 1 (1.440 0)	-0.000 1 (-0.573 6)
SOE·Loss	0.003 3*** (4.202 1)				
SOE·MktCom		-0.001 5** (-2.110 7)	-0.000 7*** (-6.197 6)	0.000 1** (2.337 5)	0.000 1*** (3.075 2)
其他控制变量	控制	控制	控制	控制	控制
行业、年度效应	控制	控制	控制	控制	控制
观测值	1 164 934	1 164 934	1 164 934	1 164 934	1 164 934
$Adj-R^2$	0.366 3	0.366 2	0.366 3	0.366 2	0.366 2

注:括号内为 t 值;***、**、*分别表示在1%、5%、10%的显著性水平上显著。

3　意义

结合补贴的盈余管理动机,深入考察了市场竞争和公司所有权对政府补贴的影响以及政府补贴的后果。在控制行业与政治关联的基础上,根据政府补贴的分布模型,计算可知,国有企业整体上比民营企业获得更高的政府补贴,亏损企业获得了更高的补贴,但企业产权性质对政府补贴存在边际影响,随着市场竞争的加剧,无论是行业层面还是地区层面,国有企业都获得了更高的补贴。最后,基于国家统计局提供的中国工业企业数据库的数据进一步说明了研究结果的稳健性。此研究为监管部门提供了及时、明晰的政策建议,这有助于监管部门出台有针对性的举措,以应对当前海内外针对政府补贴国有企业的质疑。

参考文献

[1]　孔东民,刘莎莎,王亚男. 市场竞争、产权与政府补贴. 经济研究,2013,(2):55-67.

[2]　Kothari S,Leone A,Wasley C. Performance Matched Discretionary Accrual Measures,Journal of Accounting and Economics,2005,39:163-197.

逆势投资的风险控制模型

1 背景

面对2008—2009年金融市场大崩溃,几乎所有投资机构,无论其资金来源、风险位置、市场暴露如何,都采取了惊人的同一策略,尽快逃离市场。具有讽刺意味的是,包括最可能奉行长期战略的主权基金也加入了恐慌影响下的逃离羊群。不过,仍有极少投资者逆潮流进入市场,表现出不同凡响的逆势投资行为。俞乔和刘家鹏[1]通过调查,对系统性风险控制与动态逆势投资进行了研究。

2 公式

给定特定风险σ与公共政策p,投资者的逆势投资可以用预期收益μ表示:

$$\mu(\sigma,p) = (1-p^a)\sqrt{1-\sigma^2} + bp^a(e^\sigma - 1) + c \tag{1}$$

式中,a为政策参数,$a>0$;b为收益调整因子,$-n<b<n$,为归一化取$b=1/(e-1)$;c为常数,为简捷起见取值为0。

驻点坐标:两条曲线的唯一交点是整个曲面的驻点,且在两个方向上导数都为零。其坐标可解得(数学推导略):

$$\begin{cases} \sigma^* = \sigma(b) \\ p^* = \left(\dfrac{\sigma^*}{\sigma^* + be^{\sigma^*}\sqrt{1-\sigma^{*2}}}\right)^{1/a} \end{cases} \tag{2}$$

由上式可以看出随着a的增大,p值将变大,点(σ^*,p^*)沿着扭转轴向p增大的方向移动。

将变量p引入传统的资本市场线时,由于其对无风险利率r_f、市场风险状况σ_m和市场组合收益r_m都有影响,资本市场面便表达为:

$$\mu(\sigma,p) = E(r) = r_f(p) + \sigma \times \frac{r_m(p) - r_f(p)}{\sigma_m(p)} = r_f(p) + \lambda(p) \times \sigma \tag{3}$$

式中,$\lambda(p) = \dfrac{r_m(p) - r_f(p)}{\sigma_m(p)}$。

动态风险偏好函数,实际上是逆势投资者效用的等值方程。据此写出效用函数:

$$\begin{aligned} U &= U(\sigma,\mu,p) \\ &= g[\mu - (10p^{a})\sqrt{1-\sigma^{2}} - bp^{a}(e^{\sigma}-1) + c] \end{aligned} \tag{4}$$

式中,$g(\cdot)$ 为单调递增函数,即:$g'(\cdot) > 0$。

为不失一般性,我们取:

$$U(\sigma,\mu,p) = \mu - (1-p^{a})\sqrt{1-\sigma^{2}} - bp^{a}(e^{a}-1) + c \tag{4a}$$

投资者并非仅仅衡量目前特定风险与预期收益状况,而是关注政策对系统性风险的控制,从而根据未来预期收益与特定风险发生扭转后的情况决策:

$$\max_{\sigma,\mu,p}: U = U(\sigma,\mu,p) \tag{5}$$

$$s.t: \mu = r_f + \lambda(p) \times \sigma$$

其中,

$$\lambda(p) = \frac{r_m(p) - r_f}{\sigma_m(p)}$$

$$U(\sigma,\mu,p) = \mu - (1-p^{a})\sqrt{1-\sigma^{2}} - bp^{a}(e^{a}-1) + c$$

据此构建拉格朗日方程:

$$\begin{aligned} L &= U(\sigma,\mu,p) - l[\mu - r_f - \lambda(p) \times \sigma] \\ &= \mu - (1-p^{a})\sqrt{1-\sigma^{2}} - bp^{a}(e^{\sigma}-1) + c - l[\mu - r_f - \lambda(p) \times \sigma] \end{aligned} \tag{6}$$

式中,l 为拉格朗日因子。

一阶条件:

$$\begin{cases} \dfrac{\partial L}{\partial \sigma} = (1-p^{\sigma})\dfrac{\sigma}{\sqrt{1-\sigma^{2}}} - bp^{a}e^{\sigma} + l\lambda = 0 \\ \dfrac{\partial L}{\partial \mu} = 1 - l = 0 \\ \dfrac{\partial L}{\partial l} = -(\mu - r_f - \lambda \times \sigma) = 0 \end{cases} \tag{7}$$

解得:

$$\begin{cases} l = 1 \\ \sigma = \sigma(p,\lambda) \\ \mu = r_f + \lambda \times \sigma(\sigma,\lambda) \end{cases} \tag{8}$$

$\sigma(p,\lambda)$ 由方程隐含决定:

$$(1-p^{a})\frac{\sigma}{\sqrt{1-\sigma^{2}}} - bp^{a}e^{\sigma} + \lambda = 0 \tag{9}$$

方程(9)为 σ 一般解,即不稳定市场下标底物的特殊风险由公共政策所规定。当 p 为某一数值时,便可得出具体解析解。例如,当 $p=1$ 时,可求出 $\sigma(p,\lambda)$ 和 μ:

$$\begin{cases} l = 1 \\ \sigma = \ln(\dfrac{\lambda}{b}) \\ \mu = r_f + \lambda \times \ln(\dfrac{\lambda}{b}) \end{cases} \tag{9a}$$

不确定政策下的收益函数为:

$$\mu(\sigma,p) = (1 - p^{\alpha}) \sqrt{1 - \sigma^2} + bBp^{\alpha}(e^{\alpha} - 1) \tag{10}$$

式中,b 为收益调整因子;B 是随机变量,服从二项分布,$B \sim B(1,q)$:

$$\begin{cases} prob(B = 1) = q \\ prob(B = -1) = 1 - q \end{cases}$$

由于方程(10)中存在随机变量 B,所以,可以计算期望收益:

$$E[\mu(\sigma,p)] = (1 - p^{\alpha}) \sqrt{1 - \sigma^2} + b(2q - 1)p^{\alpha}(e^{\sigma} - 1) \tag{11}$$

期望收益函数便简化为:

$$E[\mu(\sigma,1)] = b(2q - 1)(e^{\sigma} - 1) = \frac{(2q - 1)(e^{\sigma} - 1)}{(e - 1)} \tag{12}$$

多期不确定政策可以用 n 离散化二叉树模型加以描述:

$$\mu(\sigma,p) = (1 - p^{\alpha}) \sqrt{1 - \sigma^2} + \sum_{i=1}^{n} B_i bp^{\alpha}(e^{\sigma} - 1)/n \tag{13}$$

式中,B_i 服从二项分布的随机变量,$B \sim B(1,q)$,取值为 1 或 -1。

$$\begin{cases} prob(B_i = 1) = q \\ prob(B_i = -1) = 1 - q \end{cases}$$

不确定政策下投资者的期望效用为:

$$E[U(\sigma,\mu,p)] = \mu - (1 - p^{a}) \sqrt{1 - \sigma^2} - b(2q - 1)p^{a}(e^{\sigma} - 1) + c \tag{14}$$

投资决策是在预算约束下最优化其期望效用:

$$\max_{\mu,\sigma}:E[U(\mu,\sigma,p)] = \mu - (1 - p^{a}) \sqrt{1 - \sigma^2} - b(2q - 1)p^{a}(e^{\sigma} - 1) + c \tag{15}$$

$$s.t.\ :\mu = r_f + \lambda(p) \times \sigma$$

根据上述约束优化问题构建拉格朗日方程:

$$L = U(\sigma,\mu,\mathrm{p}) - l[\mu - r_f - \lambda(p) \times \sigma]$$

$$= \mu - (1 - p^{a}) \sqrt{1 - \sigma^2} - b(2q - 1)p^{a}(e^{\sigma} - 1) + c - l[\mu - r_f - \lambda(p) \times \sigma]$$

式中,l 为拉格朗日乘子。由一阶条件解得:

$$\begin{cases} l = 1 \\ \sigma = \sigma(p,q,\lambda) \\ \mu = r_f + \lambda \times \sigma(\sigma,q,\lambda) \end{cases} \tag{16}$$

$\sigma(p,q,\lambda)$ 由方程(17) 隐含决定:

$$(1-p^a)\frac{\sigma}{\sqrt{1-\sigma^2}}-b(2q-1)p^a e^{\sigma}+\lambda=0 \tag{17}$$

当 p 取某一具体值时，便可得出 $\sigma(p,q,\lambda)$ 和 μ 解析值。例如，当 $p=1$ 时：

$$\begin{cases} l=1 \\ \sigma=\ln\left[\dfrac{\lambda}{b(2q-1)}\right] \\ \mu=r_f+\lambda\times\ln\left[\dfrac{\lambda}{b(2q-1)}\right] \end{cases} \tag{18}$$

针对不同特定风险的期望效用进行了 10 000 次模拟计算，然后据此在图 1 中描绘出了期望效用轨迹。

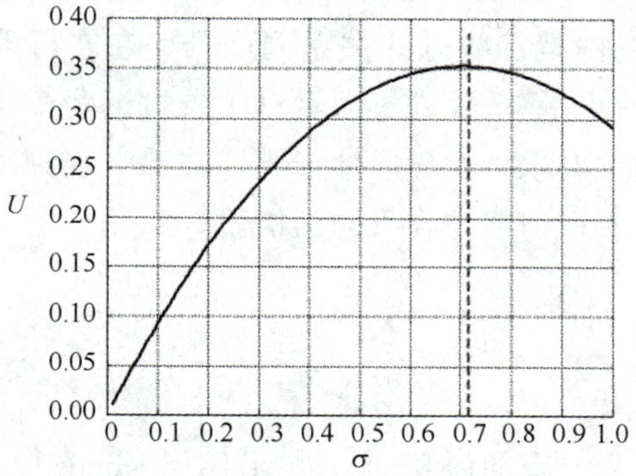

图 1　特定风险与期望效用的模拟结果

3　意义

通过托宾风险喜爱者的逆势投资行为，构建了逆势投资的风险控制模型，这是由公共政策、特定风险、预期收益构成的三维空间模型，在此框架下确定了控制系统性风险的政策对投资行为的作用，展示了解决理性逆势投资者的动态决策。该模型在理论上首次提出不稳定市场环境下的逆势投资行为的基本分析框架，解释危机时机构投资者作为与不作为的根本差别。在实践上，它对私募股权基金、主权财富基金、外汇管理基金等具有长期偏好的机构如何在当前欧元区市场不稳定环境下投资具有启发作用，也对有关当局联合这些投资者稳定市场有参考价值。

参考文献

[1]　俞乔，刘家鹏．系统性风险控制与动态逆势投资研究．经济研究，2013，(2)：68－82.

消费和收入的结构效应模型

1 背景

1997年东南亚金融危机以来,消费不足就成为制约中国经济增长的一个关键因素,而我国存在的消费不足主要表现为农村居民的消费不足。关于我国农村消费行为的理论和实证分析,主要内容都围绕消费和收入的关系而展开。在农村消费机制方面,从分位数回归的角度,发现在不同消费水平下,收入等因素对于农村消费影响存在着显著的差异,证实了农村消费中存在着不同层次水平的异质性。周建艾等[1]在理论分析基础上,基于浙江省全省微观调查数据来检验农村消费与收入的结构效应。

2 公式

对我国的农村消费行为已有的研究,大多数沿用了Kimball[2]的预防性储蓄动机基本分析框架。此处在以上框架基础上,进一步引入消费和收入结构因素,构建和推导具有收入结构效应的消费理论模型并对消费和收入的结构效应进行分析。假设具有代表性的第i个典型农村消费者的目标是实现所有不同未来时期贴现的效用最大化,其消费决策动态最优化问题表述为:

$$\max_{\{C_{i1,t},C_{i2,t},\cdots,C_{im,t}\}} E\left[\sum_{t=1}^{+\infty}(1+\rho_i)^{-(t-1)}U(C_{i1,t},C_{i2,t},\cdots,C_{im,t})\right]t-1 \tag{1}$$

式中,$C_{ij,t}$($\mathrm{j}=1,2,\cdots,m$)表示第i个消费者t时刻第j类的商品消费量(一共有m类不同质的商品)。

设第d类资产的收益率$s_{id,t}$($d=1,2,\cdots,q$)满足以下生成过程:

$$s_{id,t}=h_{id}+g_{id}\cdot s_{id,t-1}+\mu_{id,t}(t=1,2,\cdots,\infty;d=1,2,\cdots,q),\ -1<g_{id}<1 \tag{2}$$

式中,h_{id}、g_{id}为常数;g_{id}反映第d资产收益率的变化率,随机冲击信息$\mu_{id,t}$满足均值为0,方差为σ_{2id}的白噪声序列。

消费者第$t+1$时刻总资产A_{t+1}的预算约束为:

$$A_{it+1}=\sum_{d=1}^{q}\left[(A_{it}-\sum_{j=1}^{m}C_{ij,t})\cdot w_{id,t}(1+s_{id,t+1})\right] \tag{3}$$

任一时刻$t<+\infty$,在式(2)、式(3)约束下实现式(1)最优化问题的Bellma价值方程为:

$$V(A_{it}) = \max_{\{C_{i1,t}C_{i2,t},\cdots,C_{im,t}\}} \{U(C_{i1,t}C_{i2,t},\cdots,C_{im,t}) + (1+\rho_i)^{-1} \cdot E[V(A_{it+1})t]\} \tag{4}$$

在式(2)、式(3)约束下,可以得到式(4)最大化时对 $C_{ij,t}(j=1,2,\cdots,m)$ 求偏导数的一阶条件:

$$U'_{C_{ij,t}}(C_{i1,t},\cdots,C_{im,t}) = (1+\rho_i)^{-1}E[V'_{A_{it+1}}(A_{it+1})t]$$
$$\{\sum_{d=1}^{q} E[w_{id,t}(1+h_{id}+g_{id}s_{id,t}+\mu_{id,t+1})t]\} \tag{5}$$

根据包络定理,在式(4)最大化时对总资产 A_{it} 和其中的第 d 种资产 $A_{id,t}$ 求导,得:

$$V'_{A_{it}}(A_{it}) = (1+\rho_i)^{-1}E[V'_{A_{it+1}}(A_{it+1})t]$$
$$\{\sum_{d=1}^{q} E[w_{id,t}|(1+h_{id}+g_{id}s_{id,t}+\mu_{id,t+1})|t]\} = V'_{A_{id+1}} \tag{6}$$

由式(5)、式(6)可知:

$$U'_{C_{ij,t+1}}(C_{i1,t+1},\cdots,C_{im,t+1}) = V'_{A_{it+1}}(A_{it+1}) = V'_{A_{id,t+1}}(A_{it+1}) \quad (j=1,\cdots,m;d=1,\cdots,q) \tag{7}$$

将式(7)代入式(5),可以得到该农村消费者在实现效用最大化时的欧拉方程:

$$U'_{C_{ij,t+1}}(C_{i1,t},\cdots,C_{im,t}) = (1+q_i)^{-1}E[U'_{C_{ij,t+1}}(C_{i1,t+1},\cdots,C_{im,t+1})|t]$$
$$\{\sum_{d=1}^{q} E[w_{id,t}(1+h_{id}+g_{id}s_{id,t}+\mu_{id,t+1})|t]\} \tag{8}$$

为便于进一步分析,在其余非第 j 类商品达到稳定状态消费的适应性预期条件下,对式(8)中 $U'_{C_{ij,t+1}}(C_{i1,t+1},C_{i2,t+1},\cdots,C_{im,t+1})$ 在 $C_{ij,t}$ 处进行泰勒级数展开得:

$$U'_{C_{ij,t+1}}(C_{i1,t+1},C_{i2,t+1},\cdots,C_{im,t+1}) = U'_{C_{ij,t+1}}(C_{i1,t},C_{i2,t},\cdots,C_{im,t}) + U''_{C_{i1,t}}(C_{i1,t},\cdots,C_{im,t})$$
$$(C_{ij,t+1},C_{ij,t}) + \frac{1}{2}U'''_{C_{ij,t}}(C_{i1,t}-C_{im,t})(C_{ij,t+1}-C_{ij,t})^2 + o[(C_{ij,t+1}-C_{ij,t})^2] \tag{9}$$

忽略式(9)中的高阶无穷小项,并将式(9)代入式(8),整理可得:

$$E(\frac{C_{ij,t+1}-C_{ij,t}}{C_{ij,t}}|t) = \eta_j\left[\frac{(\{\sum_{d=1}^{q} E[w_{id,t}(1+h_{id}+g_{id}s_{id,t}+\mu_{id,t+1})|t]\}-1-\rho_i)}{\sum_{d=1}^{q} E[w_{id,t}(1+h_{id}+g_{id}s_{id,t}+\mu_{id,t+1})|t]}\right]+$$
$$\frac{\tau_j}{2}E\left[\left(\frac{C_{ij,t+1}-C_{ij,t}}{C_{ij,t}}\right)^2|t\right] \tag{10}$$

式中,$\eta_j = \frac{-U'_{C_{ij,}}(C_{i1,t},\cdots,C_{im,t})}{[C_{ij,t}U''_{C_{ij,t}}(C_{i1,t},\cdots,C_{im,t})]} > 0$,为消费者的跨期替代弹性(或相对风险厌恶系数的倒数)。$\tau_j = \frac{-C_{ij,t}U^?_{C_{ij,t}}(C_{i1,t},\cdots,C_{im,t})}{U''_{C_{ij,t}}(C_{i1,t},\cdots,C_{im,t})} > 0$,为相对谨慎系数,用以衡量消费者预防性储蓄动机。

表1列出了GMM估计的结果。

表1　消费和收入结构效应式的检验结果

	总消费	食品	衣着	居住	家庭设备	交通通讯
工资性收入占比增长率	0.252 0*** (11.59)	−0.004 9 (−0.05)	0.525 2 (1.06)	0.127 6 (0.48)	1.380 5*** (2.67)	0.320 6*** (2.55)
经营性收入占比增长率	0.171 6*** (8.85)	−0.038 4 (−0.39)	0.587 1 (0.85)	−0.234 5 (−0.84)	0.106 0 (0.34)	0.477 3*** (3.85)
财产性收入占比增长率	0.064 4 (0.91)	−0.144 9 (−0.99)	−0.043 6 (−0.06)	−7.162 0 (−1.33)	3.215 1 (0.61)	−0.171 4*** (−4.99)
转移性收入占比增长率	0.377 2*** (6.66)	0.482 3 (1.05)	1.919 1 (0.93)	−1.787 1 (−0.87)	1.040 3 (0.93)	0.044 8 (0.46)
该类消费增长率平方	1.161 9*** (2.58)	1.884 1** (2.41)	0.187 0** (2.95)	0.020 9** (2.32)	0.001 2*** (5.20)	0.020 2** (2.27)
常数项	−0.142 4* (−1.64)	−0.215 7 (−1.44)	−0.013 4 (−0.07)	0.425 8** (2.31)	1.938 9*** (12.08)	0.417 5*** (3.62)
F 统计量	210.14	4.16	4.66	2.81	8.45	2.72
Hansen J 检验 (*P* 值)	1.914 (0.590 4)	0.699 (0.704 9)	3.377 (0.337 1)	0.946 (0.330 9)	1.827 (0.176 5)	0.727 (0.866 8)
工具变量是否有效	有效	有效	有效	有效	有效	有效

注：***、**、*分别表示在1%、5%、10%的显著性水平上显著。

3　意义

根据微观个体行为，将社会心理学等方法引入到消费领域，在预防性储蓄动机框架下，构建了具有消费与收入的结构效应理论模型，并基于此，对消费与收入的结构效应的理论机制进行了深入分析，进一步通过动态面板数据模型对浙江省农村微观调查数据进行了验证。本文的理论分析揭示了不同收入影响不同商品类消费的作用机制以及不同个体消费差异依赖于收入的结构性差异的机理。以上结论有助于为如何快速启动农村消费、加快社会主义和谐新农村建设等提供科学决策依据。

参考文献

[1]　周建，艾春荣，王丹枫，等．中国农村消费与收入的结构效应．经济研究，2013，(2)：122－133.

[2]　Kimball. Precautionary Savings in the Small and in the Large, Econometrica, 1990. Vol. 58, pp. 53－73.

企业的出口行为模型

1 背景

中国自改革开放以来,国内生产总值实现了持续30多年近10%的高速增长,成为世界上第二大经济体和贸易国。之所以取得这样的成就,国际贸易占据了重要地位。出口导向型贸易战略的成功可归结于中国大量充裕的廉价劳动力。然而,自1994年开始,各省地级政府纷纷实行最低工资制,且最低工资逐步提高。2008年,中国颁布实施了新《劳动法》,明文规定,劳动者有权要求用人单位向其支付不低于当地最低工资标准的工资。孙楚仁[1]建立了一个开放经济模型,从理论上分析最低工资标准对异质性企业出口行为的影响。

2 公式

在此处的模型中,国家是非对称的,且生产要素有两种(资本和劳动),但由于两国劳动力市场高于市场均衡工资的存在,只有资本市场出清,因而最低工资也会影响企业出口行为。在此应用的模型也不同于 Egger 等[2]的模型。

不考虑国家规模对企业出口行为的影响,因此假定每个国家都只有一单位无限可分的劳动力,且两国居民的偏好相同,它可由如下效用函数表示:

$$U = \prod_{l=1}^{M} \left(\sum_{i=1}^{N_l} x_{li}^{\rho i} \right)^{\frac{\beta l}{\rho l}}, 0 < \beta l, \rho l < 1, \sum_{l=1}^{M} \beta l = 1 \tag{1}$$

式中,M 表示经济中产业的个数;βl 表示居民在行业 l 中消费支出在总支出中所占比例;$\rho l = (\sigma_l -) / \sigma_l$,其中 σ_l 表示行业 l 中产品种类的替代弹性;x_{li} 表示居民对行业 l 中产品种类 i 的消费数量。

行业 l 中生产率为 θ 的企业在每一期生产并在国内销售的净利润为:

$$\pi_l = (1 - \rho_l) D_l - f_l \tag{2}$$

式中,$D_l = M_l \theta^{\frac{\rho l}{1-\rho l}}$ 为该企业的国内销售额,$M_l = \rho_l \theta^{\sigma_l - 1} P_l^{\sigma_l} Q_l \varpi_l^{1-\sigma_l}$。

企业开始生产产品,且其利润 $\pi_l \geqslant 0$,由此可得企业的临界销售额 $\underline{D_l}$ 和临界生产率水平 $\underline{\theta_l}$,即使净利润为零的销售额和生产率水平为:

$$\underline{D_l} = \sigma_l f_l, \quad \underline{\theta_l} = \left(\frac{\sigma_l f_l}{\beta_l w} \right)^{\frac{1}{\sigma_l - 1}} N_l^{\frac{1}{\sigma_l - 1}} \tilde{\theta}_l \tag{3}$$

企业会选择出口,当且 $\pi_{Xl} \geqslant 0$,由此可得本国和外国行业 l 中的企业出口的临界生产率水平 $\underline{\theta}_{Xl}$ 和 $\underline{\theta}_{Xl}^*$ 分别为:

$$\underline{\theta}_{Xl} = (N_l^* + N_{Xl})^{\frac{1}{\sigma l-1}} \frac{k_l^{\frac{1}{\sigma l-1}} \rho_l \tau_l \frac{\varpi_l}{\varpi_l^*}}{[(1-\rho_l)\beta_l w^*]^{\frac{1}{\sigma l-1}}} \bar{\tilde{\theta}}_{Tl}^*, \bar{\tilde{\theta}}_{Xl}^* = (N_l + N_{Xl}^*)^{\frac{1}{\sigma l-1}} \frac{k_l^{\frac{1}{\sigma l-1}} \rho_l \tau_l \frac{\varpi_l^*}{\varpi_l}}{[(1-\rho_l)\beta_l w]^{\frac{1}{\sigma l-1}}} \bar{\tilde{\theta}}_{Tl} \tag{4}$$

式中,N_{Xl} 和 N_{Xl}^* 分别是本国和外国的出口企业数;$\tilde{\theta}_{Tl}$ 和 $\tilde{\theta}_{Tl}^*$ 分别为本国和外国行业 l 的加总生产率,形式如下:

$$\tilde{\theta}_{Tl}^{\sigma l-1} = \frac{k_l}{k_l + 1 - \sigma_l} \frac{N_l \underline{\theta}_l^{\sigma l-1} + N_{Xl}^* \underline{\theta}_l^{*\sigma l-1}}{N_l + N_{Xl}^*},$$

$$\tilde{\theta}_{Tl}^{*\sigma l-1} = \frac{k_l}{k_l + 1 - \sigma_l} \frac{N_l^* \underline{\theta}_l^{*\sigma l-1} + N_{Xl} \underline{\theta}_l^{\sigma l-1}}{N_l^* + N_{Xl}} \tag{5}$$

在知道本国和外国进入出口市场的临界生产率水平之后,容易求出本国和外国出口企业的生产率分布 $\mu_{Xl}(\theta)$ 和 $\mu_{Xl}^*(\theta)$ 。当 $G_l(\theta)$ 为 $b_l > 0$、形态参数为 $k_l > 2$ 的 Pareto 分布函数时,由式(5)可推得 $\tilde{\theta}_{Tl}^{\sigma l-1}$ 和 $\tilde{\theta}_{Tl}^{*\sigma l-1}$ 的表示式,并从中解得:

$$\underline{\theta}_{Xl}^{*\sigma l-1} = \frac{k_l}{f_l} \left(\frac{\rho_l \varpi_l^*}{\varpi_l}\right)^{\sigma l-1} \underline{\theta}_i^{\sigma l-1}, \underline{\theta}_{Xl}^{\sigma l-1} = \frac{k_l}{f_l} \left(\frac{\rho_l \varpi_l}{\varpi_l^*}\right)^{\sigma l-1} \underline{\theta}_i^{*\sigma l-1} \tag{6}$$

在大于市场均衡工资水平的最低工资 w 下,只有资本市场出清。根据资本市场出清条件,$P_l(P_l^*)$ 、$Q_l(Q_l^*)$ 的表示式以及式(4),可得:

$$\frac{r}{\alpha_l} = \frac{\rho_l k_l \bar{K}_l^{-1} \tau_l^{\sigma l-1}}{(1-\rho_l)(k_l + 1 - \sigma_l)} [f_l N_l + \tau_l^{1-\sigma l} k_l N_{Xl}]$$

$$\frac{r^*}{\alpha_l} = \frac{\rho_l k_l \bar{K}_l^{*-1} \tau_l^{\sigma l-1}}{(1-\rho_l)(k_l + 1 - \sigma_l)} [f_l N_l^* + \tau_l^{1-\sigma l} k_l N_{Xl}^*] \tag{7}$$

在行业企业生产率分布 $G_l(\theta)$ 为 Pareto 分布的假定下,容易求得出口企业在存活在国内市场中企业的比重即企业事前出口概率为:

$$\zeta_l = \frac{N_{Xl}}{N_l} = \frac{1 - G_l(\underline{\theta}_{Xl})}{1 - G_l(\underline{\theta}_l)} = \left(\frac{\underline{\theta}_l}{\underline{\theta}_{Xl}}\right)^{kl} = \left[\frac{k_l}{f_l}\left(\frac{\rho_l \varpi_l}{\varpi_l^*}\right)^{\sigma l-1}\right]^{-\frac{kl}{\sigma l-1}} \left(\frac{\underline{\theta}_l}{\underline{\theta}_l^*}\right)^{kl} \tag{8}$$

从而有:

$$f_l N_l + \tau_l^{1-\sigma l} k_l N_{Xl} + f_l N_l^* + \tau_l^{1-\sigma l} k_l N_{Xl}^* = \frac{k_l + 1 - \sigma_l}{\sigma_l - 1} \beta_l (w + w^*) \tag{9}$$

此外,根据长期利润为零的条件,有 $[1 - G_l(\underline{\theta}_l)] \frac{\bar{\pi}_l}{\delta_l} = F_l$,从而有:

$$f_l N_l + \tau_l^{1-\sigma l} k_l N_{Xl} = \frac{(k_l + 1 - \sigma_l)\delta_l F_l}{(\sigma_l - 1) b_l^{kl}} \tag{10}$$

根据式(10)和式(8),将本国的上述式子除以外国的上述式子,最终可解得:

$$\Omega_l \triangleq \left(\frac{\underline{\theta_l}}{\underline{\theta_l}^*}\right)^{kl} = \frac{f_l - \tau_l^{1-\sigma l} k_l \left[\frac{k_l}{f_l}\rho_l^{\sigma l-1}\right]^{-\frac{kl}{\sigma l-1}} \left(\frac{\varpi_l}{\varpi_l^*}\right)^{k_l}}{f_l - \tau_l^{1-\sigma l} k_l \left[\frac{k_l}{f_l}\rho_l^{\sigma l-1}\right]^{-\frac{kl}{\sigma l-1}} \left(\frac{\varpi_l}{\varpi_l^*}\right)^{-k_l}} \tag{11}$$

根据式(9)和式(10),我们可解得:

$$\underline{\theta_l}^{kl} = \frac{\beta_l b_l^{kl}}{\delta_l F_{El}} \frac{w + w^*}{N_l + N_l^* \Omega_l^{-1}}, \underline{\theta_l}^{*kl} = \frac{\beta_l b_l^{kl}}{\delta_l F_{El}} \frac{w + w^*}{N_l \Omega_l + N_l^*} \tag{12}$$

根据式(7)和式(10) 以及 ϖ_l , ϖ_l^* 定义,有:

$$\frac{\varpi_l}{\varpi_l^*} = \left(\frac{w}{w^*}\right)^{1-\alpha l} \left(\frac{\bar{K}_l^*}{\bar{K}_l}\right)^{\alpha l} \left(\frac{N_l \underline{\theta_l}^{kl}}{N_l^* \underline{\theta_l}^{*kl}}\right)^{\alpha l} = \left(\frac{w}{w^*}\right)^{1-\alpha l} \left(\frac{\bar{K}_l^*}{\bar{K}_l}\right)^{\alpha l} \left(\frac{N_l}{N_l^*}\Omega_l\right)^{\alpha l} \tag{13}$$

当企业选择出口时,其出口额为:

$$X_l = \frac{f_l}{(1 - \rho_l)} \left(\frac{\varpi_l^*}{\varpi_l}\right) \left(\frac{\theta}{\underline{\theta_l}^*}\right)^{\sigma l-1} \tag{14}$$

需要估计如下模型:

$$DX_{rijt} = \tau_r + \eta_j + \gamma_i + \lambda_t + \psi \ln w_{rt} + \zeta \ln \hat{\theta}_{rjit} + \phi Z_{rjit} + v_{rjt} + \varepsilon_{rjit} \tag{15}$$

$$\ln X_{rijt} = \tau_r + \eta_j + \gamma_i + \lambda_t + \psi \ln w_{rt} + \zeta \ln \hat{\theta}_{rjit} + \phi Z_{rjit} + v_{rjt} + \varepsilon_{rjit} \tag{16}$$

公式(15)和公式(16)表示企业出口选择和出口额回归方程,$\hat{\theta}_{rjit}$ 表示 i 企业在 l 行业、r 地区时间 t 的生产率,λ_t、η_l、γ_i 和 τ_r 表示时间、行业、企业和区域固定效应,Z_{rlis} 是企业 i 的特征向量,包括其他地区和企业水平的控制变量。ν_{rli} 和 ε_{rli} 分别为 i. i. d. 均值为零、方差为 $\sigma^2\nu$ 和 $\sigma^2\varepsilon$ 的随机变量。DX_{rlit} 表示企业出口状态项,出口为1,不出口为0。X_{rlit} 表示企业出口销售额。

表1给出了全国历年企业平均工资和地方最低工资的描述统计结果。从表1可以看出,最低工资在2004—2007 年间(最大值、最小值、均值等) 均呈上涨态势(事实上对1998—2007 年也成立)。

表1　2004—2007年企业平均工资、最低工资的最小、最大、均值和中间值(单位:元)

年份	企业平均工资	最低工资最小值	最低工资最大值	最低工资均值	最低工资中间值
2004	2 821.893	240	635	465.835	450
2005	2 979.58	280	690	521.495	520
2006	3 173.668	320	810	588.613	580
2007	3 590.009	400	850	643.62	620

3 意义

根据包含企业异质性和最低工资在内的两国、两要素贸易相关分析,构建了企业的出口行为模型,从理论及实证上考察了最低工资和企业生产率对企业出口行为的影响。该模型的计算表明,最低工资的提高将通过选择效应降低企业的出口概率,劳动力成本上升所导致的价格效应将降低企业的出口额,而企业出口概率和出口额都随着其生产率增加而增加。本文也进行了实证分析,利用中国制造业工业企业 1998—2007 年相关数据及所搜集的我国相关城市最低工资相关数据,对最低工资和企业生产率对中国企业出口行为的实际影响进行了估计。

参考文献

[1] 孙楚仁,田国强,章韬. 最低工资标准与中国企业的出口行为. 经济研究,2013,(2):42-54.

[2] Egger H, Egger P, Markusen J R. "International Welfare and Employment Linkages Arising from Minimum Wages", NBER Working Paper Series No. 2009, 15196.

通货膨胀的传导模型

1　背景

作为衡量通货膨胀的基本指标，消费者价格指数（CPI）和生产者价格指数（PPI）的作用关系与传导机制一直是宏观经济研究的核心问题，对此问题的研究显然具有重要的学术价值与现实意义：当 PPI 先行引导着 CPI 的变动，则意味着上游价格对下游价格具有正向传导效应，物价可能因供给因素的冲击而上升，并由此引发“成本推动型通胀”的风险，此时，通胀治理应以“供给调控”为主。杨子晖等[1]从动态分析的角度深入地考察了非线性传导机制在不同时期的演变轨迹。

2　公式

对于给定的 m、$L_z \geqslant 1$ 与 $L_y \geqslant 1$ 以及任意取值的 $e>0$，当 Y_t 不是 X_t 的 Granger 因果原因，则意味着以下关系式成立：

$$Pr(\|X_t^m - X_s^m\| < e \mid \|X_{t-Lx}^{Lx} - X_{s-Lx}^{Lx}\| < e, \mid \|X_{t-Ly}^{Ly} - X_{s-Ly}^{Ly}\| < e)$$
$$= Pr(\|X_t^m - X_s^m\| < e \mid \|X_{t-Lx}^{Lx} - X_{s-Lx}^{Lx}\| < e) \tag{1}$$

式中，$Pr(\cdot\ \cdot)$ 与 $\|\cdot\|$ 分别表示概率与最大模（maximum norm）。与此同时，我们可以采用以下联合概率的表达式来进一步阐述式（1）中“不存在 Granger 因果关系”的条件：

$$\frac{CI_1(m+L_x,L_y,e)}{CI_2(L_x,L_y,e)} = \frac{CI_3(m+L_x,e)}{CI_4(L_x,e)} \tag{2}$$

式中，CIi（·）为 Hiemstra 和 Jones 推导出的联合概率的关联积分（correlation - integral）估计。

而且，Hiemstra 和 Jones 的研究表明，在“不存在 Granger 因果关系”原假设下，对于给定的 m、$L_x \geqslant 1$ 与 $L_y \geqslant 1$ 以及 $e>0$，以下 TVAL 检验量服从渐进正态分布：

$$\sqrt{n}\left[\frac{CI_1(m+L_x,L_y,e,n)}{CI_2(L_x,L_y,e,n)} - \frac{CI_3(m+L_x,e,n)}{CI_4(L_x,e,n)}\right] \xrightarrow{d} N(m,L_x,L_y,e) \tag{3}$$

令 $m=L_x=L_y=1$，式（2）可重新表述为以下 (X_t,Y_t,X_{t+1}) 的联合分布关系式：

$$\frac{f_{x_t,y_t,x_{t+1}}(X_t,Y_t,X_{t+1})}{f_{x_t,y_t}(X_t,Y_t)} = \frac{f_{x_t,x_{t+1}}(X_t,X_{t+1})}{f_{x_t}(X_t)} \tag{4}$$

为了避免可能产生的过度拒绝的问题,Diks 和 Panchenko 将原假设重新表述为以下关系式:

$$E[(\frac{f_{x_t,y_t,x_{t+1}}(X_t,Y_t,X_{t+1})}{f_{x_t,y_t}(X_t,Y_t)}-\frac{f_{x_t,x_{t+1}}(X_t,X_{t+1})}{f_{x_t}(X_t)})\times g(X_t,Y_t,X_{t+1})]=0 \qquad (5)$$

式中,$g(\cdot)$为恒正的权重函数。此外,Diks 和 Panchenko 的研究进一步表明,以上重新表述后的原假设 H_0 意味着以下关系式成立:

$$q\equiv E[f_{x_t,y_t,x_{t+1}}(\cdot)f_{x_t}(\cdot)-f_{x_t}(\cdot)f_{x_t}f_{x_t+1}(\cdot)]=0 \qquad (6)$$

在式(6)的基础上,Diks 和 Panchenko 构造出以下的检验统计量以进行非线性 Granger 因果检验:

$$T_n(e_n)=\frac{n-1}{n(n-2)}\sum_i^n[\hat{f}_{x_t,y_t,x_{t+1}}(x_{it},y_{it},x_{it+1})\hat{f}_{x_t}(x_{it})-\hat{f}\hat{f}_{x_t,y_t}(x_{it},y_{it})\hat{f}\hat{f}_{x_{it},x_{t+1}}(x_{it},x_{it+1})] \qquad (7)$$

式中,$\hat{f}_z(z_i)$ 为随机向量的局部密度估计,此外,Diks 和 Panchenko 研究表明,基于式(7)的检验统计量收敛于正态分布,即:

$$\sqrt{n}\frac{[T_n(e_n)-q]}{S_n}\xrightarrow{d}N(0,1) \qquad (8)$$

式中,S_n 为 $T_n(\cdot)$ 渐进方差的估计值。

最新的研究相继表明,经济系统中存在结构性变化是潜在非线性特征的反映[2],有鉴于此,为了进一步阐述在此应用非线性分析框架的合理性和必要性,采用了 Bai 和 Perron[3] 的结构性检验方法,来对中国物价传导关系是否存在显著的体制区间效应展开进一步的研究。检验结果列于表 1。

表 1　结构性突变检验

	检验统计值	1% 临界值	5% 临界值	10% 临界值
$SupF_\tau(1)$	453.818 ***	8.260	13.980	12.080
$SupF_\tau(2)$	376.622 ***	14.450	11.990	10.750
$SupF_\tau(3)$	1 354.953 ***	12.160	10.390	9.510
$SupF_\tau(4)$	669.949 ***	10.560	9.050	8.290
$SupF_\tau(5)$	4 597.399 ***	8.710	7.460	6.900
$UD\max$	4 597.399 ***	18.260	14.230	12.400
$SupF_\tau(2/1)$	30.831 ***	18.260	13.980	12.080
$SupF_\tau(3/2)$	19.692 ***	19.770	15.720	13.910
$SupF_\tau(4/3)$	6.829	20.750	16.830	14.960
$SupF_\tau(5/4)$	1.473 *	21.980	17.610	15.680

注:***、**、* 分别表示在 1%、5%、10% 的显著性水平上显著。

3 意义

根据消费者价格指数和生产者价格指数,结合非线性动态变化,通过通货膨胀的传导模型计算,结果可知,下游价格对上游价格的反向倒逼机制同样日益凸显,从而加剧了物价宏观调控的难度与未来通胀风险的不确定性。而且,CPI 与 PPI 之间的传导机制并非一成不变,依据通胀驱动机制的动态演变进行宏观调控显得更为重要。最后指出,传统研究可能因忽略价格传导的非线性机制而导致结论出现较大偏差。

参考文献

[1] 杨子晖,赵永亮,柳建华. CPI 与 PPI 传导机制的非线性研究. 经济研究,2013,(3):83-95.

[2] Karagianni S,Kyrtsou C. Analysing the Dynamics Between U. S. Inflation and Dow Jones Index Using Non-Linear Methods,Studies in Nonlinear Dynamics & Econometrics,2011,15,1-23.

[3] Bai J,Perron P. Computation and Analysis of Multiple Structural Change Models,Journal of Applied Econometrics,2003,18,1-22.

居民消费的财政政策模型

1 背景

财政政策是政府调控经济的重要手段。一旦出现经济衰退,扩张的财政政策会在一定程度上起到拉动经济的作用。但是,这也意味着经济资源会从私人部门流向公共部门,无疑会对私人消费产生影响。正因为如此,财政政策扩张是否会影响私人消费以及如何影响一直为经济学的主流研究所关注。这个问题在中国尤为重要。胡永刚和郭长林[1]着重从财政支出的角度考察当政府主动对经济进行调节时,财政政策对居民消费的影响。

2 公式

假设经济中存在一个存活无限期的代表性居民,通过选择消费、投资、劳动供给以及政府债券的持有量实现自己一生效用最大化。在进行优化选择的过程中,其收入来源包括:资本收益、劳动报酬、持有政府债券的收益、政府的转移支付以及从企业中得到的分红,因此其决策问题如下:

$$\max_{c_t,l_t,k_t,B_t} E_0 \sum_{t=0}^{\infty} \beta^t \left[\frac{c_t^{1-\gamma}}{1-\gamma} - \frac{l_t^{1+\varepsilon}}{1+\varepsilon}\right]$$

预算约束为:

$$p_t^c(1+\tau_t^c)c_t + p_t^I i_t + B_t = R_{t-1}B_{t-1} + (1-\tau_t^l)w_t l_t + (1-\tau_t^k)R_t^k k_{t-1} + p_t^c Z_t + D_t$$

式中,β 表示居民主观折现率;γ 为居民跨期消费的替代弹性的倒数;ε 为 Frisch 劳动供给弹性的倒数。

通过引入加总部门来解决这个问题。假设第 i 个企业的产品价格为 $p_t(i)$。加总部门的问题为:

$$\max_{y_t(i)} p_t y_t - \int_0^1 p_t(i) y_t(i)\,\mathrm{d}i$$

约束条件为:

$$y_t = \left[\int_0^1 y_t(i)^{\frac{\eta_p-1}{\eta_p}}\mathrm{d}i\right]^{\frac{\eta_p}{\eta_p-1}}$$

式中,p_t 表示总的物价水平。由此可以得到:

$$y_t(i) = \left(\frac{p_t(i)}{p_t}\right)^{-\eta_p} y_t, \quad p_t = \left[\int_0^1 p_t(i)^{1-\eta_p}\mathrm{d}i\right]^{\frac{1}{1-\eta_p}}$$

将厂商的决策分为两个问题，首先为成本最小化问题：

$$\min_{l_t(i),k_l(i)} w_t l_t(i) + R_t^k k_{t-1}(i)$$

约束于：

$$y_t(i) = A_t k_{t-1}(i)^{\alpha} l_t(i)^{1-\alpha} \geqslant \bar{y}_t(i)$$

对于需要对价格进行调整的企业，其决策问题为：

$$\max_{p_t(i)} E_t \sum_{\tau=0}^{\infty} (\beta\theta_p)^{\tau} \frac{\lambda_{t+\tau}}{\lambda_t} \{[p_t(i) - mc_{t+\tau}] y_{t+\tau}(i)\}$$

约束于：

$$y_{t+\tau}(i) = \left(\frac{p_t(i)}{p_{t+\tau}}\right)^{-\eta_p} y_{t+\tau}$$

式中，λ_t 为对应于居民预算约束的拉格朗日乘子。

基于此处的研究目的，不对货币政策做过多讨论，将利率设定为 Taylor 规则的形式：

$$\hat{R}_t = \rho_R \hat{R}_{t-1} + (1-\rho_R)(\varphi_\pi \hat{\pi}_t + \varphi_y \hat{y}_t) + \varepsilon_t^m, \varepsilon_t^m \sim N(0,\sigma_m^2) \tag{1}$$

式中，ρ_R 刻画货币政策的连续性，即当期的利率调整不仅取决于当期经济变量的变化，而且取决于上期的利率调整。其中，$\hat{\pi}_t$ 为通货膨胀对稳态水平的偏离，ε_t^m 为外生货币政策冲击。由于在中国，政府购买性支出对经济调节发挥着更为显著的作用，所以此处其规则设定进行讨论，其具体形式为：

$$\hat{C}_t = \rho_G \hat{G}_{t-1} + (1-\rho_G)(\varphi_{yG} \hat{y}_{t-1} + \varphi_{\pi G} \hat{\pi}_{t-1}) + \varepsilon_t^G, \varepsilon_t^G \sim N(0,\sigma_G^2) \tag{2}$$

式中，ρ_G 刻画财政政策连续性；$\hat{y}_t$ 表示产出对稳态水平的偏离；φ_{yG} 和 $\varphi_{\pi G}$ 分别刻画政府支出对产出及通货膨胀的反应程度。

为了清楚地考察居民消费的决定因素以及财政政策对居民消费的作用机制，我们进一步假定：(1) 居民的效应函数为二次函数的形式，即 $u(c_t) = c_t - (b/2)c_t^2, b > 0$；(2) $r = \rho$。由此可得到居民消费的表达式为：

$$c_t = rA_t + \frac{r}{1+r}\sum_{i=0}^{\infty}\left(\frac{1}{1+r}\right)^i E_t[y_{t+i}(\Delta G_{t+i}, \xi_{t+i}) - G_{t+i}] \tag{3}$$

由于财政支出增量对产出的影响是非线性的，所以财政政策规则对消费的影响最终呈现非线性的关系。图 1 对这种关系进行了较为直观的描述。

利用 SVAR 的方法研究财政政策对消费的影响。参照 Blanchard 和 Perotti[2] 和 Ramey[3] 的做法，估计模型的基本框架为：

$$X_t = A(L)X_{t-1} + e_t \tag{4}$$

3 意义

以产出和通货膨胀为反应变量的财政支出规则，确定了财政政策对居民消费的影响。

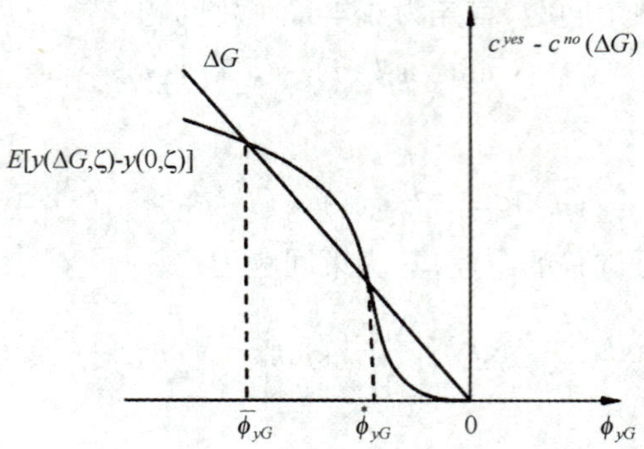

图 1　财政政策对居民消费的影响与参数 ϕ_{yG} 的关系

根据动态随机的一般均衡模型应用,建立了居民消费的财政政策模型。通过模型计算结果表明,在引入财政支出规则后,除了通过财富效应影响居民消费,财政政策还能够通过居民预期改变其消费行为。在此基础上,通过对中国 1996 第一季度至 2011 第四季度的季度数据进行经验分析发现,财政支出在样本期内对产出具有明显的反馈。财政支出扩张会导致居民消费增加,其中预期发挥着较为重要的作用。

参考文献

[1] 胡永刚,郭长林. 财政政策规则、预期与居民消费. 经济研究,2013,(3):96 - 107.

[2] Blanchard O, Perotti R. An Empirical Characterization of the Dynamic Effects of Changes in Government Spending and Taxes on Output, Quarterly Journal of Economics, 2002, Vol. 117(4), 1329 - 1368.

[3] Ramey V. Government Spending and Private Activity, Working Paper in UCSD. 2012.

环境效率的分解模型

1 背景

如何依照具体国情制定相应的环境政策,一方面推动经济的快速增长,另一方面不会使环境遭到破坏,这是世界各国,尤其是发展中国家当前需要解决的难题。不过,一般认为,环境规制的作用效果无法被观测到,因此无法直观判断它会对哪些因素产生影响以及到底在多大程度上促进或抑制了经济增长。宋马林和王舒鸿[1]将对中国各省份的工业部门进行环境效率分析,以期找到影响环境效率的主要因素。

2 公式

此处的环境效率分解模型是基于 Tone[2] 提出的 SBM 模型建立的,因为该模型为非径向模型,能够有效处理非期望产出的冗余问题。假定生产系统的 n 个决策单元均有投入、期望产出和非期望产出 3 个投入产出向量,模型表达形式为:

$$\min\rho = \frac{1 - \frac{1}{m}\sum_{i=1}^{m}\frac{s_i^-}{x_{i0}}}{1 + \frac{1}{s+t}\left(\sum_{r=1}^{s}\frac{s_r^+}{y_{r0}} + \sum_{p=1}^{t}\frac{s_p^+}{b_{p0}}\right)}$$

$$\begin{aligned}
s.t.\ &\sum_{j=1}^{n}\lambda_j x_{mj} + s_i^- = X_0, m = 1,2,\cdots,m \\
&\sum_{j=1}^{n}\lambda_j y_{rj} - s_i^+ = X_0, r = 1,2,\cdots,s \\
&\sum_{j=1}^{n}\lambda_j b_{rj} - s_i^+ = B_0, p = 1,2,\cdots,t \\
&\lambda \geqslant 0, s_i^-, s_r^+, s_p^+ \geqslant 0, p_t \geqslant 0
\end{aligned}$$

式中,ρ 表示环境效率评价值;X、Y 和 B 分别表示投入、期望产出和非期望产出;s_i^- 、s_r^+ 和 s_p^+ 分别表示投入冗余,期望产出亏空和非期望产出处理量;m、r 和 p 分别为投入、期望产出和非期望产出的指标数量。

为研究技术因素和环境规制因素对环境效率的影响,我们将两种因素区分出来以后,进一步将环境效率设定为被解释变量,技术因素和环境规制因素作为解释变量,建立以下方程式研究它们对环境效率的影响关系：

$$\rho_{it}^{*} = C_1 + \alpha_1 Tec_{it} + \alpha_2 Pol_{it} + \alpha_3 DUM_{it} + \varepsilon$$

图1为1992—2010年中国各指标的变化趋势图，可以看出无论是能源消耗、国内生产总值，还是固定资产投资，在2002年前后增长速度明显不同，在此之前较为平缓，之后则显著加速。

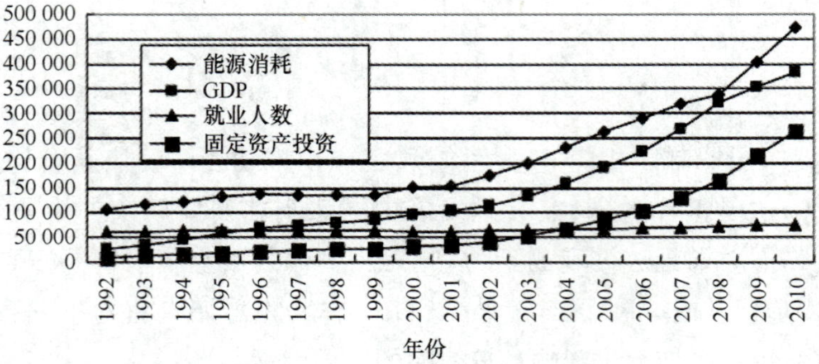

图1　1992—2010年中国各指标变化趋势

在上式方程的基础上引入环保资金投入指标以及外资指标，以代替原有的环境规制因素指标，建立方程。

$$Pol_{it}^{*} = C_2 + \beta_1 EI_{it} + \beta_2 WZ_{it} + \beta_3 FID_{it} + \beta_4 DUM_{it} + v$$

式中，EI 表示环保资金的投入，我们分别选用历年《中国统计年鉴》中的“工业污染治理当年投资来源总额”指标(EI_a) 和“工业污染治理完成投资”指标(EI_b) 来表示，治污投入得越多，环境规制的作用效果就应该越高，所以估计系数预期为正。

为表示方便，同样设定 $\rho^* = 1\ 000\rho$，并引入虚拟变量 D 对东、中、西部进行区分，建立回归模型为：

$$\rho_{it}^{*} = C_2 + \beta_1 Tec_{it} + \beta_2 WZ_{it} + \beta_3 FID_{it} + \beta_4 DUM_{it} + \beta_5 D + v$$

3　意义

根据环境效率的分解模型，对环境规制初步量化，然后进行理论命题的统计检验，计算1992年以来中国各省份的环境效率值。在此基础上，进一步细化环境规制因素，从区域差异的视角来分析影响环境效率的各项因素。从而可知，中国需要采取有效措施进一步推动东部地区先进环保技术向中西部省区的转移，加大对中西部省区环境问题的环境规制以及促进中西部地区经济和环境的协调发展，在推动中国环境效率整体提升的同时实现经济增长。

参考文献

[1] 宋马林,王舒鸿. 环境规制、技术进步与经济增长. 经济研究,2013,(3):122－134.

[2] Tone K. A Slacks－Based Measure of Efficiency in Data Envelopment Analysis, European Journal of Operational Research,2001,Vol. 130,No. 3,498－509.

商品价格的动态模型

1 背景

为抵御2008年全球性金融危机,世界主要经济体竞相出台积极财政政策及货币政策。中国政府为稳定市场信心,推出4万亿元大规模经济刺激计划并投放巨量信贷,其后物价水平开始持续上涨,尤其从2010年至今,CPI指数涨幅显著,2011年7月同比增幅更达到6.5%高位。郑尊信和徐晓光[1]试图借助库存理论的供求均衡(而非无套利均衡)分析框架来重构货币政策下的商品价格“超调模型”,在货币政策引起的库存供求均衡调整中进一步思考商品价格变动。

2 公式

观察商品价格动态演变过程,无法忽视库存因素。由Brennan[2]提出的库存理论,沿袭了经济学的均衡分析思路,是解释库存均衡的经典性理论模型。

设定P_t为t期价格,C_t为t期消费量,在t期商品消费量(C_t)应等于前期商品库存量(S_{t-1})加上当期商品产量(X_t)扣减当期库存量(S_t),构造需求函数:

$$P_t = f_t(C_t) = f_t(S_{t-1} + X_t - S_t),\text{且 } \partial f_t/\partial C_t < 0, \partial f_t/\partial S_t > 0$$

若商品价格上升,相应期间的消费需求量下降,库存量则上升。当期库存量进入下期,成为下期商品供给。在t期的市场信息集合$\Phi(t)$下,$t+1$期的预期商品需求函数:

$$E(P_{i+1}) = E_t\{f_{t+1}(S_t + X_{t+1} - S_{t+1}) \mid \Phi(t)\}$$

式中,$E_t(\cdot)$为条件期望算子。

库存需求受当期商品价格和下期商品价格预期共同影响,与当期商品价格有正向关系,而与下期商品预期价格却有反向关系,构造商品库存需求函数:

$$E(P_{t+1}) - P_t = E_t\{f_{t+1}(S_t + X_{t+1} - S_{t+1}) \mid \Phi(t)\} - f_t(S_{t-1} + X_t - S_t) \quad (1)$$

根据收益优化的一阶条件,最优商品库存量供给满足如下方程:

$$E(P_{t+1}) - P_t = MPS(S_t) + MRA(S_t) - MC(S_t) \quad (2)$$

该方程为库存供给方程,在图1中用曲线$S(S_t)$表示。由图1可知,边际库存收益$E(P_{t+1}) - P_t$与当期库存量S_t呈正向关系。为了进一步观察货币政策效应,将MPS分解为库存的资金占用边际成本(即市场利率,MI)及其他边际仓储成本(SC)。

$$E(P_{t+1}) - P_t = SC(S_t) + MI + MRA(S_t) - MC(S_t) \tag{3}$$

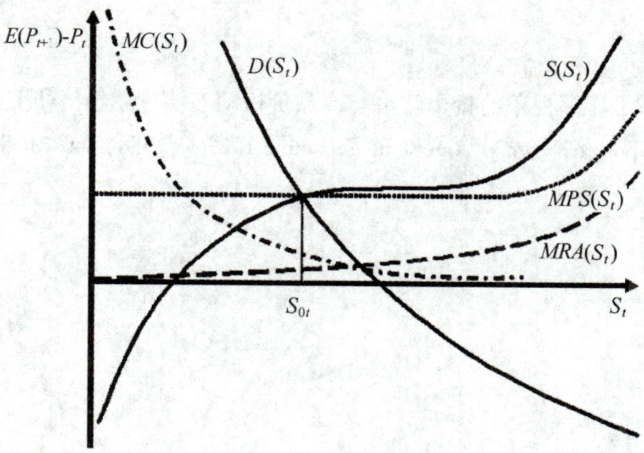

图1　商品库存供求均衡

一般地，期货投机者因承担持有期的商品价格风险，会要求相应风险补偿，故期货价格应等于合约到期时现货价格预期扣减系统风险溢价：

$$F(t,t+1) = E(P_{t+1}) - E_t[\pi(t,t+1) \mid \Phi(t)] \tag{4}$$

式中，$F(t,t+1)$表示到期日$t+1$的期货在t期的市场价格；从t期至到期日$t+1$期，市场存在系统风险，$\pi(t,t+1)$度量该期内的风险溢价；$E_t\{\cdot \mid \Phi(t)\}$表示$t$期市场信息集合$\Phi(t)$下的条件期望算子。若将期货基差定义为期货价格减现货价格，则：

$$F(t,t+1) - P_t = [E(P_{t+1}) - P_t] - E_t[\pi(t,t+1) \mid \Phi(t)] \tag{5}$$

为细致观察基差构成，将式(3) 代入式(5)，有：

$$F(t,t+1) - P_t = SC + MI - MC + \{MRA - E_t[\pi(t,t+1) \mid \Phi(t)]\} \tag{6}$$

当期货市场风险供给和需求达到均衡，进一步有：

$$F(t,t+1) - P_t = SC + MI - MC \tag{7}$$

3　意义

根据库存理论的供求均衡框架，来重构货币政策下的商品价格。构建了商品价格的动态模型，计算结果发现：货币政策的直接效应是通过市场利率调整资金占用成本，间接效应则是改变市场库存均衡点，进而影响商品价格预期变动；扩张性货币政策易引发商品价格超调，而紧缩性货币政策却易导致商品价格调整不足。其后，通过期货市场风险供求均衡思路将风险溢价理论和库存理论有机结合起来，由期货基差变动验证货币政策在商品市场的传导机理，为理论检验提供实证框架。将理论模型运用于上海期货交易所有色金属合约，发现实证结论很好地支持了相关理论分析。

参考文献

[1] 郑尊信,徐晓光. 基于库存视角的货币政策与商品价格动态演变. 经济研究,2013,(3):70-82.
[2] Brennan M J. The Supply of Storage, American Economic Review, 1958, Vol. 48, No. 1: 50-72.

食品安全的规制模型

1 背景

食品产业是我国国民经济支柱,也是保障民生的基础产业。“十一五”期间,我国食品工业总产值实现年均24.7%的飞速增长,2011年食品工业产值同比增长达到31.6%,占到国内生产总值的16.5%,餐饮业成为服务行业中提供最多就业岗位的行业。在未来5年内,食品产业将成为我国最大的产业。龚强等[1]结合我国现阶段食品业的市场特征及政策环境,运用产业组织与信息经济学的相关理论,探讨适应我国现状的食品安全规制,以提升食品安全水平,激励企业生产高质量的安全食品。

2 公式

以乳制品行业为代表,2008年三聚氰胺事件后,我国乳制品进出口呈现明显的两极分化(图1)。

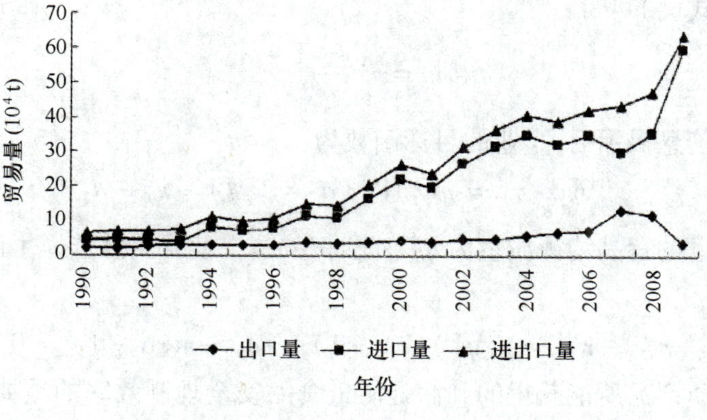

图1 1990—2009年我国乳制品贸易量变化情况

食品市场的信息不对称导致巨大的交易成本,严重降低了市场效率[2]。因此,高效率的食品安全规制是食品市场有效运转所不可缺少的先决条件[3]。

通过检验的食品进入市场后,消费者对食品的质量 $\Pr(G|\sigma=1)$ 进行后验估计,根据贝叶斯法则:

$$\Pr(G|\sigma=1)=\frac{q\Pr(\sigma=1|G)}{q\Pr(\sigma=1|G)+(1-q)\Pr(\sigma=0|G)} \tag{1}$$

消费者目标函数为：

$$\max_{\{b,n\}} I_b[E(u)-p] \tag{2}$$

式中，b 和 n 分别表示购买和不购买，I 为示性函数，$I_b=1, I_n=0$，$E(u)=\bar{u}Pr(G|\sigma=1)+\underline{u}Pr(B||\sigma=1)$。

企业进行垄断定价，将价格定于消费者的期望效用上，即：

$$p(q)=E(u) \tag{3}$$

企业考虑到检测的精确度以及生产成本，选择使其利润最大化的生产技术：

$$\max_{T\in\{G,B\}} \pi_T=p(q)\Pr(\sigma=1|T)-c_T \tag{4}$$

企业是否会生产优质食品 G 取决于 π_G 和 π_B 的相对大小：

$$\pi_G-\pi_B=p(q)[\Pr(\sigma=1|G)-\Pr(\sigma=1|B)]-c(c-c_B) \tag{5}$$

不失一般性，令 $u=1, u=0$。由(1)式知：

$$\frac{\partial p}{\partial q}=\frac{\lambda(1-\lambda)}{[\lambda q+(1-\lambda)(1-q)]^2}>0 \tag{6}$$

对于给定的 λ，在均衡状态下存在 c_B^* 使得 $\pi_G^*=\pi_B^*$，此时企业生产优质食品 G 的概率为：

$$q^*=\Pr(c_B^*<c_B\leqslant c)=\frac{c-c_B^*}{c} \tag{7}$$

进一步根据式(5)可得：

$$q^*=\frac{\lambda}{c}-\frac{1-\lambda}{2\lambda-1} \tag{8}$$

规制者实行信息揭示后，企业的目标函数为：

$$\max_{T\in\{G,B\}} \pi_T=p(q)\Pr(\sigma=1|T)-c_T-d_T \tag{9}$$

记信息揭示下的食品均衡质量为 q_d^*，此时存在 c_B^* 使得企业选择生产优质食品 G 和劣质食品 B 无差异：

$$\pi_G^*-\pi_B^*=p(q_d^*)(2\lambda-1)-cq_d^*+d(\alpha-1)=0 \tag{10}$$

企业生产优质产品所能获得的利润是衡量食品安全规制效率的重要标准，因此我们考察信息揭示对 π_G^* 的影响：

$$\pi_G^*=p(q_d^*)\lambda-c-d \tag{11}$$

当信息揭示的效力 α 给定时，规制者只能通过要求企业披露更多的信息来提高食品安全和企业生产优质食品的利润，由式(11)：

$$\frac{\partial\pi_G^*}{\partial d}=\lambda\frac{\partial p}{\partial q}\bigg|_{q=q_d^*}\frac{\partial q_d^*}{\partial d}-1 \tag{12}$$

假设企业如果未通过规制者的检验则需要支付罚金 f,此时企业的目标函数为:

$$\max_{T\in\{G,B\}}\pi_T = p(q)\Pr(\sigma = 1|T) - c_T 0 f\Pr(\sigma = 0|T) \tag{13}$$

上式中,$f\Pr(\sigma = 0|T)$ 为企业承担的责任风险。

记责任制度下的食品均衡质量为 q_f^*,此时存在 c_B^* 使得企业生产优质食品 G 和劣质食品 B 无差异:

$$\pi_G^* - \pi_B^* = [p(q_f^*) + f](2\lambda - 1) - cq_f^* = 0 \tag{14}$$

联立式(3)和式(14)可以得到食品的均衡质量 q_f^*。

考虑责任制度对 π_G^* 的影响:

$$\pi_G^* = p(q_f^*)\lambda - c - f(1 - \lambda) \tag{15}$$

微分得:

$$\frac{\partial\pi_G^*}{\partial f} = \lambda\frac{\partial p}{\partial q}\bigg|_{q=q_f^*}\frac{\partial q_f^*}{\partial f} - (1 - \lambda) \tag{16}$$

3 意义

根据食品安全的规制模型,结合食品安全生产的要求和特点,界定企业需要揭示哪些生产和交易环节的信息,能够为社会、第三方、相关监管部门提供监督的平台。尽管企业可能提供虚假信息,但由于引入了社会各方面资源的监督,企业的不良行为更加容易被发现,并可能承担严厉的社会惩罚,企业生产劣质食品的动机降低。揭示信息会增加单个企业的成本,但是整个行业的可信度得以提升,消费者支付意愿增加,最终行业利润提升,激励企业向更安全转型。

参考文献

[1] 龚强,张一林,余建宇. 激励、信息与食品安全规. 经济研究,2013,(3):135-147.

[2] Stiglitz J E. Information and the Change in the Paradigm in Economics, American Economic Review, 2002, Vol. 92, No. 3: 460-501.

[3] Marette S. Minimum Safety Standard, Consumers' Information and Competition, Journal of Regulatory Economics, 2007, Vol. 32, No. 3: 259-285.

二元经济的增长模型

1 背景

自改革开放以来,我国的国民储蓄率一直呈阶梯上升态势,特别是2000年以来,国民储蓄率持续上升,从2000年的37.6%逐年上升到2008年的50.19%。我国国民储蓄率无论从绝对数值上还是从增长速度上,在世界各国的发展经验中都不多见。樊纲和吕焱[1]通过对经典刘易斯二元经济模型的动态扩展,建立了适合刘易斯拐点前状态的经济增长模型,并且得到该模型下经济增长率、企业利润增长率和国民储蓄率的变化情况。

2 公式

假设现代部门的生产函数为:

$$Y_t^M = A_t K_t^\alpha L_t^{1-\alpha} \tag{1}$$

式中,A_t 表示第 t 期的生产技术水平;K 表示第 t 期投入的资本存量;L_t 表示第 t 期的劳动投入。

在给定本期新增投资 I_t 的条件下,假设上一期的生产资本存量为 K_{t-1},资本的折旧率为 δ,则本期的资本存量为 $K_t=(1-\delta)\ K_{t-1}+I_t$,选择雇佣劳动力的数量,使得劳动的边际生产率等于工资,可以得到雇佣劳动力的数量:

$$L_t = [\frac{A_t(1-\alpha)}{\bar{w}_t}]^{\frac{1}{\alpha}}[(1-\delta)K_{t-1}+I_t] \tag{2}$$

将式(2)代入到式(1) 中,可以得到现代部门的产量为:

$$Y_t^M = \bar{w}_t^{1-\frac{1}{\alpha}}(1-\alpha)^{\frac{1}{\alpha}-1}A_t^{\frac{1}{\alpha}}[(1-\delta)K_{t-1}+I_t] \tag{3}$$

用总产量减去劳动力成本,得到企业利润为:

$$\pi_t = \alpha\bar{w}_t^{1-\frac{1}{\alpha}}(1-\alpha)^{\frac{1}{\alpha}-1}A_t^{\frac{1}{\alpha}}[(1-\delta)K_{t-1}+I_t] \tag{4}$$

则企业家投资的资本回报率为:

$$R_t = \alpha\bar{w}_t^{1-\frac{1}{\alpha}}(1-\alpha)^{\frac{1}{\alpha}-1}A_t^{\frac{1}{\alpha}} \tag{5}$$

得到当期企业的产量:

$$Y_t^M = \begin{cases}\bar{w}_t^{1-\frac{1}{\alpha}}(1-\alpha)^{\frac{1}{\alpha}-1}A_t^{\frac{1}{\alpha}}[(1-\delta)K_{t-1}+\pi_{t-1}],if\,\bar{w}_t^{1-\frac{1}{\alpha}}(1-\alpha)^{\frac{1}{\alpha}-1}A_t^{\frac{1}{\alpha}}>\delta\\ \bar{w}_t^{1-\frac{1}{\alpha}}(1-\alpha)^{\frac{1}{\alpha}-1}A_t^{\frac{1}{\alpha}}(1-\delta)K_{t-1},if\,\bar{w}_t^{1-\frac{1}{\alpha}}(1-\alpha)^{\frac{1}{\alpha}-1}A_t^{\frac{1}{\alpha}}\leqslant\delta\end{cases} \tag{6}$$

进一步计算得到资本存量的增长率：

$$g_t^K \equiv \frac{K_t}{K_{t-1}} = (1-\delta) + \alpha \bar{w}_{t-1}^{1-\frac{1}{\alpha}}(1-\alpha)^{\frac{1}{\alpha}-1}A_{t-1}^{\frac{1}{\alpha}} \tag{7}$$

和现代部门产量的增长率：

$$g_t \equiv \frac{Y_t}{Y_{t-1}} = \left(\frac{A_t}{A_{t-1}}\right)^{\frac{1}{\alpha}}\left(\frac{\bar{w}_t}{\bar{w}_{t-1}}\right)^{1-\frac{1}{\alpha}}\left[(1-\delta) + \alpha \bar{w}_{t-1}^{1-\frac{1}{\alpha}}(1-\alpha)^{\frac{1}{\alpha}-1}A_{t-1}^{\frac{1}{\alpha}}\right] \tag{8}$$

进一步由式(2)、式(4)可以得到现代部门吸收就业的增长率和企业利润的增长率，分别为：

$$g_t^L \equiv \frac{L_t}{L_{t-1}} = g_w^{-\frac{1}{\alpha}} g_A^{\frac{1}{\alpha}}\left\{1-\delta + R_1\left[(g_w)^{1-\frac{1}{\alpha}}(g_A)^{\frac{1}{\alpha}}\right]^{t-2}\right\} \tag{9}$$

$$g_t^\pi \equiv \frac{\pi_t}{\pi_{t-1}} = g_w^{1-\frac{1}{\alpha}} g_A^{\frac{1}{\alpha}}\left\{1-\delta + R_1\left[(g_w)^{1-\frac{1}{\alpha}}(g_A)^{\frac{1}{\alpha}}\right]^{t-2}\right\} \tag{10}$$

现代部门劳动报酬 D_t 等于现代部门支付工资与现代部门雇佣劳动力的乘积，因此现代部门劳动报酬的增长率为：

$$g_t^D \equiv \frac{D_t}{D_{t-1}} = g_w^{1-\frac{1}{\alpha}} g_A^{\frac{1}{\alpha}}\left\{1-\delta + R_1\left[(g_w)^{1-\frac{1}{\alpha}}(g_A)^{\frac{1}{\alpha}}\right]^{t-2}\right\} \tag{11}$$

设定初期现代部门的产量为 Y_1^M，第 t 期经济总产量为：

$$Y_t = \overline{Y_A} + Y_1^M (g_A)^{\frac{t-1}{\alpha}}(g_w)^{t-1-\frac{t-1}{\alpha}}\prod_{i=2}^{t}\left\{1-\delta + R_1\left[(g_w)^{1-\frac{1}{\alpha}}(g_A)^{\frac{1}{\alpha}}\right]^{i-2}\right\} \tag{12}$$

则第 t 期经济增长率为：

$$g_t^{GDP} = \frac{\dfrac{\overline{Y_A}}{Y_1^M (g_A)^{\frac{t-2}{\alpha}}(g_w)^{t-2-\frac{t-2}{\alpha}}\prod_{i=2}^{t}\left\{1-\delta + R_1\left[(g_w)^{1-\frac{1}{\alpha}}(g_A)^{\frac{1}{\alpha}}\right]^{i-2}\right\}}}{\dfrac{\overline{Y_A}}{Y_1^M (g_A)^{\frac{t-2}{\alpha}}(g_w)^{t-2-\frac{t-2}{\alpha}}\prod_{i=2}^{t-1}\left\{1-\delta + R_1\left[(g_w)^{1-\frac{1}{\alpha}}(g_A)^{\frac{1}{\alpha}}\right]^{i-2}\right\}} + 1} + \frac{(g_A)^{\frac{1}{\alpha}}(g_w)^{1-\frac{1}{\alpha}}\left\{1-\delta + R_1\left[(g_w)^{1-\frac{1}{\alpha}}(g_A)^{\frac{1}{\alpha}}\right]^{t-2}\right\}}{\dfrac{\overline{Y_A}}{Y_1^M (g_A)^{\frac{t-2}{\alpha}}(g_w)^{t-2-\frac{t-2}{\alpha}}\prod_{i=2}^{t-1}\left\{1-\delta + R_1\left[(g_w)^{1-\frac{1}{\alpha}}(g_A)^{\frac{1}{\alpha}}\right]^{i-2}\right\}} + 1} \tag{13}$$

在模型设定下，国民储蓄率为企业利润与经济总产出的比值：

$$s_t = \frac{\alpha Y_1^M (g_A)^{\frac{t-1}{\alpha}}(g_w)^{t-1-\frac{t-1}{\alpha}}\prod_{i=2}^{t}\left\{1-\delta + R_1\left[(g_w)^{1-\frac{1}{\alpha}}(g_A)^{\frac{1}{\alpha}}\right]^{i-2}\right\}}{\overline{Y_A} + Y_1^M (g_A)^{\frac{t-1}{\alpha}}(g_w)^{t-1-\frac{t-1}{\alpha}}\prod_{i=2}^{t}\left\{1-\delta + R_1\left[(g_w)^{1-\frac{1}{\alpha}}(g_A)^{\frac{1}{\alpha}}\right]^{i-2}\right\}} \tag{14}$$

王小鲁等[2]对中国 1978—2008 年的经济增长率进行分解，以每 10 年为一期，得到各期劳动投入、资本投入和生产效率(TFP)进步的贡献值,并且重点分解了促进生产效率进步各因素的贡献值。

根据模型,我们可以得到1978—2008年30年间的经济增长率和现代部门利润的增长率,如图1所示。

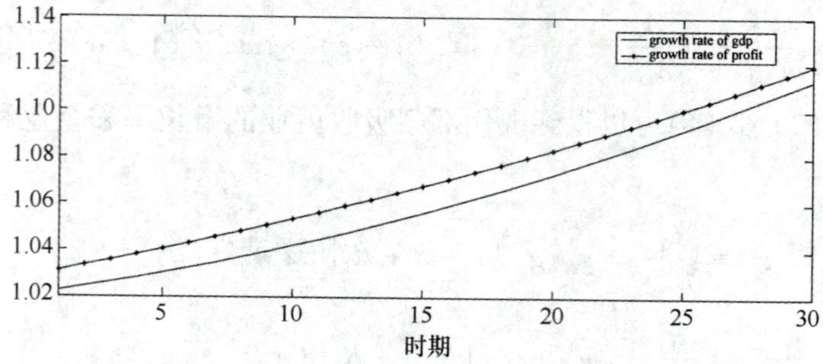

图1　经济增长率1978—2008年

3　意义

根据动态的二元经济,构建了一个二元经济的增长模型,分析二元经济结构下的经济增长趋势和企业储蓄率、国民储蓄率的变化,并应用动态模型的校准和数值模拟,对我国1978—2008年间经济增长和国民储蓄率的变动趋势影响进行了讨论。并且指出二元经济结构下剩余劳动力的存在,会导致发展中国家国民储蓄率持续升高;这一规律在其他国家往往会被其他一些因素的作用所掩盖,而在中国的特殊条件下,在现阶段得到了充分的体现。

参考文献

[1] 樊纲,吕焱. 经济发展阶段与国民储蓄率提高:刘易斯模型的扩展与应用. 经济研究,2013,(3):191-29.

[2] 王小鲁,樊纲,刘鹏. 中国经济增长方式转换和增长可持续性. 经济研究,2009,(1).

贸易条件的收入增长模型

1 背景

比收入增长更重要的问题是国民收入增加,毕竟最终决定福利水平的因素是收入而非产出。在开放经济中,贸易条件的变化可能会造成收入增加与产出增长之间存在较大差异。范志勇和毛学峰[1]根据生产理论和经济指数方法,构建了中国 Tŏrnqvist 国内支出价格指数、要素投入指数和国内生产总值指数等指标,核算了贸易条件以及各类因素对国民收入增长的贡献。

2 公式

在完全竞争、规模报酬不变和厂商利润最大化假设下 GDP 函数可以表示为:

$$z(p_{D,t},p_{X,t},p_{M,t},x_{L,t},x_{K,t},t) = \{ \underset{y_D,y_X,y_M}{Max}\, p_{D,t}y_D + p_{X,t}y_X - p_{M,t}y_M \} \tag{1}$$

式中,z 是名义 GDP 函数,净产出向量一般被分为国内最终使用的产品 D(包含最终消费和最终投资)、出口品 X 和进口品 M,产品的数量和价格分别用 y_{it} 和 p_{jt} 表示,$i \in \{ D,X,M\}$;要素投入为 x_{jt},$j \in \{L,K\}$,L 和 K 分别表示劳动和资本,t 表示当期 GDP 函数的技术特征。在实证研究中,GDP 函数可以采取超越对数函数形式,其优势在于函数形式灵活,可以提供其他形式 GDP 函数对数的二阶近似,具体形式参见方程(2)。

$$\begin{aligned}\ln z_t = {} & \alpha_0 + \sum_i \alpha_i \ln p_{i,t} + \sum_h \beta_i \ln x_{h,t} + 1/2 \sum_i \sum_j \gamma_{ij} \ln p_{j,t} + 1/2 \sum_h \sum_k \varphi_{ij} \ln x_{h,t} \ln x_{k,t} + \\ & \sum_i \sum_h \delta_{ih} \ln p_{i,t} \ln x_{h,t} + \sum_i \delta_{iT} \ln p_{i,t} + \sum_h \varphi_{hT} \ln x_{h,t} t + \beta_T t + 1/2 \varphi_{TT} t^2 \end{aligned} \tag{2}$$

根据此方法名义国民收入增长率可以被分解为方程(3)的形式。

$$(\dot{z}/z)_t = \sum_i s_i(\dot{p}_i/p_i) + \sum_h s_h(\dot{x}_h/x_h) + \mu_t \tag{3}$$

式中,s_i 和 s_h 分别表示各类产出和要素收入在总产出中的比例,m 表示全要素生产率进步对收入的贡献。

全要素生产率的变化被定义为方程(4)的形式,从中发现除了常数项之外还有两类因素影响全要素生产率进步:一是产品价格和要素投入($\sum_i \delta_{iT} \ln p_{i,t} + \sum_h \varphi_{hT} \ln x_{h,t}$);二是时间因素($\varphi_{TT} t$),其中 δ_{iT} 和 φ_{hT} 可以被理解为全要素生产率进步对产品价格和要素投入的半弹性。

$$\mu_t = \partial \ln z_t / \partial t = \beta_T + \sum_i \delta_{iT} \ln p_{i,t} + \sum_h \varphi_{hT} \ln x_{h,t} + \varphi_{TT} t \tag{4}$$

国内支出价格指数贡献率可以表示为方程(5) 的形式,其他要素的贡献也可以通过类似方法得到。

$$P_{D,t,t-1} = \sqrt{P^L_{D,t,t-1} \times P^P_{D,t,t-1}}$$
$$= \sqrt{\frac{z(p_{D,t}, p_{X,t-1}, p_{M,t-1}, x_{K,t-1}, t-1)}{z(p_{D,t-1}, p_{X,t-1}, p_{M,t-1}, x_{K,t-1}, t-1)} \times \frac{z(p_{D,t}, p_{X,t}, p_{M,t}, x_{L,t}, t)}{z(p_{D,t-1}, p_{X,t}, p_{M,t}, x_{K,t}, t)}} \tag{5}$$

式中, $P^L_{D,t,t-1}$ 和 $P^P_{D,t,t-1}$ 分别是拉氏和帕氏国内支出价格指数。

Kohli[2] 证明在超越对数 GDP 函数假设下,名义 GDP 指数可以分解为方程(6)的形式:

$$Z_{t,t-1} = P_{D,t,t-1} \cdot x_{L,t,t-1} \cdot x_{K,t,t-1} \cdot R_{t,t-1} \cdot A_{t,t-1} \tag{6}$$

式中,$Z_{t,t-1}$为 $t-1$ 期到 t 期的名义 GDP 指数;$P_{D,t,t-1}$为国内支出价格指数;$R_{t,t-1}$为贸易条件指数;$x_{L,t,t-1}$和 $x_{K,t,t-1}$分别为劳动投入和资本投入指数;$A_{t,t-1}$为全要素生产率指数。

进一步指出只要 GDP 函数是超越对数形式,其指数可以通过方程(8) 和方程(9) 形式得到。

$$P_{D,t,t-1} \equiv \exp\left[\sum_i 0.5(s_{i,t} + s_{j,t-1})(\ln p_{i,t} - \ln p_{i,t-1})\right], i = \{C, I, G\} \tag{7}$$

$$R_{i,t-1} \equiv \exp\left[0.5(s_{x,t} + s_{x,t-1}) \ln p_{X,t,t-1} - 0.5(s_{M,t} + s_{M,T-1}) \ln p_{M,t,t-1}\right] \tag{8}$$

$$x_{h,t,t-1} \equiv \exp\left[0.5(s_{h,t} + s_{h,t-1})(\ln x_{h,t} - \ln x_{h,t-1})\right], h = \{L, K\} \tag{9}$$

式中,$s_{x,t}$,$s_{M,t}$和 $s_{h,t}$分别表示出口、进口和各类要素收入在总产出中的比例。

超越对数 GDP 函数可以采用似不相关(SUR) 模型进行估计。在基于完全竞争假设的超越对数 GDP 函数中,资本、劳动收入和各类产品在总产出中的份额可以表示为方程(10)和方程(11)。

$$s_{h,t} = (\partial \ln z / \partial \ln x_h)_t = \beta_h + \sum_k \varphi_{hk} \ln x_{k,t} + \sum_i \delta_{hk} \ln p_{i,t} + \varphi_{hT} t \tag{10}$$

$$s_{i,t} = \partial \ln z_t / \partial \ln p_{i,t} = \alpha_i + \sum_k \gamma_{ij} \ln p_{j,t} + \sum_h \delta_{ih} \ln x_{h,t} + \varphi_{iT} t \tag{11}$$

由于上文中 12 个假设条件来自于超越对数生产函数本身,在此同时提供了包含全部约束条件和剔除 3 个被拒绝约束条件后的似不相关估计结果(表 1)。

表 1　超越对数生产函数参数估计

	参数	模型 1	模型 2	参数	模型 1	模型 2
lnz 方程	α_D	1.636***	1.607***	δ_{DL}	-0.043	-0.015
	α_x	0.835***	0.885***	δ_{ML}	0.025	-0.110
	β_L	0.283*	0.347**	δ_{DT}	-0.013	-0.011**
	γ_{DD}	0.137**	0.134**	δ_{MT}	-0.005	-0.018**
	γ_{MM}	-0.052	-0.254	ϕ_{LT}	-0.001	-0.003
	γ_{DM}	0.017	0.092	β_T	0.012	0.017
	ϕ_{LL}	0.070*	0.070*	ϕ_{TT}	-0.001	-0.001
s_t 方程	δ_{ML}	—	0.085*			
s_x 方程	δ_{XT}	—	0.048			
s_D 方程	γ_{DM}	—	0.060			
可决系数 R^2	lnz 方程	0.99	0.99	s_M 方程	0.84	0.85
	s_D 方程	0.54	0.56	s_L 方程	0.93	0.93

注：***、**、*分别表示在 1%、5%、10% 显著水平上显著。

全要素生产率：

$$\ln \hat{A}_{t,t-1} = \beta_T + \frac{1}{2}\left[\sum_{i=D,M,X}\delta_{iT}\ln(p_{it}p_{i,t-1}) + \sum_{h=L,K}\varphi_{hT}\ln(x_{h,t}x_{h,t-1}) + \varphi_{TT}(2t-1)\right] \quad (12)$$

要素投入：

$$\ln \hat{x}_{h,t,t-1} = \ln\left(\frac{x_{h,t}}{x_{h,t-1}}\right)\left\{\beta_h + \frac{1}{2}\left[\sum_{k=L,K}\varphi_{hk}\ln(x_k x_{k,t-1}) + \sum_{i=D,M,X}\delta_{hi}\ln(p_{i,t}p_{i,t-1}) + \varphi_{hT}(2t-1)\right]\right\} \quad (13)$$

贸易条件：

$$\ln \hat{R}_{t,t-1} = \sum_{i=M,X}\left(\ln\left(\frac{p_{i,t}}{p_{i,t-1}}\right)\left\{\alpha_i + \frac{1}{2}\left[\gamma_{Di}\ln(p_{D,t}p_{D,t-1}) + \sum_{h=L,K}\delta_{ih}\ln(x_{h,t}x_{h,t-1}) + \delta_{iT}(2t-1)\right]\right\}\right) + \frac{1}{2}\sum_{i=M}\sum_{Xj=X,M}\gamma_{ij}(\ln p_{it}\ln p_{jt} - \ln p_{it-1}\ln p_{jt-1}) \quad (14)$$

3　意义

根据贸易条件的收入增长模型，结合参数和非参数方法对中国 1981—2010 年国民收入增长状况及其特征进行了核算。计算结果显示尽管中国国民收入和经济增长取得了举世瞩目的成就，但近年来全要素增长率持续下滑，国民收入增加主要依靠资本投入，可持续增长的基础并不牢固。贸易条件的恶化也在一定程度上蚕食了产出对收入增加的贡献。还对中国要素、产出以及两者价格之间的弹性关系进行了核算,获得了关于中国经济结构的多方面动态特征,这些特征对于中国经济结构调整和政策选择具有一定的参考价值。

参考文献

[1] 范志勇,毛学峰,开放条件下中国收入增长的效率及结构特征:1981 - 2010. 经济研究,2013,(3):30 - 55.

[2] Kohli U. Growth Accounting in the Open Economy: Parametric and Nonparametric Estimates, Journal of Economic and Social Measurement, 1990, 16, pp. 125 - 136.

人民币的汇率变化模型

1 背景

自从2005年7月中国的汇率形成机制改革以来,人民币的名义和实际汇率都出现了显著的升值幅度,许多研究开始关注人民币汇率变化对实体经济的影响作用,而对于人民币汇率变化对中国就业市场影响的关注尤为突出。毛日昇[1]构建了人民币在三位码工业行业层面的月度实际有效汇率指数,结合中国详细的四位码的工业行业数据,从细分产业层面评估了人民币实际汇率变化通过不同渠道对工业行业净就业水平在短期和长期的动态影响作用,考察了实际汇率变化对不同特征产业部门净就业水平影响作用的差异性。

2 公式

设产业部门中具有代表性的贸易厂商,在不考虑劳动力调整成本的条件下,其利润函数(π)为:

$$\pi(e) = \max_{q^d,q^x,q^m,L,Z,M}\{p^d(e,q^d)q^d + \frac{p^x(e,q^x)}{e}q^x - \frac{p^m(e,q^m)}{e} - wL - rZ - \frac{s(e)}{e}M\} \quad (1)$$

$$\text{约束条件}: q^d + q^x + Q^D = Q - q^m = L^\alpha Z^\beta M^{1-\alpha-\beta} \quad (2)$$

式中,q^d、q^x、q^m 分别表示厂商国内市场销售产品、出口产品以及进口最终产品的数量;p^d、p^x、p^m 分别表示国内市场价格、出口价格以及进口最终产品的价格水平,显然上述价格水平都可能会受到实际汇率调整的影响;L、Z、M 分别表示国内劳动要素、国内其他非劳动生产要素以及从国外进口中间生产要素的投入水平;w、r、$s(e)$ 分别表示上述各生产要素的价格水平;汇率调整同样会对进口中间产品价格 $s(e)$ 产生传导效应,e 表示东道国的间接实际汇率水平,实际汇率上升(下降)表示升值(贬值)。

基于利润最大化一阶条件和欧拉定理(Euler theorem)可以得到厂商的最优劳动需求水平为:

$$L = \frac{Q^d}{w}\{p^d(1 + \frac{1}{\eta^d})(1 - \theta) + \frac{p^x}{e}(1 + \frac{1}{\eta^d})\theta - r\beta(\frac{\partial Q}{\partial Z})^{-1} - \frac{s}{e}(1 - \alpha - \beta)(\frac{\partial Q}{\partial M})^{-1}\} - \frac{Qp^m}{we}(1 + \frac{1}{\eta^m})\rho \quad (3)$$

由式(3)可得最优劳动力需求对实际汇率变化的弹性:

$$\frac{\partial L}{\partial e}\frac{e}{L}=\frac{Q^D}{wL}\{p^d(1+\frac{1}{\eta^d})\eta^{d,e}+\theta[\frac{p^x}{e}(1+\frac{1}{\eta^x})(\eta^{x,e}-1)-p^d(1+\frac{1}{\eta^{\mathrm{d}}})\eta^{d,e}]+$$

$$\frac{s}{e}(1-\alpha-\beta)(\frac{\partial Q}{\partial M})^{-1}(1-\eta^{s,e})\}+\frac{Q}{wL}\frac{p^m}{e}(1+\frac{1}{\eta^m})\rho(1-\eta^{m,e}) \quad (4)$$

式中:$\eta^{d,e}$、$\eta^{x,e}$、$\eta^{s,e}$、$\eta^{m,e}$分别表示国内价格、出口价格、进口中间要素价格、进口最终产品的价格变化对实际汇率变化的弹性。由利润最大化一阶条件可以得到:

$$\lambda=p^d(1+\frac{1}{\eta^d})=\frac{p^x}{e}(1+\frac{1}{\eta^x})=\frac{p^m}{e}(1+\frac{1}{\eta^m}) \quad (5)$$

结合式(5),最优劳动需求相对于汇率变化的弹性表达式可以简化表述为:

$$\frac{\partial L}{\partial e}\frac{e}{L}=\frac{c}{\alpha\mu}[\eta^{d,e}+\theta(\eta^{x,e}-\eta^{d,e}-1)+(1-\alpha-\beta)(1-\eta^{s,e})-\rho(1-\eta^{m,e})(1+k)] \quad (6)$$

式中:c、k 均为常数;$\bar{\mu}=\eta/(1+\eta)$ 表示厂商在不同市场价格的平均加成系数(markup),反映厂商的市场势力强弱水平。

为了简化分析这里忽略不计,因此劳动需求对汇率变化的弹性可以进一步简化为:

$$\frac{\partial L}{\partial e}\frac{e}{L}=\frac{c}{\alpha\mu}[\eta^{d,e}-\theta+(1-\alpha-\beta)-\rho] \quad (7)$$

式(7) 进一步可以表达为:

$$\frac{\partial L}{\partial e}\frac{e}{L}=\frac{c}{\alpha\mu}(c_0M+c_1Own-\theta+(1-\alpha-\beta)-\rho) \quad (8)$$

由于总体的进口渗透渠道同时涵盖了进口中间产品和进口最终产品的渗透,同样可以采用进口渗透率来表示汇率变化通过进口渠道对劳动需求总体的直接影响作用,即$(1-\alpha-\beta)-\rho\propto k_0M$,因此式(8)可以进一步表示为:

$$\frac{\partial L}{\partial e}\frac{e}{L}=\frac{1}{\alpha\mu}(\beta_1\theta+\beta_2M+\beta_3Qwn) \quad (9)$$

假设行业的劳动力供给水平随着本行业工资水平的增加而递增,但与其他行业的工资呈反比例关系:

$$L_s=[w/(W^{*E})]^{\vartheta} \quad (10)$$

式中,W^* 表示其他部门的工资水平;ε 表示劳动供给对不同部门工资变化在产业之间的弹性系数; ϑ 表示劳动供给对相对工资变化总体的弹性系数

同时结合式(4)、式(9)、式(10),进行对数线性化假设和处理之后,可以得到在劳动力市场达到均衡条件下的劳动需求与实际汇率关系的简约表达式为:

$$\ln L=\alpha_0+\alpha_1\ln Y+\frac{1}{\alpha\mu}(\alpha_2\theta+\alpha_3M+\alpha_4Own)\ln e+\alpha_5\ln W^*+\alpha_6\ln r+\alpha_7\ln s \quad (11)$$

式中,Y 表示总销售收入水平;$\ln Z$ 表示变量 Z 的自然对数形式;$\alpha_0\sim\alpha_7$ 为变量对应的系数。

依据前面的理论分析框架,同时考虑到劳动需求的动态调整过程,可以确定如下的动

态劳动需求经验回归方程：

$$\Delta\ln L_{i,t} = \gamma_0 + \gamma_1\Delta\ln Y_{i,t} + \gamma_2(v_1 EXS_{i,t-1} + v_2 IMS_{i,t-1} + v_3 OWN_{i,t-1})\Delta\ln REER_{i,t} + \gamma_3\Delta\ln W^*_{i,t} + \gamma_4\Delta\ln L_{i,t-1} + \lambda_i + \sigma_t + \xi_{i,t} \quad (12)$$

$REER_{i,t}$表示以贸易加权方式计算的产业层面的年度实际有效汇率指数，这里参照较为常用的定义方式 Goldberg[2]，构建了人民币产业层面的月度实际有效汇率指标：

$$REER_{im} = \sum_{j=1}^{k}\omega^i_{jt}RER_{jm}, \omega^i_{jt} = 0.54\frac{\sum_{c=t=2}^{t-1}ex^i_{jc}}{\sum_{j=1}^{k}\sum_{c=t-2}^{t-1}ex^i_{jc}} + 0.46\frac{\sum_{c=t-2}^{t-1}im^i_{jc}}{\sum_{j=1}^{k}\sum_{c=t-2}^{y-1}im^i_{jc}} \quad (13)$$

式中，RER_{jm}表示中国与j国的在月度m的双边实际汇率指数（以CPI计算）；ω_{ijt}表示中国与j国在产业i的双边贸易的年度加权系数；ex^i_{jc}、im^i_{jc}分别表示中国与j国在中国工业行业i在年度c的双边进口和出口贸易额。

经验回归方程进一步扩展为：

$$\Delta\ln L_{i,t} = \beta_0 + \beta_1\Delta\ln Y_{i,t} + \beta_2\Delta\ln W^*_{i,t} + \beta_3 EXS_{i,t-1} + \beta_4 IMS_{i,t-1} + \beta_5 OWN_{i,t-1} + \beta_6 PRO_{i,t-1} + (\beta_7 EXS_{i,t-1} + \beta_8 IMS_{i,t-1} + \beta_9 OWN_{i,t-1})\Delta\ln REER_{i,t} + \beta_{10}\Delta\ln L_{i,t-1} + \gamma_i + \delta_t + \phi_{i,t} \quad (14)$$

式中，$PRO_{i,t-1}$表示滞后一期行业净平均利润率水平；$\beta_0 \sim \beta_{10}$为回归参数；$\varphi_{i,t}$表示误差项。

基于理论分析框架，同样在经验层面考察了行业的所有制结构差异与实际汇率调整对工业行业净就业影响作用之间的系统性关系。表1经验回归加入了行业所有制结构的单独变量以及行业所有制结构变量与实际汇率变化产生的交叉项变量。

表1　所有制结构与人民币实际汇率变化与工业行业就业的影响

解释变量	1	2	3	4	5	6
$\Delta\ln L_{it-1}$	0.172 3	0.238 7*	0.307 9***	0.328 7***	0.167 6	0.202 5*
$\Delta\ln Y_{it}$	0.407 5***	0.395 1***	0.382 1***	0.362 5***	0.487 9***	0.471 6***
$\Delta\ln W^*_{it}$	0.219 1*	0.199 5	0.167 4	0.180 8	0.109 8	0.101 6
EXS_{it-1}	0.036	0.053 0*	0.044 2*	0.032 5		−0.037 1
IMS_{it-1}		0.014 8	0.013 8	0.011 4	−0.017 6	−0.013 9
SOE_{it-1}	−0.153 9***					
PRT_{it-1}				−0.044 8		
FDI_{it-1}					0.107 3***	0.131 7***
PRO_{it-1}	0.369 8**	0.315 5**	0.204 5*	0.198 8*	0.477 4***	0.443 0***
$\Delta\ln REER_{it}\cdot EXS_{it-1}$	−0.726 6***	−0.789 5***	−0.791 9***	−0.809 7***		
$\Delta\ln REER_{it}\cdot IMS_{it-1}$		−0.406 1	−0.628 8**	−0.669 0**	−0.341	−0.444 1*
$\Delta\ln REER_{it}\cdot SOE_{it-1}$	−0.549 5**	−0.497 0*				

续表

解释变量	1	2	3	4	5	6
$\Delta\ln REER_{it} \cdot PRT_{it-1}$			0.183 4	0.168 8		
$\Delta\ln REER_{it} \cdot FDI_{it-1}$					-0.413 5*	-0.468 7***
观测值	2 836	2 836	2 943	2 943	2 910	2 910
行业数	456	456	456	456	452	452
*AR*2	0.504	0.468	0.901	0.871	0.575	0.559
过度识别 Hansen J 检验	0.35	0.209	0.452	0.526	0.815	0.878
外生变量设定 Hansen 检验	0.300	0.147	0.333	0.324	0.697	0.712
差分检验	0.488	0.503	0.625	0.758	0.767	0.88

注：***、**、*分别表示在1%、5%、10%显著水平上显著。

3 意义

根据人民币的汇率变化模型，在汇率变化对就业市场影响的扩展理论框架下，确定了人民币实际汇率变化影响就业市场的传导机制和渠道；通过构建人民币在产业层面的实际有效汇率指数，采用四位码工业行业面板数据，评估了实际汇率变化通过不同渠道对中国工业行业净就业的影响作用，检验了行业的贸易开放、市场竞争结构、劳动要素密集度、所有制结构与人民币汇率变化对就业影响作用之间的系统性关系。从而可知，人民币实际汇率升值通过直接的出口开放和进口渗透渠道同时会对工业行业净就业水平产生显著的负面影响。

参考文献

[1] 毛日昇．人民币实际汇率变化如何影响工业行业就业．经济研究，2013，(3)：56-69.

[2] Goldberg L. Industry Specific Real Exchange Rate for the United States，Economic Policy Review，2004，10(1)，1-16.

外包终止权的配置模型

1 背景

根据 Lerner 和 Merge，制药企业研发外包合同中的控制权可划分为临床试验的管理权、制造权、销售权、终止权以及知识产权等形式。在这类权力形式中，终止权至为重要，其原因在于，终止权是研发外包合同中一个普遍性的存在——几乎所有的研发外包合同(97%)都规定有某种类型的终止权。而作为对终止权的合同性规定，终止权的配置条款往往是合同双方"花大力气进行谈判"的条款，故终止权的配置也就成为企业研发外包的一个关键特征。李靖等[1]以先导化合物的学术（商业）化程度为视角构建有关终止权最优配置问题的理论模型。

2 公式

根据 PhRMA[2]，药物的研发是从理解疾病开始的，尔后进行药物靶的识别与确认，在此基础上，药物正式地进入先导化合物的发现阶段。

委托方和代理方的效用水平分别为：

$$u_p = e_p \frac{B-w}{P}(1-e_p) + (1-e_p)e_a \frac{(1-\eta)B}{P}(1-e_p)$$

$$u_a = e_p \frac{w}{P}(1-e_a) + (1-e_p)e_a \frac{\eta B}{P}(1-e_a)$$

委托方和代理方的效用水平分别为：

$$u_p = e_a \frac{(1-\eta)B}{P}(1-e_p) + (1-e_a)e_p \frac{B-w}{P}(1-e_p)$$

$$u_a = e_a \frac{\eta B}{P}(1-e_a) + (1-e_a)e_a \frac{w}{P}(1-e_a)$$

可以通过严格的证明来进行确定，其结果可通过图 1 和图 2 来进行描述。

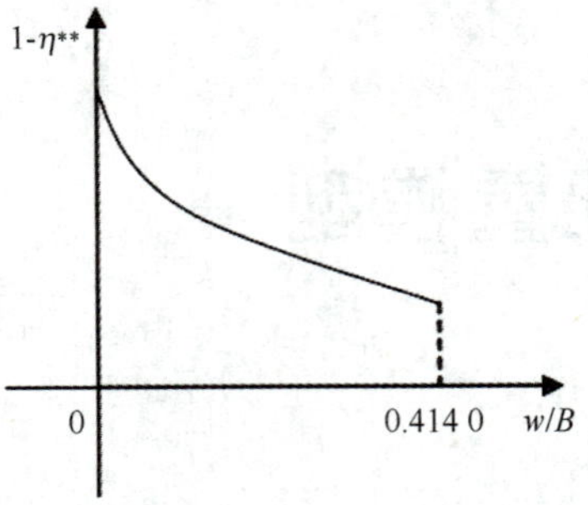

图 1　不授权的区间：$1 - \eta^{**}$ 关于 w/B 的函数图像

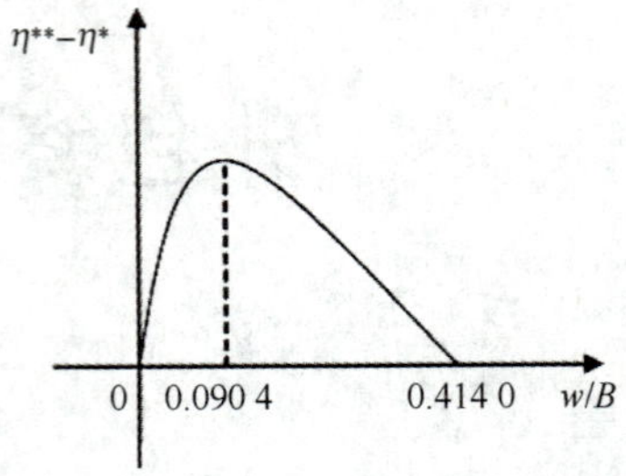

图 2　授权的区间：$\eta^{**} - \eta^{*}$ 关于 w/B 的函数图像

3　意义

根据外包终止权的配置模型,可知随着执行性工资与先导化合物总价值的比值的增大,委托方不授权的区间将缩小;在执行性工资与先导化合物总价值的比值较小(大)时,委托方授权的区间会随着该比值的增大而扩大(缩小)。委托方的授权是具有社会效率的,而当代理方所筛选化合物的学术化程度很大时,委托方的不授权是社会无效率的。既有的经验性证据在很大程度上验证了上述部分结论。

参考文献

[1]　李靖,蒋士成,费方域. 学术价值与商业价值:企业研发外包中的终止权配置研究. 经济研究,2013,(3):148 - 150.

[2]　Pharmaceutical Research and Manufacturers of America. Drug Discovery and Development: Understanding the R&D Process,2007,Available at: http://www.innovation.org/drug_discovery/objects/pdf/RD_Brochure.pdf.

制造业的资源配置模型

1 背景

资源的优化配置是经济学研究的基本问题。特定技术水平下，要素向高效率环节的流动可以导致产出增加，而要素的逆效率流动则会阻碍经济增长。新古典经济学关于完全竞争市场的假设，构造了一个资源配置的帕累托最优状态。杨振和陈南军[1]运用 Petrin 和 Sivadasan 的框架，基于微观企业数据，不需要对要素市场竞争状况做出任何假定，计算的是资源配置引致的福利损失实际大小，而不是从生产率的潜在损失进行推断，因此结论更可靠。

2 公式

Petrin 和 Levinsohn[2]提出了一个有别于全要素生产率增长的总生产率增长概念，将其定义为企业最终需求的增长率与要素使用成本增长率的差：

$$APG(t) \equiv \sum_{i=1}^{N(t)} P_i(t)\,\mathrm{d}Y_i(t) - \sum_{i=1}^{N(t)} \sum_{i} W_{ik}(t)\,\mathrm{d}X_{ik}(t) \tag{1}$$

式中，i 为企业标识；t 代表时间；P_i 为 i 企业面临的最终产品价格；Y_i 为 i 企业面临的最终需求；W_{ik}为 i 企业使用的要素 k 的价格水平；X_{ik}为 i 企业使用的要素 k 的数量。

Petrin 和 Levinsohn 将总生产率增长进一步分解为技术效率和资源配置效率：

$$APG = \sum_i P_i \mathrm{d}\omega_i + \sum_i \sum_k \left(P_i \frac{\partial Q_i}{\partial X_k} - W_{ik}\right)\mathrm{d}X_{ik} + \sum_i \sum_j \left(P_i \frac{\partial Q_i}{\partial M_j} - P_j\right)\mathrm{d}M_{ij} \tag{2}$$

式中，技术效率（TE）部分为 $\sum_i P_i d\omega_i$；ω_i 为企业层面技术水平；余下的部分为资源配置效率。在完全竞争条件下，企业 i 使用要素 X_k，其边际产品价值等于要素的边际成本：

$$VMP_{ik} \equiv P_i \frac{\partial Q_i}{\partial X_k} = MC_{ik} \tag{3}$$

以劳动要素为例，劳动要素总量一定，劳动力从企业 i 向企业 j 的流动带来的产值变动为：

$$\Delta output = P_j \frac{\partial Q_j}{\partial L}\mathrm{d}L - P_i \frac{\partial Q_i}{\partial L}\mathrm{d}L \tag{4}$$

于是 N 个企业中劳动力的流动带来的平均潜在产出缺口可以定义为：

$$\Delta \overline{Q_{gap}} = \frac{1}{N} \sum_{i=1}^{N} \left| P_i \frac{\partial Q_i}{\partial L} - W_l \right| \mathrm{d}L \tag{5}$$

式中,W_l 为劳动的工资率。

从经典的科布道格拉斯(Cobb – Douglas)生产函数开始:

$$Q_{it} = e^{\varepsilon_{it}} L_{it}^{\beta_l} K_{it}^{\beta_k} M_{it}^{\beta_m} V_{it}^{\beta_v} \tag{6}$$

式中,i 为企业标识;t 代表时间;L、K、M、V 分别代表劳动力、资本、中间投入品和企业购买的中间服务;相应的 β 值为各要素的产出弹性; $e^{\varepsilon_{it}}$ 为技术水平。两边取自然对数可得:

$$q_{it} = \beta_l l_{it} + \beta_k k_{it} + \beta_m m_{it} + \beta_v v_{it} + \varepsilon_{it} \tag{7}$$

式中,小写字母表示各变量的对数值。

企业生产率 ω_{it} 可表示为资本投入与中间投入品的函数形式:$\omega_{it} = \mathrm{g}(k_{it}, m_{it})$;企业的创新水平被定义为:$a_{it} = \omega_{it} - E(\omega_{it} | \omega_{it} - 1)$;滞后状态变量 k_{it} 和滞后的代理变量 m_{it} 被认为与企业当期创新水平无关,所以:

$$E(\omega_{it} | k_{it}, l_{it-1}, v_{it-1}, m_{it-1}, \cdots, l_1, v_1, m_1) = E(\omega_{it} | \omega_{it-1}) \equiv f[g(k_{it-1}, m_{it-1})] \tag{8}$$

于是,式(7)可以改写为:

$$q_{it} = \beta_l l_{it} + \beta_k k_{it} + \beta_m m_{it} + \beta_v v_{it} + f[g(k_{it-1}, m_{it-1})] + u_{it} \tag{9}$$

式中,$u_{it} = a_{it} + \varepsilon_{it}$。按照 Wooldridge,式(9)参数的估计由以下条件得:

$$E(u_{it} | k_{it}, l_{it-1}, v_{it-1}, m_{it-1}, \cdots, l_1, v_1, m_1) = 0 \tag{10}$$

要素边际产出可以通过生产函数对要素求偏导得到。以劳动要素为例,由式(6)可得:

$$\partial Q_{it} / \partial L = \beta_l e^{\varepsilon_{it}} L_{it}^{\beta_l - 1} K_{it}^{\beta_k} M_{it}^{\beta_m} V_{it}^{\beta_v} = \beta_l Q_{it} / L_{it} \tag{11}$$

产品价格乘以要素的边际产出即为要素的边际产品价值,给定要素的价格水平,可以得到劳动要素的绝对产出缺口为:

$$Q_{gap}^{L} = | P_{it} \partial Q_{it} / \partial L - P_L | \tag{12}$$

式中,P_{it} 为产品价格,用工业品出厂价格指数代替;P_L 为劳动力价格,用总劳动力成本除以劳动力数量近似得到。

为了剔除物价水平的影响,我们用消费者价格指数(CPI)和国内生产总值平减指数分别对式(11) 进行平减,最终得到劳动要素的绝对产出缺口真实值:

$$Q_{real\_gap}^{L} = | P_{it} - \partial Q_{it} / \partial L - P_L | / (CPI \ or \ GDP\_deflator) \tag{13}$$

3 意义

运用 1998—2007 年中国制造业微观企业数据,根据制造业的资源配置模型,检验了制造业劳动要素的资源配置程度,计算了劳动要素配置引致的福利损失。可知,劳动要素在制造业两位数代码产业内、产业间均存在着不同程度的配置扭曲。样本考察期间,劳动要素的边际产品价值增长快于工资率增长,已经扭曲的劳动要素配置状况进一步恶化。此处的研究对于产业间、产业内资源配置的优化与自由要素市场的构建具有重要的理论和现实意义。

参考文献

[1] 杨振,陈甬军. 中国制造业资源误置及福利损失测度. 经济研究,2013,(3):43-55.

[2] Petrin A, Levinsohn J. Measuring Aggregate Productivity Growth Using Plant-Level Data, NBER Working Paper, 2005:11887.

微观货币的需求函数

1　背景

自从20世纪90年代以来,我国的M2与GDP之比值一路走高,近年来该比值更是超过日本,成为全球M2与GDP比值最高的国家之一。学术界通常用货币-产出比衡量发展中国家金融深化程度,但作为一个发展中国家,中国金融市场并未达到西方发达国家的发展水平,却出现超高的M2/GDP值,Mckinnon是最早关注到该现象的学者之一,并称之为中国"高货币化之谜"。彭方平等[1]通过调查分析对规模经济、卡甘效应与微观货币需求展开了探讨。

2　公式

借鉴Mulligan[2],我们以模型(1)为基础货币需求函数:

$$\log m_{it} = \alpha_i + \beta \log y_{it} + \gamma \log r_{it} + \delta \log w_{it} + \theta \log A_{it} \tag{1}$$

式中,m_{it}是企业i在时间t的实际货币需求余额;α_i为个体效应;y_{it}衡量企业经济规模;r_{it}表示企业持有货币的机会成本;w_{it}表示企业i在时间t的工资水平;A_{it}为反映金融成熟度变量。

为反映卡甘效应对我国货币需求的影响,进一步在模型(1)中加入通货膨胀变量ir_{it}:

$$\log m_{it} = \alpha_i + \beta \log y_{it} + \gamma \log r_{it} + \delta \log w_{it} + \theta \log A_{it} + \rho ir_{it} \tag{2}$$

基于上述非线性特征,我们进一步将模型(2)扩展为非线性面板平滑转换模型:

$$\log m_{it} = \beta \log y_{it} + \gamma \log r_{it} + \delta \log w_{it} + \rho ir_{it} + \rho_1 ir_{it} g_2(ir_{it}; \chi_2, c_2) + \beta_1 \log y_{it} g_1(\log y_{it}; \chi_1, c_1) + \alpha_i + \lambda_t + \varepsilon_{it}$$

式中,λ_t是时间虚拟变量,用来刻画随时间变化金融成熟度因素对货币需求的影响。

参考Fouquau等,我们使用逻辑转换函数:

$$g_1(\log y_{it}; \chi_1, c_1) = \frac{1}{1 + \exp[-\chi_1(\log y_{it} - c_1)/\delta_z]}$$

$$g_2(ir_{it}; \chi_2, c_2) = \frac{1}{1 + \exp[-\chi_2(lir_{it} - c_2)/\delta'_z]}$$

式中,δ_z和δ'_z分别为$\log y_{it}$和ir_{it}的标准差,由于参数χ_1和χ_2不是一个自由标量,其值依赖于状态变量$\log y_{it}$和ir_{it}的量级数,因此为更方便于解释参数χ,通过除以$\log y_{it}$和ir_{it}的标准差

δ_z, δ'_z 为状态变量对位置参数的偏离进行标准化。

规模弹性和通货膨胀变量系数分别被定义为：

$$e_{it} = \beta + \beta_1 g_1(\log y_{it}; \chi_1, c_1)$$
$$e'_{it} = \rho + \rho_1 g_2(ir_{it}; \chi_2, c_2)$$

实证研究部分所使用的主要变量的描述性统计结果如表 1 所示。

表 1　相关数据描述性统计

变量名称	平均值	标准差	最小值	最大值
$\log m_{it}$	8.481	1.900	3.178	13.290
$\log y_{it}$	10.565	1.319	7.948	14.442
$\log w_{it}$	2.328	0.614	0.508	4.016
$\log r_{it}$	−3.774	1.186	−8.094	−0.876
ir_{it}	0.106	0.436	−1.444	1.836

3　意义

根据微观货币的需求函数，从微观货币需求角度，对我国的高货币化之谜给出新的解释。从而可知，我国微观货币需求表现出明显的规模不经济，相比于其他国家，我国货币需求规模弹性明显偏高，且规模越小的企业受到的融资约束越严重，导致其货币需求规模弹性也越大；我国货币需求存在显著的非对称性卡甘效应，且通货膨胀率越高，卡甘效应越显著。上述实证结果意味着，金融市场与制度的不成熟，加之近年来，特别是亚洲金融危机之后相对大多数发展中国家较低的通胀率，使得信贷驱动的经济增长并没有引起超高的通货膨胀，是造成我国高货币化的重要原因。

参考文献

[1]　彭方平，连玉君，胡新明，等. 规模经济、卡甘效应与微观货币需求. 经济研究，2013，(4)：83 – 93.

[2]　Mulligan C B. Scale Economies, the Value of Time, and the Demand for Money: Longitudinal Evidence from Firms, Journal of Political Economy, 1997, 105: 1061 – 1079.

腐败心理的博弈模型

1 背景

由于腐败的隐蔽性,实证研究大多利用“国际清廉指数”等宏观数据进行研究,但这类研究难以揭示腐败的微观行为,即使能搜集到腐败的微观数据,通常也是来自受害者而非加害者的数据,难以直接揭示复杂而隐蔽的腐败行为。雷震[1]提出一个不完全信息最后通牒博弈,较好地刻画了腐败的本质特征,并在收入差异偏好及信念基础上建立一个心理博弈模型,然后在实验中进行信念诱导及心理成本调查,比较集体与个体决策的差异及其原因。

2 公式

由 Serra 和 Wantchekon[2]对腐败的定义,可得到三点启示:首先,实施腐败的官员相对于百姓应具有资源分配能力;其次,腐败造成官员与百姓间不公平;最后,官员有信息优势。据将官员和百姓分别简化为博弈中的提议人(简称 A)和回应人(简称 B),如图 1 所示。

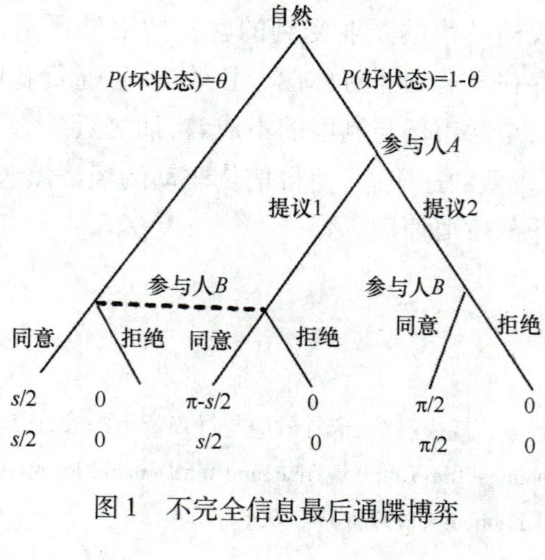

图 1　不完全信息最后通牒博弈

假设图 1 中 $A(B)$ 的效用不仅依赖于自己的期望货币收益 $\pi_A(\pi_B)$,还依赖于 $B(A)$ 的期望货币收益的估计值 $\pi'_B(\pi'_A)$。为表述方便,令 $A_i(B_i)$ 代表第 i 个提议(回应)人,A_i 的效用函数为:

$$U_{A_i}(\pi_{A_i},\pi'_{B_i},\beta_i) = \pi_{A_i} - \beta_i(\pi_{A_i} - \pi'_{B_i})$$

式中,β_i 为 A_i 对自己收入高于对方收入的厌恶系数。B_i 的效用函数为:

$$U_{B_i}(\pi_{B_i},\pi'_{A_i},\beta_i) = \pi_{B_i} - \alpha_i(\pi_{A_i} - \pi'_{B_i})$$

式中,α_i 为 B_i 对 A_i 收入高于自己收入的厌恶系数。

A_i 在提议 1 与提议 2 之间采取混合策略,A_i 为风险中性,满足冯·纽曼期望效用性质,可证明,A_i 选择提议 1 的概率 p_i 是关于 B_i 选择同意的概率估计值 q_i' 的函数,即最优反应函数为:

$$p_i = \begin{cases} 1, if \quad \beta_i < \dfrac{q'_i(2-\tau)-1}{q'_i(2-2\tau)} \\ \in (0,1), if \quad \beta_i = \dfrac{q'_i(2-\tau)-1}{q'_i(2-2\tau)} \\ 0, if \quad \beta_i > \dfrac{q'_i(2-\tau)-1}{q'_i(2-2\tau)} \end{cases}$$

B_i 的最优反应函数为:

$$q_i = \begin{cases} 1, if \quad \alpha_i < \dfrac{\theta\tau + p_i'(1-\theta)\tau}{p_i'(1-\theta)(2-2\tau)} \\ \in (0,1), if \quad \alpha_i = \dfrac{\theta\tau + p_i'(1-\theta)\tau}{p_i'(1-\theta)(2-2\tau)} \\ 0, if \quad \alpha_i > \dfrac{\theta\tau + p_i'(1-\theta)\tau}{p_i'(1-\theta)(2-2\tau)} \end{cases}$$

3 意义

根据信念及收入差异厌恶偏好理论提出不完全信息最后通牒心理博弈模型,并得到相应的命题和预测。其次,在适当选取模型参数的基础上,招聘大学生进行受控实验。最后,运用实验数据对理论命题及预测进行检验。从而可知,集体组腐败率显著高于个体组,但回应人的心理、信念及行为在两组间却无显著差别。通过对实验结果的检验发现,集体组腐败率更高可通过集体比个体更理性和心理成本更低来解释,与理论预测一致。政策意蕴是,信息透明、官员轮换及加大惩罚可能是预防集体腐败的有效手段。

参考文献

[1] 雷震. 集体与个体腐败行为实验研究. 经济研究,2013,(4):143-156.

[2] Serra D, Wantchekon L. New Advances in Experimental Research on Corruption, Emerald Group Publishing Limited. 2012.

市场化利率的预测模型

1 背景

2012年6月8日,中国人民银行在下调存贷款基准利率的同时,将存款利率浮动区间上限调整为基准利率的1.1倍,这是继2004年10月放开贷款利率上限和存款利率下限后,利率市场化改革向实质化迈进的重要一步。纵观采取渐进式利率市场化改革的国家和地区,无不将存款利率放开作为最为关键的一步并被置于改革进程的最后阶段。金中夏等[1]通过动态随机一般均衡模型(DSGE)分析并解释利率市场化改革后名义利率上升对我国宏观经济及经济结构所产生的影响。

2 公式

方程(1)~(4)分别表示居民预期效用函数、封闭条件下的国民生产总值恒等式、居民劳动与休闲时间分配、资本总额形成过程。

$$U = E_0 \sum_{t=0}^{\infty} \beta^t (\ln c_t + \Psi \ln x_t) \tag{1}$$

$$y_t = c_t + i_t \tag{2}$$

$$x_t + h_t = 1 \tag{3}$$

$$k_t = i_t + (1 - \delta) k_{t-1} \tag{4}$$

式中,c_t、x_t、m_t、y_t、i_t、h_t、k_t、δ分别表示居民消费需求、休闲时间、期末实际货币余额、总产出、投资(也即储蓄)、劳动时间、期末资本存量及资本折旧率;模型参数β、Ψ分别表示居民贴现率(未来效用函数和当前效用函数替代关系)和居民效用函数中消费与休闲时间的替代关系。

方程(6)是Stockman[2]现金先行交易约束条件,它要求居民在商品市场购买最终商品时,居民必须拥有实际货币作为唯一的交易媒介。

$$r_t^k k_{t-1} + w_t(1 - x_t) + \frac{m_{t-1}}{\pi_t} + \frac{R_t^s b_{t-1}}{\pi_t} = c_t + k_t - (1 - \delta) k_{t-1} + m_t + b_t \tag{5}$$

$$M_{t-1} + T_t = P_t y_t \tag{6}$$

式中,R_t^s、T_t、π_t、P_t、M_{t-1}分别表示名义利率水平、名义货币增量、通货膨胀率、物价水平、名义货币存量。方程式(7)~(11)表示居民预期效用函数最优时的动态行为方程。λ_t、μ_t 是居民生存期预算约束条件和现金先行交易约束条件的拉格朗日乘子。

$$c_t:\frac{1}{c_t}=\lambda_t+\mu_t \tag{7}$$

$$x_t:\frac{\Psi}{x_t}=\lambda_t w_t \tag{8}$$

$$m_t:\beta E_t\left\{\left[\frac{\lambda_{t+1}}{\pi_{t+1}}\left(1+\frac{\mu_{t+1}}{\lambda_{t+1}}\right)\right]\right\}=\lambda_t \tag{9}$$

$$\mathrm{b}_t:\beta E_t\left(\frac{\lambda_{t+1}R_{t+1}^{*}}{\pi_{t+1}}\right)=\lambda_t \tag{10}$$

$$\mathrm{k}_t:\beta E_t[\lambda_{t+1}r_{t+1}^{k}+(1-\delta)(\lambda_{t+1}+\mu_{t+1})]=\lambda_t+\mu_t \tag{11}$$

根据模型的居民最优动态行为方程,现阶段我国居民消费占 GDP 比重较低的主要原因可能是在通货膨胀率稳定的情况下,较低的期末名义存款利率水平通过欧拉方程式抑制居民当前消费,同时较高的居民资本回报率也不利于居民当前消费的增加,而有利于投资水平的上升。

$$MRS_{c_t,x_t}:\frac{\Psi c_t}{x_t}=\frac{w_t}{R_t^{s}} \tag{12}$$

$$MRS_{c_t,c_{t+1}}=\beta E_t\left[\frac{c_t}{c_{t+1}}\left(\frac{r_{t+1}^{k}}{R_{t+1}^{d}}+1-\delta\right)\right]=1 \tag{13}$$

企业生产技术为外生变量并服从 AR(1)过程。包含 AR(1)自回归参数 ρ_z 和结构性全要素生产率冲击 ε_t^z 。

$$y_t=e^{z_t}h_t^{1-\alpha}k_{t-1}^{\alpha} \tag{14}$$

$$z_t=\rho_z z_{t-1}+\varepsilon_t^z \qquad \varepsilon_t^z\in(0,\sigma_z^2)\quad 0<\rho_z<1 \tag{15}$$

在给定产出的情况下,劳动力和资本存量比例由实际工资和居民实际资本回报率比例决定。

$$y_t=r_t^k k_{t-1}+w_t h_t \tag{16}$$

$$w_t=(1-\alpha)\frac{y_t}{h_t} \tag{17}$$

$$r_t^k=\alpha\frac{y_t}{k_{t-1}} \tag{18}$$

货币增速偏差服从一阶向量自回归 AR(1) 过程,自回归参数为 ρ_m,货币政策冲击 ε_t^m 为结构性冲击并具有正态分布的特点。

$$M_t=M_{t-1}+T_t \tag{19}$$

$$T_t=(\Theta^{*}+e^{u_i}-1)M_{t-1} \tag{20}$$

$$u_t=\rho_m u_{t-1}+\varepsilon_t^m \qquad \varepsilon_t^m\in(0,\sigma_m^2)\quad 0<\rho_m<1 \tag{21}$$

表1和表2分别总结了通过模型稳态方程得到的模型参数值及根据模型校准后的参数值所计算的模型稳态水平。

表1　模型校准后参数值

α	0.5	劳动报酬占国民收入比重
δ	3.2%	资本折旧率
h	1/3	居民劳动时间
R^s	2.55%	名义存款利率水平
e^z	1	技术冲击稳态水平
ρ_z	0.95	技术冲击自回归参数
σ_z	0.75%	企业结构性冲击标准差
Θ^*	2.49%	通货膨胀率
ρ_m	0.68	货币增长率自回归参数
σ_m	1.94%	结构性货币冲击标准差

表2　模型稳态水平

β	0.999 4	居民贴现率
r^k	3.34%	企业边际资本成本
r^s	0.06%	居民实际存款利率
i/y	0.48	投资占 GDP 比重
c/y	0.52	消费占 GDP 比重

方程(23)显示企业资本边际成本与劳动力边际成本 w 呈负相关性,这意味着企业生产函数中劳动力 h 与资本存量 k 之间存在替代关系,名义存款利率 R 上升所导致的企业资本边际成本上升会降低居民实际工资水平 w。

$$R^s = \frac{\pi}{\beta} \tag{22}$$

$$r^s = \frac{1}{\beta} - 1 = \frac{R^s}{\pi} - 1 \tag{23}$$

$$r^k = (r^s + \delta)R^s = (\frac{R^s}{\pi} - 1 + \delta)R^s \tag{24}$$

$$w = (1 - \alpha)(\frac{r^k}{\alpha})^{\frac{\alpha}{\alpha - 1}} \tag{25}$$

无论劳动力市场是否受利率市场化改革或名义存款利率变动影响,名义存款利率上升都会通过企业资本边际成本的提高而降低资本存量 k 和投资水平 i。

$$\frac{i}{y} = \frac{\alpha\delta}{(\frac{R^s}{\pi} - 1 + \delta)R^s} \tag{26}$$

$$\frac{c}{y} = 1 - \frac{\alpha\delta}{(\frac{R^s}{\pi} - 1 + \delta)R^s} \tag{27}$$

$$k = \frac{\alpha(1 - x)w}{(1 - \alpha)(\frac{R^s}{\pi} - 1 + \delta)R^s} \tag{28}$$

$$i = \delta k \tag{29}$$

如果劳动力市场并不受利率市场化改革影响,实际工资 w、劳动力供给$(1 - x)$及需求 h 在名义存款利率变动时保持稳定,方程(28) 显示名义存款利率上升所导致的资本存量下降将会迫使企业提高劳动生产率,有利于社会技术水平进步。

$$e^z = \frac{w}{(1 - \alpha)}(\frac{1 - x}{k})^\alpha \tag{30}$$

在假定劳动力市场不受名义存款利率变动影响的情况下,方程(29)显示企业资金利用率及生产率的提高可以在名义存款利率水平上升导致资本存量下降时稳定我国宏观经济总产出水平,并不会对我国宏观经济增长及总产出水平产生实质性影响。

$$y = \frac{w(1 - x)}{(1 - \alpha)} = \frac{r^k k}{\alpha} \tag{31}$$

如何保持利率市场化过程中名义存款利率上升的同时,稳定实际工资、企业劳动力供给及需求,并促使企业进一步提高生产率是利率市场化改革后保持经济总量稳定并增加居民消费的关键。

$$c = \frac{w(1 - x)}{(1 - \alpha)}(1 - \frac{\alpha\delta}{(\frac{R^s}{\pi} - 1 + \delta)R^s}) \tag{32}$$

3 意义

根据 Stockman 现金先行动态的随机一般均衡模型(DSGE),构建、校准和模拟了市场化利率的预测模型,解释、分析和预测利率完全放开后,名义存款利率上升对我国宏观经济及宏观经济结构所产生的影响。模型的稳态方程、脉冲响应和数值模拟分析结果表明,名义存款利率上升通过提高存款实际利率和企业资本边际成本将有效抑制投资和资本存量增长,提升消费占 GDP 比重,从而有利于改善经济结构并促进经济可持续发展;在面对外部冲击时,利率上升可以减少宏观经济波动;货币政策冲击对实体经济影响的持续性增强,货币政策利率传导渠道更加通畅;利率上升将抑制投资并对宏观经济带来负面冲击的担心,并没有得到模型的支持。在此认为,今后应坚定不移地稳步推进利率市场化改革。

参考文献

[1] 金中夏,洪浩,李宏瑾. 利率市场化对货币政策有效性和经济结构调整的影响. 经济研究,2013,(4):69－82.

[2] Stockman A. Anticipated Inflation and the Capital Stock in A Cash in Advance Economy, Journal of Monetary Economics, 1981, 8(2): 387－393.

市场联动的危机传染模型

1 背景

自从2008年爆发金融危机至今,世界资本市场先后遭受次贷危机与欧债危机的严重冲击,这两次危机最显著的特点是影响范围的全球化,各国资本市场无论其实体经济是否遭受严重损失,无论其宏观经济基本面是否与危机爆发国联系密切都无一例外地遭受了重创。赵进文等[1]利用投资者的异质波动行为去构建危机传染模型,同时考虑交易时间重叠问题,引入非线性方法,利用上海市场与其他27个市场样本去分析次贷危机与欧债危机期间市场之间的传染行为,揭示市场联动的规律。

2 公式

结合Edwards[2]与Forbes和Rigobon[3]的观点,将传染性定义为危机期间未预期收益率相关性的显著上升,而将平稳期间未预期收益率的相关性定义为依赖性。将各个市场的收益率序列定义为如下一个滞后四阶的自回归过程:

$$r_t = \alpha_0 + \sum_{j=1}^{4} \alpha_j (r_{t-j}) + \varepsilon_t \tag{1}$$

式中,r_t 是市场的实际收益率;t 代表着交易时间而不是日历时间。考虑到自回归系数的时变性,选择了大约1年交易时间的样本量(240天)作为窗口的宽度,对上式进行滚动回归估计。结合上式估计的系数,未预期收益率 e_t 由下式计算得到:

$$e_t = r_t - \left[\hat{\alpha}_0 + \sum_{j=1}^{4} \hat{\alpha}_j (r_{t-j}) \right] \tag{2}$$

部分重叠市场传染模型如下所示:

$$\begin{aligned} e_{f,t} = {} & \beta_0 + \beta_1 e_{f,t-1} + \beta_2 e_{f,t-2} + \beta_3 e_{chn,t} + \beta_4 e_{chn,t} \times fd_t + \\ & \beta_5 e_{chn,t} \times dd_t + \beta_6 e_{chn,t-1} + \beta_7 e_{chn,t-1} \times fd_{t-1} + \beta_8 e_{chn,t-1} \times dd_t + v_{f,t} \end{aligned} \tag{3}$$

$$e_{chn,t} = \beta_0 + \beta_1 e_{chn,t-1} + \beta_2 e_{chn,t-2} + \beta_3 e_{f,t} + \beta_4 e_{f,t} \times fd_t + \beta_5 e_{f,t} \times dd_t + v_{f,t} \tag{4}$$

方程(3)估计了上海市场未预期收益率对外国市场的传染,e_f 为外国市场的未预期收益率,e_{chn} 为上海市场的未预期收益率,控制变量为未预期收益率的滞后项。β_3 与 β_6 为依赖性变量的系数,它们通过平稳时期上海市场对给定的部分重叠的外国市场的当期与滞后期影响进行估计得到。

非重叠市场模型如下所示：

$$e_{f,t} = \beta_0 + \beta_1 e_{f,t-1} + \beta_2 e_{f,t-2} + \beta_3 e_{chn,t} + \beta_4 e_{chn,t} \times fd_t + \beta_5 e_{chn,t} \times dd_t + v_{f,t} \quad (5)$$

$$e_{chn,t} = \beta_0 + \beta_1 e_{chn,t-1} + \beta_2 e_{chn,t-2} + \beta_3 e_{f,t-1} + \beta_4 e_{f,t-1} \times fd_{t-1} + \beta_5 e_{f,t-1} \times dd_{t-1} + v_{f,t} \quad (6)$$

为了进一步揭示传染性的运行规律，在此引入以时间趋势为转换变量的对数平滑转换回归（logistic smooth transaction regression，简称 LSTR）模型，对上海市场与世界市场之间的传染性进行非线性分析。其具体估计形式如下：

$$y_t = \beta_0 + \beta_1 y_{t-1} + \beta_2 x_t + \beta_3 x_{t-1} + (\beta_4 + \beta_5 y_{t-1} + \beta_6 x_t + \beta_7 x_{t-1})_t g_t(q_t;\gamma,t) + u_t \quad (7)$$

$$g_t(q_t;\gamma,t) = \{1 + \exp[-\gamma(q_t - t)]\}^{-1} \quad (8)$$

式(7)中，y_t 为被传染市场的未预期收益率，x_t 为实施传染市场的未预期收益率，控制变量为未预期收益率的滞后项，β_2 与 β_3 为依赖性变量的系数，而 β_6 与 β_7 则体现了市场的传染性。

使用 ZA 内生结构突变点检验法对 28 个市场的未预期收益率序列进行数据平稳性以及结构间断点的检验，该检验的原假设为时间序列 X_t 不存在结构突变的单位根过程，备选假设为时间序列 X_t 是存在一个趋势突变点的趋势平稳过程。检验结果见表 1。

表 1　ZA 内生结构突变点检验

市场	结构突变点	t 统计量	P 值	市场	结构突变点	t 统计量	P 值
中国	2008/10/26	-42.708 8	0.000 4	乌克兰	2008/10/27	-43.849 4	0.000 0
美国	2008/11/20	-61.639 8	0.000 0	罗马尼亚	2009/02/17	-33.310 6	0.000 0
英国	2008/10/27	-62.245 0	0.001 6	以色列	2008/11/20	-31.435 3	0.000 0
法国	2009/03/09	-62.527 9	0.002 5	日本	2008/10/27	-31.012 0	0.000 0
俄罗斯	2008/10/27	-63.247 1	0.000 0	韩国	2008/10/27	-27.006 4	0.000 3
德国	2008/10/26	-63.010 5	0.000 0	中国台湾	2008/11/20	-33.195 5	0.000 0
西班牙	2008/10/28	-62.225 2	0.001 8	印度	2008/10/27	-36.972 8	0.000 1
比利时	2008/10/27	-38.253 1	0.000 0	越南	2006/04/25	-65.654 7	0.003 3
挪威	2008/11/21	-64.432 2	0.000 0	澳大利亚	2008/11/20	-43.677 3	0.000 0
荷 兰	2008/11/251	-62.805 5	0.000 3	新西兰	2008/11/23	-35.412 5	0.000 0
瑞典	2008/10/27	-62.946 4	0.000 3	加拿大	2008/11/20	-33.239 5	0.000 0
瑞士	2009/03/06	-61.830 1	0.004 9	黑西哥	2008/10/25	-43.245 8	0.000 2
奥地利	2008/11/20	-43.677 3	0.000 0	巴西	2008/10/27	-32.724 4	0.000 0
希腊	2008/10/24	-27.490 9	0.000 1	阿根廷	2008/10/28	-29.261 1	0.000 1

3 意义

建立了市场联动的危机传染模型,并引入非线性方法,考察上海市场与世界其他27个资本市场在次贷危机与欧债危机期间传染性的特点。从而可知,首先,次贷危机期间,上海市场对世界各国(地区)市场的传染性显著增强;欧债危机期间,上海市场对欧洲与美洲市场的传染性大幅下降,但仍保持对周边地区市场较强的传染效应。其次,次贷危机期间,上海市场受到的传染性影响主要来自当期的周边地区市场以及滞后一期的美洲市场;欧债危机期间,欧洲发达国家的市场对上海市场的传染性影响显著增强。最后,未预期收益率具有晴雨表的作用,未预期收益率的非线性变化对危机的发生具有一定的预测作用。

参考文献

[1] 赵进文,苏明政,邢天才. 未预期收益率、传染性与金融危机. 经济研究,2013,(4):55-68.

[2] Edwards S. Contagion, Working Paper, NBER. 2000.

[3] Forbes K, Rigobon. No Contagion, Only Interdependence: Measuring Stock Market Comovements, Journal of Finance, 2002, 57(5): 2223-2261.

医疗保险的健康模型

1 背景

医疗保险是健康人群与非健康人群之间或健康时与病患时对病患风险的分摊机制，它的直接功能在于保障人们在患病时对医疗卫生服务利用的财务可及性。由于医疗服务利用是为了获得健康，所以医疗保险的最终目的是维护和提高个人健康水平。潘杰等[1]利用最新的具有代表性的微观数据——2007—2010年“国务院城镇居民基本医疗保险试点评估入户调查数据”（URBMIS），估计城镇居民基本医疗保险对城镇成年人健康的因果影响。

2 公式

采用了回归的方法来估计医疗保险对健康的因果影响，基本的模型为：

$$y_{ict} = URBMI_{ict}\beta_o + X_{ict}{}'\beta_1 + \varepsilon_{ict}$$

式中，i 指代个人；c 指代个人所在城市；t 指代时间；y_{ict} 衡量了 t 年 c 城市中个人 i 的自评健康；$URBMI_{ict}$ 指代个人 i 是否参加城镇居民基本医疗保险；X_{ict} 为一系列的个人特征变量。

表1分别给出了全部样本对“健康状态”变量和“健康好”虚拟变量的OLS回归和固定效应（FE）模型的估计结果。

表1　OLS和FE模型回归结果

	OLS		FE	
	健康状态	健康好	健康状态	健康好
医疗保险	-0.041***	-0.021***	-0.008	-0.000
	(0.012)	(0.006)	(0.019)	(0.011)
样本数	31 145	31 145	31 145	31 145
R^2	0.175	0.143	0.027	0.021

注：***、**、*分别表示在1%、5%、10%的显著水平上显著（后同）。

采用分年分城市针对不同的医疗保险参保人群的政府补助占当年当地的医疗保险总筹资比例作为个人是否参加医疗保险的工具变量，具体定义为：

$$Pro_{jct} = \frac{Subsidy_{jct}}{Subsidy_{jct} + Premium_{jct}} \times 100\%$$

式中,*Pro* 代表政府补助比例;*Subsidy* 代表政府对医疗保险的总补助;*Premium* 代表个人缴纳的保费;*j* 代表个人所属的年龄组别;*c* 代表城市;*t* 代表时间。

在进行工具变量回归之前首先考察了政府补助对个人的约简影响。在此采用以下方程来进行估计:

$$y_{ict} = PROPORTION_{jct}\pi_0 + X_{oct}'\pi_1 + v_{ict}$$

式中,$PROPORTION_{ict}$ 为 *t* 年 *c* 城市 *j* 年龄组人群参加医疗保险的政府补助比例。

表2中的第(3)和第(4)列分别报告了约简形式的回归结果,显示政府补助比例与个人健康存在非常强的正相关关系,1%政府补助比例的提高对应了自评健康0.159个单位的增加和报告健康好概率7个百分点的提高。

表2　约简形式回归结果

	不具有参保资格人群		具有参保资格人群	
	(1)	(2)	(3)	(4)
	健康状态	健康好	健康状态	健康好
政府补助比例	0.045 (0.119)	0.104 (0.066)	0.159*** (0.052)	0.070** (0.027)
样本数	4 730	4 730	31 145	31 145
R^2	0.151	0.115	0.173	0.141

在此通过以下方程来进行一阶段估计:

$$URBMI_{ict} = PROPORTION_{jct}\delta_0 + X_{ict}'\delta_1 + \mu_{ict}$$

式中,δ_0 为所关心的一阶段影响。

为了进一步验证政府补助比例作为IV的有效,采用了Bhattacharya等[2]提出的一种间接验证方法来对所用工具变量的外生性进行检验。

3　意义

利用2007—2010年国务院城镇居民基本医疗保险试点评估入户调查数据,采用各城市对参保人群的政府补助比例作为工具变量,根据医疗保险的健康模型估计了城镇居民基本医疗保险对城镇居民健康的影响。从而可知,医疗保险有利于促进参保个人的健康,且对社会经济状态较差的人群影响更大。另外,对影响机制的分析,证实了医疗保险提高人们卫生服务利用但并未增加个人的经济负担。

参考文献

[1] 潘杰,雷晓燕,刘国恩. 医疗保险促进健康吗. 经济研究,2013,(4):130-156.

[2] Bhattacharya J. Goldman D, Sood N. The Link between Public and Private Insurance and HIV-related Mortality, Journal of Health Economics, 2003, Vol. 22, 1105-1122.

异质投资的股价形成模型

1 背景

近年来,主流金融经济学从不同的角度放松了同质投资者假设来分析投资者行为差异与股票价格形成机制。相比传统资产定价模型的同质投资者假设,异质投资者更加接近现实资本市场,可以解释市场异象、资产泡沫等现象。陈炜等[1]利用独特的深市全市场2006—2010年所有各类投资者的交易数据,将投资者分为中小投资者、大投资者、基金和其他机构四类,建立模型检验了异质投资者的行为差异及其如何影响股价变动等核心问题,并基于深市的实证研究阐述了中国深市股价形成的机理。

2 公式

采用累计净买卖指数分析各类投资者交易行为的差异,计算公式如下:

$$CumNit_T = \sum_{t=0}^{T} \frac{NIT_{i,t}}{Turnover_t}$$

式中,$NIT_{i,t}$为第 i 类投资者在第 t 个交易日的净买卖金额(该类投资者买入金额减去卖出金额);$Turnover_t$ 为第 t 个交易日深市 A 股的总交易量。

采用 Kaniel 等[2]等经典研究中类似的方法,根据每个交易日每类投资者净买卖指标,构造强烈买入、强烈卖出组合和买入卖出零成本组合。

基金强烈买入组合在5、10、15、20、60和120个之前交易日中涨幅均显著高于其强烈卖出组合,买入卖出零成本组合累计收益率分别为2.77%、3.70%、4.22%、4.60%、6.91%和7.05%(表1)。

表1 各类投资者买入卖出组合的累计收益率(%)

组合	K = −120	k = −60	k = −20	k = −15	k = −10	k = −5	k = 0	k = 5	k = 10	k = 15	k = 20	k = 60	k = 120
基金	7.05	6.91	4.60	4.22	3.70	2.77	1.63	2.33	2.90	3.18	3.42	2.82	4.31
中小投资者	−5.88	−4.04	−3.37	−3.14	−2.66	−1.93	−3.14	−4.54	−4.96	−5.30	−5.50	−2.82	−4.40
大投资者	−0.51	−1.71	−1.80	−1.52	−1.35	−1.14	1.74	2.96	3.08	3.31	3.42	1.11	1.43
其他机构	2.13	1.02	1.13	1.15	1.05	0.90	0.54	0.81	1.00	1.22	1.31	0.34	0.51

Fama – MacBeth 回归的具体方法是以日、周、两周(10 个交易日)、四周(20 个交易日)、60 天和 120 天为长度考察四类投资者的前一区间净买卖是否对其后区间股票收益率产生影响,模型Ⅰ:

$$R_{i,t} = \alpha + \beta R_{i,t-1} + \gamma NITRank_{i,t} + \varepsilon_{i,t}$$

将四类投资者每天的买卖金额按比例对相互买卖金额进行估计。假设四类投资者某交易日交易金额如表 2 所示,则中小投资者从大投资者手中购买金额就按 1 250 × 16%(16% =800/5 000) =375 估计。

表 2　各类投资者买卖

类别/买卖	买入金额	卖出金额
中小投资者	1 250	1 500
大投资者	1 000	800
基金	1 250	1 200
其他机构	1 500	1 500
合计	5 000	5 000

与模型Ⅰ一样采用 Fama – MacBeth 横截面回归方法建立模型进行检验。即根据检验模型,以样本区间内所有股票为样本,对每个交易日在横截面上进行 Fama – MacBeth 回归,得到 $\gamma_1 \sim \gamma_6$ 6 个估计参数序列,并对这 6 个估计参数序列采用 Newey – West 修正后进行统计性检验,同样方法可以得到控制变量的估计参数序列 λ_j 及进行统计性检验。具体模型为:

$$R_{i,t} = \alpha + \beta R_{i,t-1} + \gamma_1 Big/Small + \gamma_2 Fund/Small + \gamma_3 Inst/Small +$$

$$\gamma_4 Small/big + \gamma_5 Small/Fund + \gamma_3 Small/Inst + \sum_{j=1}^{10} \lambda_j Control_j + \varepsilon_{i,t}$$

3　意义

根据将中国深圳股票市场参与者分为中小投资者、大投资者、基金和其他机构四类,构建了异质投资的股价形成模型,检验了异质投资者的行为差异与股价形成过程的机理。从而可知,四类投资者行为存在明显差异,中小投资者是存在心理偏差、采取“追跌卖涨”的反转交易者,基金是采取“追涨杀跌”趋势策略的惯性交易者,大投资者是投资能力相对较强的群体;价格跟随异质投资者之间的交易而变动。中小投资者净买入越多,该股票股价越可能下跌,反之正好相反;中小投资者与大投资者及基金的不同交易行为在股价形成机制中起到关键作用,大投资者及基金推动股价,中小投资者则为之提供流动性。

参考文献

[1] 陈炜,袁子甲,何基报. 异质投资者行为与价格形成机制研究. 经济研究,2013,(4):43 - 54.

[2] Kaniel R, Saar G, Titman S. Individual Investor Trading and Stock Returns, Journal of Finance, 2008, 63, (1):273 - 310.

贫困的度量模型

1 背景

随着家计面板数据的增加,发展经济学界对贫困问题的研究在最近一二十年不断向前瞻性和动态性视角扩展,比如对贫困脆弱性的度量以及对慢性贫困和暂时性贫困的分析。这些扩展不但加深了人们对于贫困不同维度的理解,而且有助于制定更加科学和更有针对性的反贫困政策。章元等[1]利用来自中国东部5个省份1995—2005年这一难得的长时间面板数据对样本农户贫困展开研究。

2 公式

利用如下公式度量暂时性贫困 TP:

$$TP = P(y_1, y_2, \cdots, y_T) - CP(\bar{y}, \bar{y}, \cdots, \bar{y}) \tag{1}$$

式(1)右边第一部分表示家庭或个人从时间1到 T 的跨时总贫困,第二部分表示慢性贫困成分,它由所有 T 期的平均消费水平 $\bar{y}$ 决定。

慢性贫困是由不随时间而变化的永久性消费水平 $\bar{y}$ 决定的,暂时性贫困是由消费的波动性决定的,但是如果将式(1)展开则可得:

$$TP = 1/T \sum_{t=1}^{T} \left[\left(\frac{\hat{y}_t^T}{z} \right)^2 - 2 \cdot \left(1 - \frac{\hat{y}^T}{z}\right) \cdot \frac{\hat{y}_t^T}{z} \right] \tag{2}$$

式中,z 为贫困线,并且 $\frac{y_t}{z} = \frac{\bar{y}_t}{z} + \frac{\hat{y}_t^T}{z}, t = 1, 2, \cdots, T$。

假设在0时刻观察到一个家庭或个人从过去1到 T 期的年度消费流为 $y_1, y_2, \cdots, y_T$,采用SPG指标,则该家庭在过去 T 年内的跨时总贫困(inter－temporal poverty)为:

$$\text{当 } y_t < z, P = 1/T \sum_{t=1}^{T} \left(1 - \frac{y_t}{z}\right)^{\alpha}; \text{否则}, P = 0 \tag{3}$$

式中,z 为贫困线;α 为贫困规避系数。

为了不失一般性,假设该家庭从过去1到 M 年内经历了贫困,$M > 1$,这时式(3)可精简为:

$$P = 1/T \sum_{t=1}^{M} \left(1 - \frac{y_t}{z}\right)^2 \tag{4}$$

其中,所有的 y_t 都低于贫困线 z。

参照 RRJR 的做法,我们将 M 年中每一年的消费分解为两部分:永久性消费(M 年的跨期消费平均值 $\bar{y}^M$)及其波动项 $\hat{y}_t^M$:

$$y_t = \bar{y}^M + \hat{y}_t^M, t = 1,2,\cdots,M \tag{5}$$

对上式用贫困线进行标准化处理后得:

$$\frac{y_t}{z} = \frac{\bar{y}^M}{z} + \frac{\hat{y}_t^M}{z}, t = 1,2,\cdots,M \tag{6}$$

将式(6) 代入式(4) 有:

$$P = 1/T\sum_{t=1}^{M}(1 - \frac{y_t}{2})^2 = 1/T\sum_{t=1}^{M}[(1 - \frac{\bar{y}^M}{2})^2 + 2\cdot(1 - \frac{\bar{y}^M}{z})\cdot\frac{\hat{y}_t^M}{z} + (\frac{\hat{y}_t^M}{z})^2] \tag{7}$$

由于 $\sum_{t=1}^{M}\frac{\hat{y}_t^M}{z} = 0$,所以式(7) 可以简化为:

$$P = CP + TP = \frac{1}{T}\sum_{t=1}^{M}(1 - \frac{\bar{y}^M}{z})^2 + \frac{1}{T}\sum_{t=1}^{M}(\frac{\hat{y}_t^M}{z})^2 \tag{8}$$

表 1 报告了 1 美元贫困线下的贫困状态,从中可以看出:无论连续观察 3 年还是 5 年,至少有 1 年陷入贫困的家庭和至少有 2 年及 3 年陷入贫困的农户数量都随着时间的推移而持续下降;这一结果与其他研究的结果保持一致[2];第二,如果采用 Ravallion[3] 的定义,慢性贫困家庭在曾经经历过贫困的家庭中的比例在多数情况下都超过了一半,只有在采用低贫困线和连续观察 5 年时,他们定义的慢性贫困的比例才少于一半。

表 1　农户贫困状况的动态变化(贫困线为 1 美元)

年份	1995—1997	1996—1998	1997—1999	1998—2000	1999—2001	2000—2002	2001—2003	2002—2004	2003—2005
至少有 1 年贫困	720	645	520	504	529	523	486	398	295
至少有 2 年贫困	497	384	333	318	342	346	324	228	179
年份			1995—1999	1996—2000	1997—2001	1998—2002	1999—2003	2000—2004	2001—2005
至少有 1 年贫困			769	715	632	614	585	551	496
至少有 3 年贫困			380	349	323	308	307	275	224

3　意义

构建了贫困的度量模型,根据该模型,将总家庭在一定时间段内的总贫困分解为暂时性贫困和慢性贫困成分。将该模型运用于中国 5 个省份 1995—2005 年的农户面板数据后发现:农户的总贫困的下降主要来自于暂时性贫困成分而非慢性贫困成分的下降;慢性贫困成分在总贫困中的比重远远高于暂时性贫困成分的比重;家庭成员数量会显著增加总贫困、暂时性贫困成分和慢性贫困成分;人力资本、政治资本和金融资本都能显著降低总贫困和慢性贫困成分,但低水平的人力资本和金融资本并不能降低暂时性贫困成分;特别是,更多地经营耕地会显著增加暂时性贫困成分。

参考文献

[1] 章元,万广华,史清华. 暂时性贫困与慢性贫困的度量、分解和决定因素分析. 经济研究,2013,(4):119-129.

[2] 罗楚亮. 经济增长、收入差距与农村贫困. 经济研究,2002,(2).

[3] Ravallion M. Expected Poverty under Risk - induced Welfare Variability, Economic Journal, 1988, 393, 1171-1182.

农村公共产品的供给模型

1 背景

在城乡一体化的建设中,基本公共服务均等化成为重要的推手,完善各级政府供给农村公共产品的分工模式十分重要。农村公共产品的供给最能体现政府政策导向,最能让农民感受到切实的好处,也最能促进城乡一体化建设。针对农村供给品的研究,了解财政分权体质对农村公共产品供给的影响十分重要。王晔和臧日宏[1]选取2003—2011年中国大陆30个省级地区的面板数据,建立计量模型,实证分析现行财政分权体制对农村公共产品供给的影响。

2 公式

通过对我国各级政府供给农村公共产品的现状分析,做出理论推断:我国现行财政分权体制制约了农村公共产品的供给,为实证检验理论假设引入计量模型。

表1 中央和地方财政支农支出

年份	中央(亿元)	地方(亿元)	中央所占比重(%)	地方所占比重(%)
1994	44.95	354.75	11.25	88.75
1995	46.40	383.82	10.79	89.21
1996	54.95	455.12	10.77	89.23
1997	43.55	504.65	7.94	92.06
1998	68.79	557.23	10.99	89.01
1999	68.64	608.82	10.13	89.87
2000	77.42	689.47	10.10	89.90
2001	99.09	818.87	10.79	89.21
2002	119.74	982.96	10.86	89.14
2003	135.59	999.27	11.95	88.05
2004	141.80	1 551.99	8.37	91.63
2005	147.53	1 644.87	8.23	91.77
2006	194.39	1 966.96	8.99	91.01

表2　中央和地方财政农林水事务支出

年份	中央(亿元)	地方(亿元)	中央所占比重(%)	地方所占比重(%)
2007	313.70	3 091.00	9.21	90.79
2008	308.38	4 235.63	6.79	93.21
2009	318.70	6 401.71	4.74	95.26
2010	387.89	7 741.69	4.77	95.23
2011	416.56	9 520.99	4.19	95.81
2012	502.49	11 471.39	4.20	95.80

表1和表2反映的是分税制实施以来,中央和地方历年财政支农支出总量及各自所占比重,从中可以看出,地方财政支农支出所占比重较大,且有上升的趋势。

表3　2011年财政"三农"支出　　单位:亿元

项目	农业生产支出	农业四项补贴支出	农村教育卫生等社会事业发展支出	农产品储备费用和利息等支出
中央	4 089.7	1 406	4 381.5	620.5
地方	6 371.8	1.4	12 123.2	733.1

从支出结构来看,财政"三农"支出主要用于支持农业生产和农村社会事业发展。

通过上述分析可以做出理论推断:我国现行财政分权体制制约了农村公共产品的供给。

财政分权对农村义务教育、医疗服务供给状况的影响,变量选取:农村义务教育、医疗服务供给状况的衡量指标;财政分权的衡量指标;地区人均财政收入、地区人均财政支出、地区人均转移支付、人均地区生产总值、地区农村居民家庭人均纯收入等变量。[2]

表4　各变量的说明及描述性统计

变量	变量缩写	均值	最大值	最小值	标准差
农村小学生均公共财政预算教育经费支出	ln*ppce*	7.79	9.99	6.17	0.78
农村初中生均公共财政预算教育经费支出	ln*jpce*	7.95	10.56	6.35	0.84
每千农业人口卫生技术人员数	ln*mp*	0.97	2.04	0.22	0.34
财政分权	ln*fd*	-0.26	-0.07	-0.57	0.11

续表

变量	变量缩写	均值	最大值	最小值	标准差
人均财政收入	ln*pcr*	7.35	9.62	5.77	0.85
人均财政支出	ln*pce*	8.08	9.75	6.61	0.71
人均转移支付	ln*pctp*	7.24	9.58	5.75	0.75
人均地区生产总值	ln*pcgdp*	9.86	11.35	8.19	0.66
农村居民家庭人均纯收入	ln*pcni*	8.34	9.68	7.36	0.48

通过 Eview 6.0 对数据进行了 LLC 和 ADF - Fisher 的单位根检验。

表 5　各变量面板单位根检验结果

变量	LLC	ADF - Fisher	结论
ln*ppce*	-12.633 2(0.000 0)	68.515 1(0.210 1)	非平稳
ln*jpce*	-19.883 6(0.000 0)	107.665(0.000 2)	平稳
ln*mp*	-1.991 33(0.023 2)	26.608 4(0.999 9)	非平稳
ln*fd*	-9.234 14(0.000 0)	78.509 3(0.054 7)	非平稳
ln*pcr*	-9.320 63(0.000 0)	81.126 2(0.036 0)	非平稳
ln*pce*	-9.793 16(0.000 0)	68.544 2(0.210 1)	非平稳
ln*pctp*	-14.584 0(0.000 0)	81.054 2(0.036 4)	非平稳
ln*pcgdp*	-10.549 3(0.000 0)	73.856 9(0.107 7)	非平稳
ln*pcni*	-8.743 65(0.000 0)	69.733 2(0.182 8)	非平稳
Δln*ppce*	-53.882 0(0.000 0)	85.163 4(0.018 0)	平稳
Δln*mp*	-16.701 9(0.000 0)	112.699(0.000 0)	平稳
Δln*fd*	-13.835 3(0.000 0)	92.447 0(0.004 5)	平稳
Δln*pcr*	-12.573 0(0.000 0)	100.301(0.000 9)	平稳
Δln*pce*	-17.769 3(0.000 0)	101.909(0.000 6)	平稳
Δln*pctp*	-14.081 6(0.000 0)	117.245(0.000 0)	平稳
Δln*pcgdp*	-71.266 2(0.000 0)	136.100(0.000 0)	平稳
Δln*pcni*	-24.972 2(0.000 0)	163.702(0.000 0)	平稳

注：(1) 括号内的值为 *P* 值；(2) 变量前加“Δ”表示对变量作一阶差分；(3) 检验形式为带截距项和趋势项。

结果发现，除 ln*jpce* 以外，所有变量都存在单位根，是非平稳的。进一步对这些变量进行一阶差分,再分别进行单位根检验。结果显示变量进行一阶差分后是平稳的。

根据 F 检验,确定为变截距模型。同时,Hausman 检验拒绝了随机效应模型,且在此仅以样本自身效应为条件进行研究,故采用固定效应模型。

$$\ln ppce_{it} = a_i + \beta_1 \ln fd_{it} + \beta_2 \ln pcr_{it} + \beta_3 \ln pce_{it} + \beta_4 \ln pctp_{it} + \beta_5 \ln pcgdp_{it} + \beta_6 \ln pcni_{it} + \varepsilon_{it} \quad (1)$$

$$\ln jpce_{it} = b_i + \gamma_1 \ln fd_{it} + \gamma_2 \ln pcr_{it} + \gamma_3 \ln pce_{it} + \gamma_4 \ln pctp_{it} + \gamma_5 \ln pcgdp_{it} + \gamma_6 \ln pcni_{it} + \mu_{it} \quad (2)$$

$$\ln mp_{it} = c_i + \delta_1 \ln fd_{it} + \delta_2 \ln pcr_{it} + \delta_3 \ln pce_{it} + \delta_4 \ln pctp_{it} + \delta_5 \ln pcgdp_{it} + \delta_6 \ln pcni_{it} + \kappa_{it} \quad (3)$$

式中,i 表示不同的横截面个体;t 表示所观测的不同年份;a_i、b_i、c_i 分别为三个面板模型的常数项;β、γ、δ 为待估计系数;ε_{it}、μ_{it}、κ_{it} 为残差项。

表 6　农村义务教育、医疗服务供给影响因素的估计结果

解释变量	ln*ppce* 方程	ln*jpce* 方程	ln*mp* 方程
常数项	-3.826 363 (-7.279 202)	-7.151 171 (-10.930 98)	-3.758 732 (-6.303 108)
ln*fd*	-2.027 723 (-9.631 534)	-1.886 729 (-6.932 380)	-0.479 552 (-1.882 457)
ln*pcr*	0.267 041 (2.542 398)	-0.230 468 (-1.789 447)	0.076 268 (0.600 850)
ln*pce*	1.040 156 (8.135 359)	1.359 856 (8.871 434)	-0.366 963 (-2.490 865)
ln*pctp*	-0.054 815 (-1.040 902)	-0.121 955 (-2.100 214)	0.196 853 (3.374 511)
ln*pcgdp*	0.002 583 (0.029 825)	0.159 336 (1.502 468)	-0.226 970 (-2.176 610)
ln*pcni*	0.131 752 (1.190 600)	0.554 947 (4.459 450)	0.937 553 (7.506 605)

注:括号内的值为 t 值。

农村义务教育方面,财政分权对农村小学生均公共财政预算教育经费支出和农村初中生均公共财政预算教育经费支出都具有负面的影响,财政分权阻碍了农村义务教育的供给。

财政分权对农村社会保障供给水平的影响,选取新农合人均筹资额来衡量新型农村合作医疗的供给状况。自变量除了财政分权外,还包括地区人均转移支付和农村居民家庭人均纯收入。

表7 各变量的说明及描述性统计

变量	变量缩写	均值	最大值	最小值	标准差
新农合人均筹资额	ln*nrcmpf*	4.87	6.89	3.82	0.62
财政分权	ln*fd*	-0.21	-0.07	-0.36	0.07
人均转移支付	ln*pctp*	7.65	9.58	5.75	0.66
农村居民家庭人均纯收入	ln*pcni*	8.58	9.68	7.75	0.41

单位根检验表明,ln*fd* 和 ln*pctp* 是平稳的,ln*nrcmpf* 和 ln*pcni* 一阶差分后平稳。根据 F 检验和 Hausman 检验的结果,将模型确定为变截距固定效应模型。

$$\ln nrcmpf_{it} = d_i + \pi_1 \ln fd_{it} + \pi_2 \ln pctp_{it} + \pi_3 \ln pcni_{it} + \lambda_{it} \tag{4}$$

式中,i 表示不同的横截面个体;t 表示所观测的不同年份; d_i 为面板模型的常数项;π 为待估计系数; λ_{it} 为残差项。

选择横截面加权(Cross - section Weights)的广义最小二乘法进行回归,结果如表 8 所示。

表8 农村新型农村合作医疗供给影响因素的估计结果

解释变量	ln*nrcmpf* 方程
常数项	-12.993 93(-15.232 26)
ln*fd*	1.757 845(3.846 525)
ln*pctp*	0.151 792(3.431 887)
ln*pcni*	1.987 952(19.503 36)

根据回归结果分析,财政分权对新型农村合作医疗供给状况具有正向影响,财政分权每增加 1 个百分点,新型农村合作医疗人均筹资额将增加约 1.76 个百分点。

3 意义

建立了农村公共产品的供给模型,通过模型,表明了行财政分权体制对农村公共产品供给存在着一定的负面效应,制约了城乡基本公共服务均等化发展,在现行的分税制财政体制下,财政分权抑制了农村公共产品支出水平。财政责任划分时充分考虑基层财政的困难处境,将大部分的财政责任上移至中央和省级政府,这一做法大大提高了新型农村合作医疗的供给水平和农民的参合意愿。本模型可预测财政分权与农村义务教育、医疗服务供给状况的关系,财政分权与农村社会保障供给水平的关系,为完善现行财政分权体制和更好实现城乡一体化提供参考。

参考文献

[1] 王晔，臧日宏．我国财政分权体制对农村公共产品供给的影响[J]．经济问题，2014,(6)：107 - 111.

[2] 孙旭光，牟诚诚．财政分权、结构转型与农村公共卫生[J]．农村经济，2011，(1)：17 - 21.

通货膨胀的承受力测试模型

1 背景

随着我国经济对外开放的不断深入,我国经济已基本实现了与世界经济的融合,外部通货膨胀将通过多种途径传导到我国,加上国内成本上升因素的长期作用,必然给我国造成巨大的通货膨胀压力,一旦过剩的流动性不能被虚拟经济的发展所吸收,潜在的通货膨胀就会演化成现实的通货膨胀。针对我国城乡居民通货膨胀承受力的研究,了解决定城乡居民通货膨胀承受力的宏观经济因子十分重要。李腊生等[1]运用居民通货膨胀承受力测度方法,同时借鉴商业银行进行压力测试的思想与方法,对城镇居民和农村居民的通货膨胀承受力进行了测度与比较。通过构建城乡居民通货膨胀承受力压力测试模型,比较分析了决定城乡居民通货膨胀承受力的宏观经济因子。

2 公式

在此试图在前期总量平均分析的基础上,进一步从结构分析的角度对我国城乡居民的通货膨胀承受力进行测度,并对测度结果进行比较,进而挖掘出影响城乡居民通货膨胀承受力的重要宏观经济变量,引入城乡居民通货膨胀承受力压力测试模型。

通货膨胀承受力是居民对通货膨胀压力的容忍或承受程度。它是对物价上涨带来的客观经济条件变化与心理因素变化的一种综合性主观评价。通货膨胀承受力测度指标为:

$$V = \frac{P[I - (C - cI)]}{\alpha(I - C)} = \frac{P(1 + c - \alpha)}{\alpha(1 - \alpha)} \tag{1}$$ [2]

式中,V 为通货膨胀承受力;P 为物价水平;C 为消费;I 为收入;c 为边际消费倾向; α 为平均消费倾向。

根据我国城乡经济发展 1978—2011 年的相关数据,由式(1) 便可分别计算出 1979—2010 年城镇居民的通货膨胀承受力(表 1) 和农村居民的通货膨胀承受力(表 2) 的具体取值。

表1　我国城镇居民通货膨胀承受力值

年份	承受力值	年份	承受力值	年份	承受力值
1979	9.924 8	1990	5.086 3	2001	4.389 7
1980	7.600 9	1991	9.011 7	2002	6.243 2
1981	26.218 2	1992	6.341 6	2003	4.858 7
1982	5.085 9	1993	7.660 4	2004	5.385 3
1983	14.180 1	1994	8.229 6	2005	5.263 8
1984	6.346 4	1995	8.501 0	2006	4.508 2
1985	19.251 6	1996	6.200 3	2007	4.807 6
1986	9.499 6	1997	6.842 7	2008	4.699 9
1987	10.090 1	1998	4.650 3	2009	4.945 7
1988	25.931 6	1999	5.174 8	2010	4.559 2
1989	7.466 7	2000	6.831 5		

表2　我国农村居民通货膨胀承受力值

年份	承受力值	年份	承受力值	年份	承受力值
1979	6.462 8	1990	6.036 9	2001	4.626 3
1980	8.693 5	1991	15.883 1	2002	5.772 9
1981	8.529 4	1992	5.335 2	2003	5.308 0
1982	5.519 3	1993	7.989 1	2004	5.636 1
1983	5.803 3	1994	8.796 5	2005	8.351 8
1984	4.590 1	1995	8.285 6	2006	6.304 7
1985	8.239 9	1996	6.724 9	2007	5.716 5
1986	13.308 8	1997	2.933 7	2008	5.607 1
1987	10.687 1	1998	-0.554 8	2009	6.131 9
1988	11.556 7	1999	0.092 8	2010	4.132 2
1989	13.986 4	2000	12.551 7		

为了更清楚地看出城镇居民与农村居民通货膨胀承受力的变动轨迹并对其进行比较，将上表计算出来的我国城乡居民通货膨胀承受力值绘制成如图1所示的统计图。

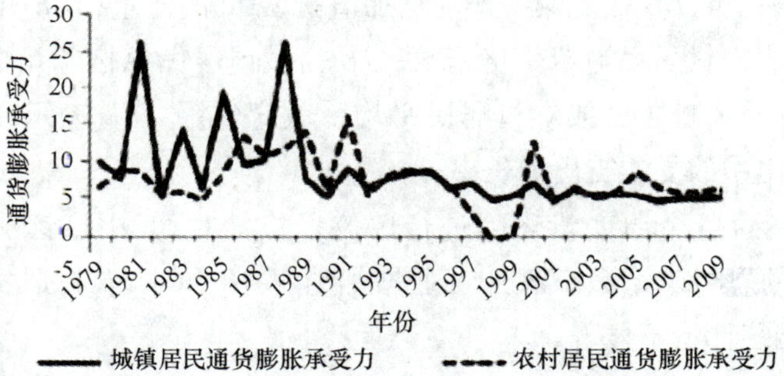

图 1　我国城镇与农村居民通货膨胀承受力变动状况

在此认为影响我国城乡居民通货膨胀承受力的因素主要包括：经济发展状况、经济结构特征、预期通货膨胀率、收入与支出结构、收入预期和经济保障政策六个方面。

表 3　各变量的 ADF 单位根检验

变量	ADF 检验统计量	临界值
TCPI	-2.573 347*	-2.617 434
Δ*TCPI*	-4.423 947***	-3.689 194
NCPI	-3.628 134**	-2.960 411
TE	-2.539 026**	-1.951 687
NE	-0.960 444*	-2.617 434
Δ*NE*	-5.131 899***	-3.661 661
IG	-0.878 390*	-1.610 579
Δ*IG*	-4.251 400***	-1.641 672
NG	-3.711 086***	-1.664 853
TF	-3.760 110**	-2.963 972
NF	-3.646 130**	-2.963 972
EY	0.998 915*	-1.610 400
Δ*EY*	-2.301 460**	-1.952 066
AE	-4.179 404***	-3.661 661
FE	-3.557 619**	-2.960 411

注：***、**、* 分别代表在 1%、5% 及 10% 显著水平下显著。

其中：*TF* 表示城镇固定资产投资增长率，*NF* 表示农村固定资产投资增长率；*IG* 表示工业增加值占 GDP 的比重,*NG* 表示第一产业增加值占 GDP 的比重;*TCPI* 代表城镇居民消费价格指数,*NCPI* 代表农村居民消费价格指数; *TE* 为城镇居民恩格尔系数,*NE* 为农村居民恩格尔系数; *EY* 表示城镇居民或农村居民平均受教育年限; *FE* 表示政府财政支出增长率,*AE* 代表财政支出中的支农支出增长率。

由表 3 可见,在对各个原变量序列进行单位根检验时,其中城镇居民消费价格指数(*TCPI*)、农村居民的恩格尔系数(*NE*)、工业增加值/*GDP*(*IG*)、农村居民平均受教育年限(*EY*)变量序列检验统计量不显著。

对这些指标进行一阶差分处理,一阶差分后的变量序列在 5% 的显著性水平下都通过了单位根检验,这样在平稳序列的前提下我们就可以利用相应数据进行估计。[3]

使用以上解释变量对城镇居民的通货膨胀承受力和农村居民的通货膨胀承受力分别进行回归,并根据检验结果剔除不显著的变量,如城镇固定资产投资增长率对被解释变量的影响,在对回归模型进行不断的调试后,最后确定式(2) 和式(3) 分别为城镇居民和农村居民的压力测试模型。

我国城镇居民通货膨胀承受力压力测试模型:

$$TV = -5.8568 + 0.2842\Delta TCPI + 0.3448TE - 1.9353\Delta IG + 17.1999\Delta EY - 19.9026FE - 0.9974MA(1) \quad (2)$$ [4]

表 4　城镇居民的通货膨胀承受力回归结果　被解释变量:*TV*

变量	系数	标准差	*T* 统计量	*P* 值
C	-5.856 838	3.559 887	-1.645 231	0.112 4
Δ*TCPI*	0.284 156	0.103 819	2.737 025	0.011 2
TE	0.344 828	0.054 425	6.335 851	0.000 0
Δ*IG*	-1.935 305	0.382 579	-5.058 575	0.000 0
Δ*EY*	17.199 92	5.653 223	3.042 498	0.005 5
FE	-19.902 59	7.451 342	-2.671 008	0.013 1
MA(1)V	-0.997 415	0.086 458	-11.536 38	0.000 0
R - squared	0.748 932	Mean dependent var		8.305 865
Adjusted R - squared	0.688 676	S. D. dependent var		5.593 256
S. E. of regression	3.120 835	Akaike info criterion		5.304 718
Sum squared resid	243.490 3	Schwarz criterion		5.625 348
Log likelihood	-77.875 49	Hannan - Quinn criter.		5.410 998
F - statistic	12.429 13	Durbin - Watson stat		2.084 049
Prob(F - statistic)	0.000 002			
Inverted MA Roots	1.00			

从表4可以看出,我国城镇居民通货膨胀承受力模型的整体拟合度较好,并且回归系数都通过了显著性检验,这说明每个解释变量因子对城镇居民通货膨胀承受力的影响是显著的。具体说来就是[见式(2)],对我国城镇居民通货膨胀承受力影响最大的是政府的财政支出增长率,其回归系数为负,表明政府财政支出与被解释变量呈负相关关系,即随着财政支出的增加,城镇居民的通货膨胀承受力会下降,也就是说,财政支出在城镇居民通货膨胀承受力上存在明显的挤出效应。[5]

式(2)显示,工业增加值/GDP的滞后一期变量值与被解释变量呈负相关关系,即此比值越大,城镇居民的通货膨胀承受力越小,这一方面说明我国的收入分配不合理,另一方面说明城镇居民并未从经济发展中获得对应的实惠。[6]

我国农村居民通货膨胀承受力压力测试模型表示为:

$$NV = -51.9240 + 0.4938NCPI - 1.3484\Delta NE + 0.4027NG - 23.4183NF(-1) + 21.2518\Delta EY + 8.6098AE \quad (3)$$

表5　农村居民的通货膨胀承受力回归结果　　被解释变量:*NV*

变量	系数	标准差	*T*统计量	*P*值
C	−51.924 01	10.337 03	−5.023 107	0.000 0
NCPI	0.493 777	0.100 358	4.920 139	0.000 1
Δ*NE*V	−1.348 361	0.355 751	−3.790 181	0.000 9
*NG*V	0.402 718	0.102 913	3.913 204	0.000 7
NF(−1)	−23.418 34	6.148 664	−3.808 687	0.000 9
Δ*EY*	21.251 77	7.439 695	2.856 537	0.008 7
AE	8.609 808	4.212 044	2.044 092	0.052 1
R − squared	0.634 770	Mean dependent var		7.179 903
Adjusted R − squared	0.543 462	S. D. dependent var		3.676 788
S. E. of regression	2.484 317	Akaike info criterion		4.853 552
Sum squared resid	148.123 9	Schwarz criterion		5.177 356
Log likelihood	−68.230 06	Hannan − Quinn criter.		4.959 104
F − statistic	6.951 994	Durbin − Watson stat		1.755 373
Prob(F − statistic)	0.000 226			

从农村居民通货膨胀承受力的回归结果来看,模型拟合程度较好,所有解释变量的回归系数都十分显著。

与上述城镇居民通货膨胀承受力模型相比较,两个模型的解释变量中都有消费价格指数、恩格尔系数、平均受教育年限、产业增加值占 GDP 比重和政府财政支出 5 个宏观经济因子,但是此模型与城镇居民通货膨胀承受力模型回归结果有 3 个系数的符号有所不同,第一是农村居民的恩格尔系数与被解释变量呈负相关关系,第二是第一产业增加值/GDP 与被解释变量呈正相关关系,第三是财政支出中的支农支出增长率与被解释变量呈正相关关系。

在政府财政支出增长率(FE) 未来上升的压力情境设定下,以 FE 为解释变量,分别对 $\Delta TCPI$、TE、ΔIG 和 ΔEY 进行逐一回归,发现 FE 对 ΔEY 有较好的解释能力,所以可以得到 FE 对 ΔEY 的回归模型,回归结果如式(4)所示;而 FE 对 ΔIG、$\Delta TCPI$ 和 TE 的回归系数不显著,所以对 IG、$TCPI$ 和 TE 分别通过自回归得到其预测值,回归结果如式(5)、式(6)、式(7)所示。

$$\Delta EY = 0.0248 + 0.4615FE(-3) - 0.0054TV(-1) \quad (3.0027) \tag{4}$$

$$IG = 7.5965 + 0.8083IG(-1) \quad (9.975) \tag{5}$$

$$TCPI = 37.5907 + 0.6453TCPI(-1) \quad (4.6809) \tag{6}$$

$$TE = 2.4317 + 0.8749TE(-1) + 0.2044TV(-1) + 0.126TV(-2) \quad (21.9863) \quad (4.2935) \quad (2.5075) \tag{7}$$

由上述回归方程便可得到各宏观经济变量的估计值,如表 6 所示。

表 6　FE 上升时各宏观经济变量的估计值

FE 压力情影设置	$TCPI$ 估计值	TE 值计值	IG 估计值	ΔEY 估计值
25%	101.536%	35.968 82%	39.685 24%	0.133 69
30%	104.181 6%	35.425 27%	40.008 56%	0.115 728

以 ΔEY 为压力情景源变量情况下各宏观经济因子的赋值。在平均受教育年限(EY)未来增加的压力情境设定下,利用同样的方法,以 ΔEY 为解释变量,分别对 $\Delta TCPI$、TE、ΔIG 和 FE 进行逐一回归,发现 ΔEY 对 ΔIG、TE 和 FE 有较好的解释能力,所以分别得到 ΔEY 对 ΔIG、FE 和 TE 的回归模型,回归结果见式(8)、式(9)、式(10);而 ΔEY 对 $\Delta TCPI$ 的解释能力不强,因此可以对 $TCPI$ 通过自回归得到其预测值,回归结果见式(6)。

$$\Delta IG = -0.2203 + 3.7032\Delta EY(-1) \quad (2.0931) \tag{8}$$

$$FE = 0.1309 + 0.4534\Delta EY \quad (3.037) \tag{9}$$

$$TE = 37.0398 - 43.1472\Delta EY(-1) + 0.6886TV(-1) + 0.5484TV(-2)$$
$$(-5.0698) \quad (5.4268) \quad (4.0652) \qquad (10)$$

根据式(8)至式(10)以及式(6)便可得到各宏观经济变量的估计值,如表7所示。

表7　EY上升时各宏观经济变量的估计值

ΔEY压力情景设置	TCPI变量估计值	TE变量估计值	ΔIG变量估计值	FE变量估计值
0.2年	101.536%	35.824 31%	39.755 6%	22.154 2%
0.3年	104.181 6%	34.261 83%	52.038 4%	27.426 9%

农村居民压力情景中各宏观经济因子的赋值。使用相同的方法,在 ΔEY 和 NF 为压力情景源变量情况下,可以分别得到各相关变量的预测方程及其预测值。

ΔEY 为压力情景源变量情况下,各相关变量的预测方程如下:

$$NG = 17.8507 - 41.8946\Delta EY - 30.4689\Delta EY(-1) + 0.6611NV(-1)$$
$$(-3.8292) \quad (-2.6966) \quad (2.9488) \qquad (11)$$

$$AE = 0.14 + 0.87\Delta EY(-1)$$
$$(3.3025) \qquad (12)$$

$$NCPI = 55.9707 + 0.9032NCPI(-1) - 0.433NCPI(-2)$$
$$(5.2844) \quad (-2.522) \qquad (13)$$

$$NE = -0.314 + 0.9701NE(-1) - 0.162NV(-1)$$
$$(23.8736) \quad (-2.2417) \qquad (14)$$

$$NF = 0.1191 + 0.7132NF(-1) - 0.3389NF(-2)$$
$$(4.0184) \quad (-1.8809) \qquad (15)$$

EY 上升时,各宏观经济变量的预测值见表8。

表8　EY上升时各宏观经济变量的估计值

ΔEY压力情景设置	NCPI变量估计值	NE变量估计值	NG变量估计值	NF变量估计值	AE变量估计值
0.2年	99.910 81%	40.456 84%	13.434 57%	24.193 3%	28.365 2%
0.3年	106.377 5%	40.228 54%	7.120 56%	16.616 8%	31.220 9%

NF 为压力情景源变量下各相关变量的预测方程如下:

$$NG = -0.6357 + 1.0033NG(-1)$$
$$(30.8811) \qquad (16)$$

$$EY = -0.2386 + 1.5775EY(-1) - 0.5469EY(-2)$$
$$(9.5722) \qquad (-2.9768) \tag{17}$$
$$AE = 0.0882 + 0.2943AE(-2) + 0.3389AE(-3)$$
$$(1.7663) \qquad (1.9708) \tag{18}$$

NF 上升时,各宏观经济变量的预测值见表 9。

表 9　*NF* 上升时各宏观经济变量的估计值

NF 压力情景设置	*NCPI* 变量估计值	*NE* 变量估计值	*NG* 变量估计值	*EY* 变量估计值	*AE* 变量估计值
20%	99.910 81%	40.456 84%	9.497 488%	9.539 931	31.223%
25%	106.377 5%	40.228 54%	8.892 998%	9.670 693	25.115 9%

式(2) 和式(3) 分别是城镇居民和农村居民宏观压力测试的基准方程,结合计算出来的各宏观经济因子的估计值,便可以分别对城镇居民和农村居民的通货膨胀承受力进行压力测试。

当 *FE* 和 ΔEY 分别按照压力情景设定的数据变化时,使用式(2) 对城镇居民进行压力测试,城镇居民的通货膨胀承受力估计值如表 10 所示。

表 10　城镇居民通货膨胀承受力测度结果

城镇居民通货膨胀承受力测定	政府财政支出增长率(*FE*)		平均受教育年限(*EY*)	
	上升 25%	上升 30%	增加 0.2 年	增加 0.3 年
TV	4.135 579	3.519 418	4.98 335	5.762 854

当 *NF* 和 ΔEY 分别按照压力情景设定的数据变化时,使用式(3) 对农村居民进行压力测试,其通货膨胀承受力估计值如表 11 所示。

表 11　农村居民通货膨胀承受力测度结果

农村居民通货膨胀承受力测定	农村固定资产投资增长率(*NF*)		平均受教育年限(*EY*)	
	上升 20%	上升 25%	增加 0.2 年	增加 0.3 年
NV	3.304 143	-2.923 2	4.921 302	10.024 81

3　意义

建立了城乡居民通货膨胀承受力的压力测试模型,通过该模型表明了,政府财政支出与被解释变量呈负相关关系，随着财政支出的增加，城镇居民的通货膨胀承受力会下降，政府对农村居民的保护弱于城镇居民，农村固定资产投资额的增加，会导致农民对通货膨胀的承受力减弱。模型可预测我国城镇居民通货膨胀承受力压力和我国农村居民通货膨胀承受力压力，为政府针对通货膨胀提出相应政策提供参考。

参考文献

[1] 李腊生，蔡春霞，张烨．我国城乡居民通货膨胀承受力比较及压力测试[J]．经济问题，2014，(6)：46－52.

[2] 李腊生，蔡春霞．我国居民通胀承受力测度及压力测试[J]．商业经济与管理，2012，(8)．

[3] 施建淮，傅雄广，许伟．人民币汇率变动对我国价格水平的传递[J]．经济研究，2008，(7)：52－64.

[4] Marianna Valentinyi － Eneresz, Zoltan Vasary. Macro Stress Testing with Sector Specific Bankruptcy Models[R]. Hungary：Magyar Nemzeti Bank, 2008.

[5] 许雄奇，张宗益．财政赤字、金融深化与通货膨胀——理论分析和中国经验的实证检验(1978—2002)[J]．管理世界，2004，(9)：24－32.

[6] 张世平．近年物价房价上涨造成部分职工实际生活水平下降[EB/OL]．http：// 2010lianghui. people. com. cn/GB /181624 /11102469. html：2010－03－09.

反垄断机构的协调模型

1 背景

我国银行业的垄断问题源于中国特殊的制度和文化背景,而且在今后相当长一段时间内仍将持续存在。如今,利率市场化取得了历史性进展,民间资本进入银行业的门槛逐渐降低,金融领域市场化改革正在深度推进,在此背景下,中国金融领域的反垄断,尤其是对大型国有商业银行垄断行为的规制,势在必行。针对我国反垄断机构与金融监管的研究,了解反垄断机构与金融监管机构的职责范围十分重要。史岩[1]通过对两机构监管职责进行比较,建立理论模型,总结两机构的国际协调经验。

2 公式

反垄断机构与金融监管机构的关系问题,包括理论上两机构的管辖权划分,与实践中两机构的协调配合,是一个值得认真研究的问题,厘清两者职责范围,引入两监管机构间的关系模型。

政府的目标是实现特定市场的社会福利最大化,即 $W = S + \Pi$,假设只存在两个监管机构,即机构 1 和机构 2,两机构的行政级别是平级的。S 和 Π 分别代表消费者剩余和生产者利润。机构 i 的收益为:

$$U = S + \lambda \Pi \tag{1}$$

式(1) 中,λ 代表机构 i 的“偏向性”,当 $\lambda = 1$ 时,此机构的偏向是中立的,其监管目标是社会福利的最大化; 当 $\lambda > 1$ 时,此机构偏向于生产者; 当 $\lambda < 1$ 时,此机构偏向于消费者。这种“偏向性”来源于机构的设立章程、领导人的偏好,也可能来源于利益集团的游说。

假设存在两种情形: “违背”与“不违背”。“违背”概率为 $\pi \in (0,1)$,此概率是外生变量,是两机构的共同知识。

任一市场存在三对消费者剩余与生产者利润:

a. (S_V, Π_V) ,V 代表对竞争规则的违背。

b. (S_R, Π_R) ,R 代表“修正”。

设 $S_R > S_V, \Pi_R < \Pi_V$,并且 $S_R + \Pi_R > S_V + \Pi_V$ 。

或者:

$$\Delta_S = S_R - S_V > \Delta_\Pi = \Pi_V - \Pi_R > 0 \tag{2}$$

c. (S_N, Π_N)，N 代表“不违背”。

机构 1 和机构 2 付出 e_1、e_2 均不小于0 的监管成本来调查既定的个案，设其成功的概率为 $P(e_1, e_2) \in [0,1]$。

“成功”意味着收集到充分的数据，并做出对企业强制性的决定，或者企业不存在法规的违背。“不成功”意味着机构的调查无结果，则现状得以维持。概率 P 被认为是二阶可导的与凸性的，是付出监管成本的增函数，且 $P(0,0)=0$，其经济特性被两机构之间的关系所决定。

监管机构对个案所投入的监管成本，为此个案中监管机构效用的最大化所决定。监管机构首先要决定是否要调查此个案，在此起决定作用的是机构 i 的效用，机构 i 在“修正”下的效用要大于在“违背”下的效用。

即：$U_{iR} = S_R + \lambda_i \Pi_R > U_{iV} = S_V + \lambda_i \Pi_V$

或者：$\Delta_i = U_{iR} - U_{iV} = \Delta_S - \lambda_i \Delta_\Pi > 0$

如果一监管机构偏向于生产者，即使这个案例应该得到监管，可能其 $\Delta_i < 0$，即使调查有利于其效用提高，此监管机构有时也会故意不予调查。

假设其他机构的监管成本为 e_j，如果 $\Delta_i > 0$，机构 i 的最优成本付出取决于其预期收益的最大化，即有：

$$\max_{e_i \geq 0} E[u_i] = P(e_i, e_j)[\pi U_{iR} + (1-\pi)U_{iN}] + [1 - P(e_i, e_j)][\pi U_{iV} + (1-\pi)U_{iN}] - e_i \tag{3}$$

假设每个机构成功实施其调查职责的单独概率为 $p_i(e_i)$。最终的成功概率 P 如何被 p_i 所决定，这取决于机构间的关系是如何构建的。存在如下三种情形。

(1)联合决策(JD)：并且仅当两机构都进行成功调查后，才能形成关于此个案的调查结论，即：

$$P^{JD}(e_1, e_2) = P_2 = p_1(e_1)p_2(e_2) \tag{4}$$

(2)独立决策(ID)：只要其中一个监管机构成功调查，那么关于此个案的决策就能形成，即：

$$P^{ID}(e_1, e_2) = [1 - (1 - p_1(e_1)][1 - p_2(e_2)] = p_1(e_1) + p_2(e_2) - p_1(e_1)p_2(e_2) \tag{5}$$

(3)分等级决策(HD)：机构 2 首先调查，并且仅当第一阶段没有得出调查结论的情形下，机构 1 才随后介入调查。

$$P^{HD}(e_1, e_2) = p_2(e_2) + [1 - p(e_2)]p_1(e_1) = p_1(e_1) + p_2(e_2) - p_1(e_1)p_2(e_2) \tag{6}$$

假设机构在收到企业“违背”发生的错误信号时可能会犯错。已知行业监管机构比反垄断机构具有信息优势，则竞争监管机构犯错的概率更大。而部门监管机构更可能被游说俘获，因此其偏向 $\lambda_S \neq 1$。

假设在一个成功的调查中，行业监管机构与竞争监管机构都收到“违背”发生的正确信

号的概率为 π,收到"违背"发生的错误信号(其实违背没有发生)的概率为 $\pi_S < \pi_C$。

设一机构犯错而导致的消费者剩余效应与生产者利润效应为 δ_S、δ_Π 均大于0,假设 $\delta_S - \delta_\Pi < 0$,错误降低了总福利。考虑到行业监管机构的偏向 λ_S,行业监管机构效用最大化函数表示为:

$$U_S = p(e_s)[\pi(\Delta_S - \lambda_S\Delta_\Pi) + \pi_S(\delta_S - \lambda_S\delta_\Pi)] - e_S = p(e_S)[\pi\Delta + \pi_S\delta - (\lambda_S - 1)(\pi\Delta_\Pi + \pi_S\delta_\Pi)] - e_S \quad (7)$$

假设即使在出现错误的情况下,调查也提高了福利,即:$(\pi\Delta_\Pi + \pi_S\delta_\Pi) > 0$。$\lambda_S = S$ 时达到社会福利最大化,而 $\lambda_S > (<) 1$ 将导致投资不足(过度)。行业监管机构行为导致的最大化福利为 $W_S^* = p(e_s^*)(\pi\Delta + \pi_S\delta) - e_S^*$。

竞争监管机构的最优偏向为 $\lambda_C = 1$。考虑到其高犯错概率,其社会福利最大化为:

$$W_C^* = p(e_C^*)(\pi\Delta + \pi_C\delta) - e_C^*$$

如果行业监管机构没有偏向性,则由行业监管机构执行调查。如果行业监管机构具有偏向性,两机构中由哪个机构来调查取决于 $W_C^* > W_S^*$。[2]

3 意义

通过反垄断机构与金融监管机构它们这两监管机构间的关系,建立了反垄断机构的协调模型,模型表明了反垄断执法机构主要关注市场参与者间的公平竞争,而银行业监管机构主要关注银行业的利润及本身的稳健运行和发展,更关注监测控制银行业本身的系统性风险。反垄断执法机构只有在认为已发生行为可能损害竞争后才开始介入调查,而监管机构对银行业有事前申报审批,事中即时监控,事后绩效评估,是全程监管。反垄断机构在整个经济体系内配置其有限的调查资源,监管机构与之相比,监管者与被监管者之间交叉任职普遍。本模型可预测反垄断机构与金融监管机构的关系,为我国两机构关系构建政策性建议提供参考。

参考文献

[1] 史岩. 我国反垄断机构与金融监管机构的关系研究——以银行业为例[J]. 经济问题, 2014,(6): 73-78.

[2] 赵园园. 银行业反垄断法适用问题研究——以银行业结构规制为视角[M]. 上海: 复旦大学出版社, 2012.